"国家治理研究"丛书

佟德志 刘训练 主编

城市来华外国人社区融入模式及社区管理研究

Research on the Community Integration Models of Foreigners in
Urban China and Community Management

崔金海 著

天津出版传媒集团

天津人民出版社

图书在版编目（CIP）数据

城市来华外国人社区融入模式及社区管理研究 / 崔金海著. -- 天津 : 天津人民出版社, 2025. 3. --（"国家治理研究"丛书 / 佟德志, 刘训练主编）. -- ISBN 978-7-201-21045-2

Ⅰ. D669.3

中国国家版本馆 CIP 数据核字第 20251J0K30 号

城市来华外国人社区融入模式及社区管理研究

CHENGSHI LAI HUA WAIGUO REN SHEQU RONGRU MOSHI JI SHEQU GUANLI YANJIU

出　　版	天津人民出版社	
出 版 人	刘锦泉	
地　　址	天津市和平区西康路35号康岳大厦	
邮政编码	300051	
邮购电话	(022)23332469	
电子信箱	reader@tjrmcbs.com	

策划编辑	郑　玥	
责任编辑	郭雨莹	
装帧设计	李　一	

印　　刷	天津新华印务有限公司	
经　　销	新华书店	
开　　本	710毫米×1000毫米　1/16	
印　　张	17.75	
插　　页	1	
字　　数	230千字	
版次印次	2025年3月第1版　2025年3月第1次印刷	
定　　价	89.00元	

"国家治理研究"丛书

编　委　会

前　言

　　随着我国城市国际化进程的纵深发展,来华外国人已成为我国城市人口中一个特殊的组成部分。据中国2010年人口普查资料显示,在华外国人较10年前增长了近4倍,已接近60万人,其中4成以上来自韩国、美国和日本等经济发达国家。不仅如此,大多数的在华外国人选择上海、北京、广州等经济文化发展较快的一、二线大城市,在华外国人在这三个城市所占的人口比例分别达到了24.2%、15.3%和12.5%。第十七届中国国际人才交流大会上,科技部部长公布的数字显示,2018年中国累计发放外国人才工作许可证33.6万份,在中国境内工作的外国人已经超过95万。

　　随着来华外国人的规模呈现出不断增长趋势,且越来越多的来华外国人选择生活在社区,很多社区呈现出多元文化的特点。由于社区中的外国居民与本地居民之间存在文化、语言、生活习惯等方面的不同,因此不可避免会出现外国居民的社区生活不适应,以及他们与本土居民之间的矛盾和冲突,严重的情况下也可能会给社区带来一定的风险。因此有必要对外国人居住较多的社区在外国人的社区适应、社区治理及社区文化建构方面进行深入的探讨和研究。到目前为止,学术界集中针对国内从农村到城市的流动人口的流动现状及他们在城市生活的适应情况进行了深入研究，而针对国际化背景下城市来华外国人在国内的社会流动、社区融入及生活适应并没有进行深入具体研究，而本书则以在津外国人的社区生活及社区融入研究，探索构建多文化共存的和谐社会方案为研究目的，这不仅有利于我们更好地了解多文化群体，也有利于构建多文化群体共存的和谐社会。

另外，在以文献法、访谈法、观察法等方法收集资料的基础上，本书主要通过扎根理论的定性研究方法，基于天津市实际情况，近距离了解来津外国人的社区生活状态与生活实践并对此进行研究，探索和构建社区外国人适应及社区管理的理论模式。扎根理论是通过一系列系统的过程，从原始资料中归纳出经验概括，然后上升到理论的质性研究方法。即扎根理论是一种从下往上通过归纳建立实质理论的研究方法，是在系统性收集资料的基础上寻找反映事物现象本质的核心概念，然后通过这些概念之间的联系建构相关的社会理论的方法。本书以扎根理论方法中的一级、二级和三级编码进行访谈资料的打散、赋予概念，概念重新组合，实现概念范畴化，并通过范畴的关联性分析和核心范畴的选择，建构和发展社区外国人适应类型的理论模型为主要研究目标。经典扎根理论的重点是从理论层次去阐述现象的根本与价值，进而构成相应资料的理论，其主要优势在于既能够针对外国人社区融入问题提炼出新的理论模型，完善了相关领域的理论体系，又确保了理论的形成与建构来源于生活、扎根于实践，还为社区管理部门及相关工作单位及人员进行涉外工作时提供了更加高效可行的新方法，推进了社区管理实践研究方法的多元化。

在本书中，笔者以关系陈述文为依据，推导出在津外国人社区融入的入乡随俗型、望而却步型、安于现状型、犹豫不决型和发展自我型五种融入类型。本书中也发现，这五种融入类型并不相互排斥，当时间、社区环境、特定条件发生变化的时候，一种社区融入类型会转变成另外一种社区融入类型。

入乡随俗型的在华外国人虽然在来津的目的,以及目前在天津的工作情况上都有所不同,但是他们普遍对天津这一新环境的认识,即对新环境的适应态度上表现出了相对积极和肯定的接受和认同态度。不仅如此,他们对天津社区环境的改善,与社区本地居民之间的关系,对自己作为社区一员需要履行的义务,以及应该享有的权利等都有着一定的需求,而且他们也为满足这些需求做着努力。但是相对于在华外国人在中国可以享有的权利,入乡随俗型的在津外国人更多强调自己作为外国人在天津本地应该履行的义务和违反法律和规定之后有可能需要承担的责任。他们普遍持有来到中国就应该遵守中国的法律,在中国环境生活有必要学习中文,而且在社区生活就有必要与本地居民处理好关系等的认识,但是最终是否能够达到这些需求满足还不是很明确。入乡随俗型的在津外国人来华时间为7—20年不等,平均15.1年。

望而却步型的在津外国人表现为对中文的学习有一定的认同,与社区居民之间的友好相处也有一定的关心,而且也为做社区好居民、好邻居而努力。但是由于语言方面的障碍、文化方面的差异、生活习惯上的不同,他们与社区在互动的过程中总会表现出小心谨慎、尽量少说话,独自处理一些社区事务等行为。另外,虽然对社区环境的改善有一定的需求,对社区居民的某些过激行为表示不满,对中国昂贵的学习班费用感到无奈,在社区对待外国人服务方面有一定的需求,但是望而却步型的在津外国人却表现出既没有勇气正面提出他们的需求和意见,也没有勇气敢于面对周围环境给他们带来的压力问题。在遇到问题的时候,望而却步型的在津外国人要么后退、隐藏,要么沉默无语,表现出不敢前行。

安于现状型的在津韩国人在中国生活时间相对于其他社区融入类型的韩国人都要长,其在华生活时间平均达到15.6年。他们不同程度上都经历了刚来中国在生活适应方面的困难经历,而且目前虽然有的安于现状型的在津外国人还存在语言、文化、沟通等方面的障碍,但是已经熟悉并习惯了自己生活的环境,自己周边的人,因此他们选择接受目前的一切,不再有其他新需求,自身也没有再作出改变现状的想法。本书中的安于现状型的研究对象也分为两种类型。一种类型是通过跨国婚姻选择在中国生活的外国人,他们对社区融入持有积极肯定的态度,而且对中国的文化有认同,对目前的生活也很满足。另一种类型的在津外国人选择放弃融入社区生活,而是以自己为中心,按照自己的生活方式适应社区生活。这一类在华外国人几乎不参加社区活动,也不积极与社区居民建立关系,社区对于他们来说仅仅是为他们提供住宿的地方而已,他们更多的是与自己的同族群或其他外国人进行深入的交流和互动。他们满足于目前的生活,把自己作为在社区生活的住民,而且是与本地居民并不需要有太多联系的过客来看待。

发展自我型的在津外国人不仅会面对在中国适应期间遇到的困难,而且也会采取积极的行动来解决。对于自我发展型的在津外国人来说,社区融入并不意味着在华外国人一定要完全同化于中国本土社区环境,也不意味着永久居住在中国。不论生活在什么样的环境里,发展自我型的在华外国人始终以自我发展为人生目标,他们会通过利用社区环境中可利用的有用资源解决适应方面的问题。另外,他们也会通过自身的不断努力、与社区相关人员的互动、积极参与社区活动、与中国本土居民建立良好关系,以及与同族群外国人建立相互依赖的支持体系等的方式适应自己生活的社区环境,最后达到既满足自身在异国文化环境中适应方面的需求,又达到自身不断进步和发展,达成自我理想的目标。因此,发展自我型的在津外国人表现出在异文化适应方面有一定的适应需求,而且还不断努力,最终实现自我的特点。

犹豫不决型的在津外国人主要表现为在华生活并不清楚具体有何需求,也不知道具体要做什么,如何去做,做事拿不定主意等特点。犹豫不决型的研究对象目前仍然处于没有完全适应中国环境,有很多事情还需要外国朋友的帮忙得以解决,甚至平日的娱乐生活等也与外国朋友共度的时间较多,相对生活比较单调,而且没有试着与社区本土居民多互动和交流,甚至没有与公司的中国同事有更深接触和了解等特点。因此在不熟悉的中国生活,没有中国朋友,语言有障碍的情况下,目前对于自己未来的工作方向、生活目标,以及目前需要去做的一些事情等都很茫然,犹豫不决。

经过调研,笔者发现中国朝鲜族在在津韩国人适应社区生活,甚至参与社会活动和发展自我等方面起到了重要的中间桥梁作用,对在津韩国人来说也是很重要的社会支持资源。这与先前很多学者单纯地研究移民者个人适应移民地文化,中间没有谈到的像朝鲜族这样具有特殊特征的中介变量可以帮助移民者减少语言障碍,或者可以帮助移民者解决适应压力,可以为外国移民者提供社会支持的异国文化适应类型有着本质上的差异。这也是本书不同于先前研究,具有创新点的地方。

笔者通过对以工作、学习或组建家庭为目的来华生活的在津外国人的生活适应、社区融入、适应困难、压力应对、社区融入等整个社区生活融入过程的分析发现,在津外国人的社区生活融入过程主要呈现"边缘式'嵌入'"形态。笔者认为,边缘一词具有边沿、角落,非主流、非中心之意,而"嵌入"一词具有牢固地或深深地固定或树立,紧紧地埋入之意。因此,在本书中,"边缘式'嵌入'"更多指的是在津外国人的社区融入精神层面、心理层面、社会层面都没有完全达到与中国本土文化的融合和接纳。对在华外国人来说,异文化的适应和融入主要指外国人对中国这一异国文化、移民地风俗习惯、中国本土居民的处人处事方式以及日常生活模式等的接纳、尊重和认同程度。而随着在津生活时间的推移,在津外国人的"边缘式'嵌入'"的社区融入过程主要分成"边缘式'嵌入'""压力应对""自我身份确立"三个阶段。

外国人在来津初期会因语言障碍、文化差异、社区居民的冷淡、社区居委会和物业等相关部门的不关心和服务不到位等原因,在社区文化适应和社区融入过程中遇到较多的困难,也因此承受较大的压力。面对适应压力和被排外的社区融入困难,在津外国人也努力想通过与社区本土居民,特别是左邻右舍先打招呼、主动学习中文、求助于提供双语服务的中介机构,以及求助于中国朋友、在津自助组织等的方式解决。而当社区适应和社区融入的压力得到某种程度的解决,或者即使没有得到解决,但是研究对象已获得该如何去解决这些压力的办法时,他们就会考虑如何在移民环境下更好地生活和发展自我,并且为今后更好地在津生活和发展自我而努力。这个过程贯穿"边缘式'嵌入'"之初一直到自我身份确立为"非同化客居者"的整个过程。

本书以核心范畴"成为非同化客居者"为中心,根据形成脉络条件的"文化差异""对社区组织的认识差异""认同感混乱"等范畴的属性和维度的不同,对范畴之间的假设关系进行了规范化。笔者在本书中也发现,即使在相同的条件下,研究对象应对压力、获得社会支持的方式不同,研究对象的自我发展需求的强度不同,因此"成为非同化客居者"的结果也会不同。假设关系具体陈述如下:

第一,文化差异、对社区组织的认识差异较小,认同感混乱程度较弱,消极应对压力,而且社会支持较少,自我发展需求较强,在津的外国人会选择入乡随俗的方式融入社区生活。

第二,文化差异、对社区组织的认识差异较大,认同感混乱程度较强,消极应对压力,而且社会支持较少,自我发展需求较强,在津的外国人会选择望而却步的方式融入社区生活。

第三,文化差异、对社区组织的认识差异较小,认同感混乱程度较弱,消极应对压力,而且社会支持较少,自我发展需求较弱,在津的外国人会选择安于现状的方式融入社区生活。

第四,文化差异、对社区组织的认识差异较小,认同感混乱程度较弱,积极应对压力,而且社会支持较多,自我发展需求较强,在津的外国人会选择发展自我的方式融入社区生活。

第五,文化差异、对社区组织的认识差异较大,认同感混乱程度较强,消极应对压力,而且社会支持较少,自我发展需求较弱,在津的外国人会选择犹豫不决的方式融入社区生活。

以上笔者根据扎根理论中的选择式编码程序明确了范畴之间的相关性,对"成为非同化客居者"的故事轮廓进行了展开,并且找到了假设关系类型。

本书的学术价值体现在以下三个方面。①本书推导出在津外国人的社区融入的主要现象是"边缘式'嵌入'"。此研究在对先前的移民者的异国文化适应及社会融入相关理论中没有提及的适应及融入类型的进一步探讨有着重要的理论方面的意义。②本书在进行社会支持与异文化适应过程中的压力应对方面的分析中,发现了某些特殊的外来群体因历史等方面原因而具有的特殊的"同一民族"的资源在异文化适应过程中所起到的独特作用。这为文化适应及压力理论的完善提供了有价值的参考性资料。③在本书中,笔者对在津外国人的文化适应及社区融入的过程进行研究,而且采用的是扎根理论的质性研究方法,目的是想通过此方法推导出在津外国人社区融入的不同类型,分析在津外国人在文化适应和融入过程中存在的具体问题,以及通过与适应、压力及融入相关理论的不断比较,探索能够建构或完善相关理论的重要因素,因此本书在这些方面也具有重要的理论意义。

本书的应用价值体现在以下三个方面。①了解在津外国人的文化适应及社区融入过程中存在的问题和需求,探索他们的适应及融入类型,就可以为在津外国人进行分类管理和提供个别化服务,对制定外国人管理相关法律和制度有着非常重要的实践意义。②本书对于建构和完善社区管理服务体系,探索适合不同类型的在津外国人的压力应对方式,以及建构多样化的社会支持网络,促进中外居民之间的友好相处,促进社区向国际化社区发展都具有重要的实践意义。③针对以跨国婚姻形式来中国定居的外国人的生活适应问题,我们有必要通过对其中国配偶及配偶家庭提供关心和支持,通过建构和完善跨国婚姻家庭相关制度,通过相关部门建立多元文化家庭服务体系,通过营造包容、和谐和合作的社区多元文化环境,为选择跨国婚姻的外国人能够较为顺利地适应社区文化,融入社区生活,最终能够成为真正的中国公民提供帮助。

本书主要包括五章内容。第一章是绪论部分,主要就城市来华外国人的社区融入的研究背景、研究目的及研究问题进行了陈述。第二章是城市来华外国人社区融入及社区管理相关文献综述,这一章主要就核心概念和理论、社区融入及社区管理相关国内外文献和理论做了介绍。第三章是研究对象选取及研究方法部分,这一章主要就本书所选用的扎根理论定性研究方法,对访谈法、文本分析法、文献分析法等方法做了详细介绍。第四章是来津外国人的城市融入意义及类型构建部分,这一部分主要针对在津外国人这一研究群体的个人信息做了介绍。另外,也针对研究对象的社区融入过程及类型进行了扎根理论的分析。第五章是社区融入及压力相关理论的持续性比较和政策建议部分,这一部分主要对在津外国人的社区融入的研究结果进行概述,然后针对在津外国人文化适应及社区融入过程中的主要现象,即压力体验进行了压力相关理论的持续性比较分析。另外,在与前期研究中的社区融入模式进行比较分析之后,构建了本书研究对象的社区融入类型,最后针对本书的结果提出了具体的实践及政策方面的建议。

本书在天津市 2020 年度哲学社会科学研究规划项目(项目编码:TJSR20-014)的资助下完成。再次感谢天津市哲学社会科学规划领导小组对本书的帮助。

目录 CONTENTS

第一章

绪　论

第一节　研究背景

城市来华外国人的社区融入与社区管理,因其问题的复杂性,近年来一直受到学界与社会的广泛关注。当前,受经济全球化浪潮及错综复杂的国际形势影响,在华外国人数量不断攀升,人员结构也日趋复杂化,越来越多的外国人选择在中国工作和生活,城市中也涌现出大量的国际社区,多元文化在社区内的交流与融合对社区管理提出了新的挑战。因此,在多元文化背景下,研究城市来华外国人的社区融入和社区管理具有重要的现实意义。

随着我国城市国际化进程的纵深发展,来华外国人已成为我国城市人口中的一个特殊的组成部分。中国作为世界上第四大跨国移民来源国,逐渐成为跨国移民的重要目的国之一。在第十七届中国国际人才交流大会上,科技部长公布的数据显示,2018年中国累计发放外国人才工作许可证33.6万份,在中国境内工作的外国人已经超过95万。①国家移民管理局发布的数据显示,2023年全国移民管理机构全年累计查验出入境人员4.24亿人次,同比上升266.5%。其中,外国人3547.8万人次,同比上升693.1%。此外,国家移民管理局发言人张宁提到,2023年全国移民管理机构共为在华常住外国人签发各类居留证件71.1万人次,在华常住外国人已恢复至2019年底的85%。同时,国家移民管理局协同有关部门正在实施一系列促进中外人员往来的便利措施,来华外国人数量将持续稳步提升。②

除了来华工作的外国人,随着中国逐渐走向世界舞台的中央,高校走向国际化成为必然发展趋势。2010年教育部制订了《留学中国计划》,计划中提到,到2020年,来华就读高校及中小学校的外国留学人员要达到50万人次,2018年这一数字已经增至49万多人③,而截至2023年8月25日,根据教育部发布的数据显示,在高等院校学习的在华外国留学生就已经达到45万。④而中华人民共和国教育部2018年的统计数据显示,按照洲别统计,来华的亚洲留学生人数最多(295043人,占59.95%),其余是非洲(81562人,占16.57%),欧洲(73618人,占14.96%),美洲(35733人,占7.26%),大洋洲(6299人,占1.27%)。按国别排名,前三位分别是韩国(50600人)、泰国(28608人)和巴基斯坦(28023人)。在吸纳留学生数量的省市排序中前三位分别是北京(80786人)、上海(61400人)和江苏

① 中国国情,"2018年中国累计发放外国人才工作许可证33.6万份",http://guoqing.china.com.cn/2019-04/15/content_74681617.htm。

② 北京商报,"政策显效、经济恢复,在华常住外国人恢复至2019年底的85%",2024年1月18日,https://baijiahao.baidu.com/s?id=1788425219202831034&wfr=spider&for=pc。

③ 环球网,"近百万外国人在华居留 他们的真实状况究竟如何?",2020年3月2日,https://news.sina.com.cn/c/2020-03-02/doc-iimxxstf5886761.shtml。

④ 希望之星,"在中国的外国留学生人数",2025年1月6日,https://www.gzoutlook.com/p/3387.html。

（45778人），而天津（23691人）排在第六位。按学生类别统计，接受学历教育的外国留学生总计258122人，占来华留学生总数的52.44%，比2017年增加了16579人，同比增加6.86%；硕士和博士研究生共计85062人，比2017年增加12.28%，其中，博士研究生25618人，硕士研究生59444人。2018年，非学历生留学生234063人。按经费办法统计，中国政府奖学金留学生63041人，占来华生总数的12.81%；自费生429144人，占来华生总数的87.19%。[①]截至2023年8月25日，根据教育部发布的数据，中国吸引了大约45万外国留学生。其中，美国留学生人数最多，达到34.9万人，其次是英国和澳大利亚，分别有15万人和16万人。这些留学生分布在中国的1004所高等院校学习。[②]

另据相关统计资料显示，从2018年开始，我国出入境的外国人，第一次实现了9000万人，截至2025年3月31日，全国各口岸入境外国人921.5万人次，比去年同期增长40.2%。[③]据第七次全国人口普查得知，在我国，外籍人员达到了845697人，其中，男性为402026人，女性为443671人。[④]据国家外国专家局数据，截至2019年底，在华工作、生活的外国人数量已经超过90万人。日益增多的来自不同文化背景的国外人员进入我国的社区生活中，他们在华的生活具有不同的特征，在丰富了社区文化的同时，他们的注入也为社区带来了更为复杂的融合问题。

跨文化适应是一个缓慢的过程，城市来华外国人在跨文化交流过程

---

① 教育部，"2018年来华留学统计"，2019年4月13日，http://www.moe.gov.cn/jyb_xwfb/gzdt_gzdt/s5987/201904/t20190412_377692.html。

② 希望之星，"在中国的外国留学生人数"，2025年1月6日，https://www.gzoutlook.com/p/3387.html。

③ 新浪财经，"国家移民管理局：截至3月31日全国各口岸入境外国人921.5万人次 同比增长40.2%"，https://finance.sina.com.cn/stock/bxjj/2025-04-15/doc-inetfhry7975583.shtml。

④ 中华人民共和国国家统计局，第七次人口普查主要数据，https://www.stats.gov.cn/sj/pcsj/rkpc/d7c/202111/P020211126523667366751.pdf。

中可以感受到各种文化之间的共性,但因文化差异不可避免地会出现文化碰撞和冲突,也会感受到一定的文化适应压力。城市来华外国人是促进中国文化与其他文化交流互鉴、相互融合的纽带,来华外国人对于城市管理服务的需求能否得到满足,是影响其在社区融入乃至城市融入的一个核心范畴。本书基于此建构和发展社区外国人适应类型的理论模型,对城市来华外国人社区融入与社区管理中的现实问题进行解释分析,以期为有效地减轻当前城市来华外国人社区融入的阻力提供政策依据,探索构建多文化共存的和谐社会方案,进一步充实城市来华外国人社区管理的理论研究。

第二节　研究目的及研究问题

随着我国城市国际化进程的纵深发展,来华外国人的规模呈现出不断增长趋势。而随着越来越多的来华外国人选择生活在社区,很多社区呈现出多元文化的特点,来华外国人已成为我国城市人口中的一个特殊的组成部分。多元文化的社区结构就要求社区各部门、社区居民和外国居民建立良好的合作关系,社区也需要通过提高社区服务质量满足社区各方的利益,以维持社区的稳定和发展。由于社区中的外国居民与本地居民之间存在着文化、语言、生活习惯等方面的不同,因此难免会出现外国居民的社区生活不适应,以及他们与本土居民之间发生矛盾和冲突。严重的情况下也可能会给社区带来一定的风险,因此外国人居住较多的社区有必要在外国人的社区适应、社区治理及社区文化建构方面进行深入的探讨和研究。

到目前为止,学术界集中针对国内的从农村到城市的流动人口的流动现状,以及他们在城市中的生活适应进行了深入研究,而针对城市国际化背景下来华外国人在国内的社会流动，社区融入及生活适应并没有进行深入具体研究，本书则通过在津外国人的社区生活及社区融入研究，以探索构建多文化共存的和谐社会方案为研究目的。另外，以往来华外国人研究主要以所有在华外国人为研究对象，对他们的非法就业、非法居留、违法犯罪等相关法律不完善，生活现状进行了研究，而本书主要针对与本土居民一起生活在一个社区，并且作为社区一员参加社区活动的外国人及家庭为研究对象，了解他们的社区适应，这不仅有利于我们更好地了解多文化群体，也有利于构建多文化群体共存的和谐社会。

另外，在以文献法、访谈法、观察法等方法收集资料的基础上，本书主要通过扎根理论的定性研究方法，基于天津市实际情况，近距离了解来津外国人的社区生活状态与生活实践并对此进行研究，探索和构建社区外国人适应及社区管理的理论模式。经典扎根理论的重点是从理论层次去阐述现象的根本与价值，进而构成相应的资料的理论[①]，其主要优势在于既能够针对外国人社区融入问题提炼出新的理论模型，完善了相关领域的理论体系，又确保了理论的形成与建构来源于生活、扎根于实践，还为社区管理部门及相关工作单位及人员进行涉外工作时提供了更加高效可行的新方法，推进了社区管理实践研究方法的多元化。

---

① 李锐：《经典扎根理论方法与传统管理研究方法的融合分析》，《吉林广播电视大学学报》，2018年第3期。

第二章

城市来华外国人社区融入
及社区管理相关文献综述

第一节　核心概念界定

一、城市社区

"社区"(community)一词作为舶来品最早源于西方。从定义方面来说,社区指的就是居住在特定地方的人群,他们在日常的生活中进行互动,进而产生社区。最早提出社区这个名词的是英国人,是由法学创始人的亨利·梅因在《东西方的村落社区》中提出,1887年德国社会思想家费迪南·滕尼斯在《共同体与社会》中,第一次将"社区"作为学术概念,基于社

会学的角度,给社区进行定义。[1]此后,国外诸多学者对社区进行了不同
视角的定义与研究。20世纪30年代,燕京大学学者将"社区"一词引入我
国。[2]就中文"社区"来说,主流观点认为其和费孝通对community的翻译
息息相关,他在《乡土中国》中指出,社区指的是人们生活的时空坐落。[3]
后来国内的学者们从多个角度出发,对社区的定义也做了不同界定。郑
杭生认为,社区就是进行社会活动,且拥有共同文化的活动区域。[4]蔡禾
指出社区就是创建于地域基础上的人类生活共同体。[5]社会的基层单位
是社区,习近平总书记强调:"基层工作是一切工作的落脚点,社会治理的
中心必须要落实到城乡、社区。"[6]在新时代背景下,社区作为国家和社会
最基本的治理单元,不但承担着重要的社会治理职能,而且深刻影响着国
家和社会进步发展的各个方面。

在我国,社区一般包括农村社区与城市社区。根据中共中央办公厅、
国务院办公厅印发的《民政部关于在全国推进城市社区建设的意见》(以
下简称中办发〔2000〕23号文件)明确指出,目前城市社区的范围,一般是
指经过社区体制改革后作了规模调整的居民委员会辖区。曹春霞等
(2015)提出,城市社区是一定人群的集合体所构成的特定单元,随着经济
社会不断进步发展,社区变成了小社会,包含着多元文化背景和多方利益
诉求,社区居民的构成体系也愈加复杂。社区必须具备政治、经济、文化、
教育、服务等多方面功能,才能满足社区成员对于社区公共服务乃至城市

---

① 　[美]戴维·波普诺:《社会学(第十一版)》,李强等译,中国人民大学出版社,
2007年。

② 　吴鹏森、张友德:《城市社区建设与管理》,上海人民出版社,2007年。

③ 　费孝通:《乡土中国》,人民出版社,2006年,第116页。

④ 　郑杭生:《社会学概论新修》,中国人民大学出版社,2003年。

⑤ 　蔡禾:《社区概论》,高等教育出版社,2005年,第4页。

⑥ 　《推进基层治理现代化的根本遵循和科学指南——学习〈习近平关于基层治理
论述摘编〉》,《人民日报》,2024年1月12日。

服务的需求以及社区中不同利益主体的诉求。①

　　有许多学者针对我国城市社区管理展开了研究,季晓东等(2022)立足城市社区管理的文化属性,认为当前以行政诉求和商业诉求为主的城市社区管理模式已经落后于不断发展的社会管理需求与文明国家建设,相对忽略了居民的多样性、细微性、复杂性的生活需求,特别是对于社区居民的文化需求关注度明显欠缺。他们提出,城市社区管理应重视文化建设,加强社区管理体制创新,改善社区管理机制,做好社区管理文化建设的规划,通过各种手段营造社区特有的文化氛围,同时发挥社区居住者中一些文化知名人士、文化特长人物的作用,将社区文化建设与居民的日常生活融为一体,充分发挥社区人文关怀的作用,让城市社区管理焕发真正的生命力。②雷运清和赵继伦(2016)在"价值—规范—行为"的三维框架下,对社区管理的客体或对象进行了类型学分析,提出社区价值管理、社区规范管理和社区行为管理三个核心子维度。他们提到,社区价值管理是社区管理的灵魂,为社区建设和发展指明了总体方向;社区规范管理是社会管理的重心,有效地衔接了社会价值管理和社会行为管理,对实现社区控制、构建和完善社区秩序起到了良好的塑造作用;而社区行为管理则是社区管理的基础,在维持良好社区人际关系、实现社区人际和谐等方面发挥了不可替代的作用。两位学者也指出,在现实状态下,社区管理大多是以三个维度的不同程度组合形式出现的。但在理想状态下,社区管理既可能在三个维度上同时存在,也可能是存在于其中一个维度或两个

---

　　① 曹春霞、钱紫华、辜元:《基于多元文化背景及不同利益诉求的城市社区整治实践——以重庆市渝中区为例》,《中国城市规划学会、贵阳市人民政府:《新常态:传承与变革——2015中国城市规划年会论文集(11规划实施与管理)》,中国城市规划学会、贵阳市人民政府:中国城市规划学会,2015年,第469页。
　　② 季晓东、季桂起、董开远:《基于文化视角的城市社区管理问题分析及改革对策》,《德州学院学报》,2022年第5期。

维度。[1]夏晓丽(2014)指出,公民参与的广度、深度和质量,是衡量现代民主发展的重要指标。城市社区治理中的多元主体结构为基层民主创新提供了制度平台,而其中公民参与推动着城市基层民主的实际运转,是现代民主在社区微观层面的实现。[2]

城市社区是当今社会的重要组成部分,社会大众对于公共服务的需求都能够在社区层面得到体现,因此城市社区治理已经成为城市基层建设的重要主题。而社会工作作为连接社区居民与社会治理的枢纽,在城市社区建设中发挥着不可替代的作用。随着经济全球化不断加深,我国经济实现高速发展,城市国际化程度不断推进,城市国际化慢慢成为我国城市发展的必然趋势。许多外国人受到中国文化的吸引来到中国工作、生活、学习,并且居住在风格各异、大小不一的城市社区当中,形成了一种新的社区形式——国际化社区。[3]这就对城市社区的专业技术水平、知识水平、现代服务能力等提出了更高的要求。本书的主要研究对象即生活在城市社区的外籍居民。

结构功能视角侧重于对社会系统的制度性结构进行功能分析,而社区作为社会系统整体功能发挥作用的基础单元,其治理模式的转型对于社会治理目标的实现具有重要影响。[4]社会系统理论认为,社区在社会系统中以基层社会单元的地位而存在,具有相应的系统与功能。综合研究视角则形成了社会冲突论、社会体系论、社会场域论。其代表人物桑德斯

---

[1]　雷运清、赵继伦:《现代城市社区管理的三维分析》,《广州大学学报(社会科学版)》,2016年第11期。

[2]　夏晓丽:《公民参与、城市社区治理与民主价值》,《重庆社会科学》,2014年第2期。

[3]　毛学庆、茅海军、陈微微、博琳琳:《标准化视角下国际化社区发展对策研究》,《中国标准化》,2019年第7期。

[4]　王延隆:《数字化改革促进社区治理的组织优化与功能更新——基于结构功能理论的视角》,《学习论坛》,2023年第6期。

将社区的定义根据人类学社会以及定性方法进行划分,具体可以分成四种类型。这四种类型分别肯定社区的地域要素,必须存在以某一居住的地方,一个空间单位,一种生活方式,一种社会互助生活等。①

如今,社会经济发展的速度不断加快,社会形态发生了很大的变化,社区的功能形态、社区结构及社区内涵都产生了很大的变化,也更加丰富与复杂,但是无论其如何发展,与一些基本要素之间有着十分密切的联系,如人际互动,组织及地域等。因此,本书采取了王思斌在《社区工作》一书中对社区作出的定义,即社区指的是拥有一定数量的居民组织,相互之间能够展开互动,维系相同文化的生活共同体;社区的构成要素主要有五个,即文化、结构、组织、人口以及地域。②

二、社会及社区融入

社会融入因其概念与内涵的复杂性受到国内外学者的广泛关注。英国白皮书将"融入"定义为"利用主流服务并充分融入地方社区中"③。中国学者陈成文和孙嘉悦从社会学视角对社会融入进行了界定,即"社会融入是处于弱势地位的主体能动地与特定社区中的个体与群体进行反思性、持续性互动的社会行动过程",它区别于社会融合等概念,具有社会性、能动性、持续性、反思性和交互性五个方面的本质特征。他们认为任何个体和群体在社会融入的过程中都具有这五个方面的特征。④瑞切尔·

---

① 姜郸:《中国城市社区互动式治理研究》,吉林大学博士学位论文,2020年。

② 王思斌:《社区工作》,高等教育出版社,2004年。

③ Department of Health, Valuing People: A New Strategy for Learning Disability for the 21ˢᵗ Century[EB/OL](2001-3). http://assets.publishing.service.gov.uk/government/uploads/system/uploads/attachment_data/file/250877/5086.pdf.

④ 陈成文、孙嘉悦、社会融入:《一个概念的社会学意义》,《湖南师范大学社会科学学报》,2012年第6期。

莫顿(Rachel Merton,2007)等从社会排斥的概念出发,认为社会融入是个人凭借自己的能力能够参与到工作中或成为其他社会角色,并且能在社会生活中的经济、社会、心理和政治领域作出贡献。[1]汉恩青格(Han Entzinger)和伦斯克·比泽维尔德(Renske Biezeveld,2003)认为移民的社会融入问题是一个社会同化的过程,即社会中的不同族群保有本族群特有的文化不断与流入地的社会进行融合,从而产生一个新文化的过程。[2]徐丽敏把社会融入定义为"一个全球化背景下为了提高全体社会成员的福利,使人人能够平等、全面地参与经济、政治和社会等生活,以促进社会包容,最终实现社会团结的过程,也是人类发展追求的结果和目标"。她提出"社会融入"是一个独立的概念和研究领域,它不仅仅是作为"社会排斥"的对立面而存在,而且是一种试图影响过程的动态努力。[3]杨景骞等(2024)提出社会融入的核心是指"社会中某一特定人群,融入社会主流群体,与社会主流群体同等地获取经济社会资源,并在社会认知上去差异化的动态过程"[4]。

梁波和王海英(2010)将西方对于移民社会融入的研究归纳为三类,分别是以戈登(Gordon)为代表的"二维度"模型、以容格·塔斯(J.Junger-Tas)等人为代表的"三维度"模型、以汉恩青格(H.Entzinger)等人为代表的"四维度"模型。戈登强调移民群体在社会融入过程中制度与组织层面的社会参与度和价值导向与社会认同上的转变,即"二维度"为结构性与文化性两个维度。结构性融入是指社会环境及经济方面的融合;而文化性

---

①　Rachel Merton & Jenna Bateman, *Social Inclusion-Its importance to mental health*, Mental Health Coordinating Council Inc, 2007.

②　Han Entzinger & Renske Biezeveld, *Benchmarking in immigrant integration*, Erasmus University Rotterdam, 2003.

③　徐丽敏:《"社会融入"概念辨析》,《学术界》,2014年第7期。

④　杨景骞、黄中意、王杰、郑逸、陈子欣、杨懿昕:《特大城市新市民社会融入情况及相关因素研究——以上海市为例》,《北京城市学院学报》,2024年第1期。

融入是指移民在价值和心理方面的认同。[①]荣格·塔斯则认为社会融入是一个多维度的概念，他将社会融入划分为结构性融入、社会–文化性融入和政治–合法性融入，也就是所谓的"三维度"模型。汉恩青格将前两种模型更具体化，他认为移民要面临四个维度上的社会融入，即社会经济融入、政治融入、文化融入、主体社会对移民的接纳或拒斥。[②]夏伦和沈寒蕾（2022）构建了生理适应、经济融入、社会适应、身份认同、心理融入五维度指标体系，探讨流动人口社会融入结构及路径。[③]杨菊花（2009）同样认为社会融入不是一成不变的单维度概念，它是动态的、渐进式的、多维度的、互动的。她认为，移民难以避免被隔离的遭遇，他们的融入轨迹通常是从经济整合到文化接纳，再到行为适应，最后到身份认同的过程。[④]克劳福德（Crawford，2003）指出，社会融入包含两个方面：一是行动者在生活区能够享受到平等、关爱和尊重；二是行动者能够在家庭、朋友圈以及生活区建立互信、赏识、尊重的社会联系。[⑤]徐如明和马佳（2019）提出在华非洲商人、广州韩国人、义乌阿拉伯人、中非伴侣及其混血子女的社会融入具有浅层融入、深度区隔、区隔中融入等特点。[⑥]程军年（2020）指出，目前在华外籍人口社会融入呈现为制度性嵌入的过程，因此他从政治学角度切入，综合国内不同区域的发展程度、跨境族群的人力资本强弱等因

[①] Gordon, Milton M. *Assimilation in American Life : The Role of Race, Religion and National Origin.* New York: Oxford University Press,1964:80.

[②] 梁波、王海英:《国外移民社会融入研究综述》,《甘肃行政学院学报》,2010年第2期。

[③] 夏伦、沈寒蕾:《流动人口真的融入社会了吗? ——基于结构方程模型的流动人口社会融入研究》,《人口与发展》,2022年第2期。

[④] 杨菊华:《从隔离、选择融入到融合:流动人口社会融入问题的理论思考》,《人口研究》,2009年第1期。

[⑤] Crawford, C. *Towards a Common Approach to Thinking about and Measuring Social Inclusion.* Roeher Institute, 2003.

[⑥] 徐如明、马佳:《社会融入研究综述》,《中共成都市委党校学报》,2019年第5期。

素,组合成了三种不同的社会融合类型:排异型、共生型、内嵌型。①

张怡宁(2020)将学界关于社会融入的研究大致归纳为三类:一是基于社会参与视角的"社会排斥论",二是基于社会公平视角的"社会融合论",三是基于市民化视角的"移民融入论"。②杨小柳(2020)从芝加哥学派发端,基于社会同化理论将社会融入作为移民同化过程的过渡阶段,她认为具有移民对主流社会的融入伴随着具有明确边界的族裔聚集区的消亡。③彭大松(2020)提到社会融入发源于西方国家对于外来移民的研究,其研究重点在于分析移民文化的认同机制,旨在研讨不同文化背景下外来移民如何消除文化差异,达成文化共识。④崔岩(2012)认为,真正意义的社会融入必然是建立在外来人口对迁入地高度的心理认同之上的。社会融入个体层面表现为个人的社会身份认同感和归属感,在宏观层面则体现为社会各个群体的融合程度。⑤陈雨等(2020)对国内外关于社会融入的研究作出了区分,他们认为西方学者注重从不同角度与层面来概括描述移民的社会融入状态与社会融入过程,而国内学者的研究则主要集中于讨论移民社会适应以及农民市民化问题。同时,他们提出在社会融入研究领域中,质性研究对于描述、解释移民社会融入这一社会现象具有明显优势,有助于更好地理解人的思想和行为,但目前在关于社会融入的

---

① 程军年:《我国跨境人口社会融入类型及生成机制研究》,《云南行政学院学报》,2020年第2期。

② 张怡宁:《易地扶贫搬迁居民的社会融入路径研究——以会泽县为例》,《四川省社会主义学院学报》,2020年第3期。

③ 杨小柳:《在穗经营型少数民族移民聚集区的形成及其社会融入》,《湖北民族大学学报(哲学社会科学版)》,2020年第6期。

④ 彭大松:《家庭化流动背景下老年流动人口的城市融入研究》,《深圳大学学报(人文社会科学版)》,2020年第6期。

⑤ 崔岩:《流动人口心理层面的社会融入和身份认同问题研究》,《社会学研究》,2012年第5期。

研究中质性研究方法严重缺失,亟待加强。[①]

关于社区融入的定义各位学者众说纷纭,尚未形成明确的概念界定。社区作为社会治理的基本单元,是公众进行一系列社会活动的场所,社区融入与社会融入密不可分。陈芳和马云飞(2023)指出社区融入作为社会融入的一个方面,"是社会融入中对于社区这一场域融入情况的限定和解释"。他们将"社区融入"界定为研究对象在社区文化、心理归属、制度、社会交往、经济等方面对所在社区的融入。[②]徐谈谈和徐飞(2020)从社会学理论角度出发,认为社区融入是弱势群体通过与社区中的其他人员进行积极互动来促进自身融入社区的一种社区整合过程。[③]贾冰和郑馨彤(2020)强调通过建立社区社会工作协同机制来促进社区居民社会融入。她们指出,社区社会工作者往往面临着许多现实困境,例如难以建立专业关系、服务对象信任度不够等。在这种情况下,社区社会工作者通过建立社区社会工作协同机制,根据社区居民的实际需求为其提供个性化的专业服务,能够有效解决社区居民社会融入困难的现实困境。与此同时,社区居民在这个过程中也能够提升与人交流的信心和融入社会的能力。[④]张博珺和邵琳(2020)指出,社区在移民进行社会融入的过程中起到关键作用,但由于当前社区邻里关系、人口结构的种种变化,阻碍了社区融入的进程。[⑤]

---

① 陈雨、陈嘉伟、谢文沁:《城市化进程的新拼图:近郊失地农民社会融入研究——基于成都市顺江社区的扎根理论分析》,《南方农村》,2020年第5期。

② 陈芳、马云飞:《老漂族社区融入及政策应对——以南京市S社区为例》,《老龄科学研究》,2023年第3期。

③ 徐谈谈、徐飞:《随迁老人社区融入问题的实务探究》,《山西农经》,2020年第16期。

④ 贾冰、郑馨彤:《促进居民社会融入的社区社会工作协同机制分析》,《社会与公益》,2020年第5期。

⑤ 张博珺、邵琳:《基于流动人口社区融入视角的社区公共空间营造策略研究》,《城乡规划》,2020年第4期。

融入是一种过程,也是一种意识。本书的社区融入是指社区工作者等人通过专业服务介入,使来华外国人不断地适应社区、融入社区,参与到社区建设中,内化社区意识,建立社区归属感,并与其他社区居民一道共享社区发展的成果的过程。

三、社区组织

1.街道办事处

在我国,乡级行政区街道的管理机构就是街道办事处。《中华人民共和国地方各级人民代表大会和地方各级人民政府组织法》第四章中提到,市辖区、不设区的市的人民政府,经上一级人民政府批准,能够组织多个街道办事处,作为政府派出机关。[①]

随着时代变迁,我国街道办事处经历了以下四个阶段的演变。1949—1958年,街道办事处开始创立。1954年,第一届全国人大常委会第四次会议通过了《城市街道办事处组织条例》,其中对街道办事处的职责任务、人员配置及组织性质等给出了详细的规定,从此,我国的街道办事开始快速发展。1958—1976年是街道办事处曲折发展的阶段,人民公社开始取代街道办事处,不久,街道办事处又开始恢复了,但是随后又改成了街道革命委员会,且其机构设置以及职能权限都受到冲击。1976—2009年进入街道办事处的正常发展阶段,这个时期,我国制定了新宪法,撤销了"街道革命委员会",恢复了街道办事处。[②]2009年以来街道办事处进入改革常态化的发展阶段,随着城市进程的加快发展,街道办事处承担

---

① 中国人大网,中华人民共和国地方各级人民代表大会和地方各级人民政府组织法(第四次修正),http://www.npc.gov.cn/wxzl/gongbao/2004-12/26/content_5337537.htm。

② 李瑞良、李燕:《城市改革背景下街道办事处职能重构研究》,《中国管理信息化》,2020年第6期。

的职能愈加丰富。

街道办事处是城市的基本行政区,下面包含很多社区,同时还包含一些行政村。主要负责贯彻国家政策、指导做好辖区内各部门工作并反映民情、加强社区精神文明建设、强化社区治安管理、开展社区服务及社区教育工作、完善辖区人口管理工作、配合相关部门做好辖区内的居民迁移及抢险救灾等工作、配合武装部门开展有关工作等。

2.居民委员会

根据《中华人民共和国城市居民委员会组织法》(以下简称《居委会组织法》)规定,居民委员会指的是居民自我服务、自我教育及自我管理的基层群众性自治组织。[①]居委会是社区自治组织的重要代表,其具备的最大的特征就是严密的制度化和组织化,同时依托于基层政府,其重要性与可靠性也不可忽视,它在社区自治组织中发挥着非常重要的作用,具备的公共事务性性能比较多,能够促使社区的文化需求得到最大程度的满足,同时可以动员社会开展各种互动活动等。随着市场经济的快速发展,社区建设和政治制度改革的力度不断加强,城市居委会更名为"社区居委会"。[②]《居委会组织法》规定城市居民委员会的基本职能是:普法宣传及精神文明教育;协助政府机关做好民生工作;协助维护社会治安;处理社会纠纷;公共事务和公益事业的办理;反映民情和需求。法律对居委会的职能的明确规定,促使居委会在开展工作的时候能够严格按照相关法律的规定,同时也为下放行政职能提供重要的法律依据。

刘欣(2016)在研究中将居委会的组织体系分为四个主要机构,即最高决策机构、议事机构、日常理事机构和具体办事机构。其中,最高的决

---

① 中国人大网,中华人民共和国城市居民委员会组织法,http://www.npc.gov.cn/wxzl/gongbao/1989-12/26/content_1481131.htm。

② 刘欣:《论我国城市社区居民委员会制度的完善》,《法制与经济》,2016年第1期。

策机构就是社区居民代表大会,它代表所有居民的合法权益;由居委会组织召开社区居民代表大会,采用选举的方式和议事的方式选举出来,居委会享有权利的同时也需要承担一定的责任。议事协商委员会就是议事机构,社区议事协商委员会属于一种公共事务组织,由辖区内企事业单位、社区居民及社区其他社会组织选举出来代表之后,然后由社区居民代表大会推荐组成自治组织。它游走于社区各单位组织与社区居民之间,传达并反馈各方信息及意见,协调相关组织,也有权提出建议和意见,对各单位和部门起到监管作用,充当居民与各单位及组织之间的互动桥梁。社区居委会是该体系中的日常理事机构,其依法成立并协助配合社区内相关行政单位处理本社区事务,促使社区能够实现健康发展。居民小组是居委会组织体系中的办事机构,居委会的构成单位就是居民小组,数量是不固定的,具体规模视社区居民数量而定,居委会的工作依靠居民小组来展开,本小组的日常工作是由组长负责的。

3.物业及业主委员会

"物业"一词由英文单词"property"或者"estate"翻译而来,也可以理解为"不动产管理"或是"房地产管理"。最开始是从香港传入沿海地区,然后再由沿海地区传入内地,现在,这个概念相对来说已经比较成熟了。所谓的"物业"指的是已经建成,且具备使用价值和经济价值的房屋、土地、邻场地、公用设施及附属市政等。[①]已经使用的房屋和相配套的场地、设备及设施都在物业包含的范围内。此外,物业还包含整栋商厦和单元住宅,因此物业依据区域空间存在大小之分,由专业的物业管理公司负责管理整个社区内的物业。物业管理公司都是严格按照法定程序设立的,具备一定的资质条件,经营物业管理业务的经济实体,属于单独的企业法人。物业管理公司属于服务性的企业,和使用人或者业主之间是平等的

---

① 臧炜彤、崔琦、刘薇:《物业管理概论》,化学工业出版社,2013年,第1页。

关系。业主将房屋管理委托给物业管理公司,双方之间按照约定签订合同,物业管理公司为业主提供专业化的服务,进而获取相应的报酬。

《城市新建住宅小区管理办法》对物业管理公司的义务给出了明确的规定,具体包含履行物业管理合同,经营严格按照法律规定;住宅小区和管委会对物业公司拥有监督的权利;对于一些重要的管理手段需要上报给管委会进行审议,且在获得管委会的肯定之后接受住宅小区所在地人民政府、有关行政主管部门以及房地产行政主管部门的指导和监督。物业管理公司在注册登记的时候需要上报给工商行政管理部门,获得审批之后才能领取营业执照,方可开业。虽然此法后来在中华人民共和国建设部令第161号令中被废止[1],但多地物业公司与业主签署的合同中依旧采纳和沿用了其中适应现行管理办法的部分内容,对社区内物业管理产生了重要影响。

物业公司就是物业管理的执行方,业主则是接受服务的对象,我国的《物业管理条例》明确指出业主就是房屋的所有权人[2],同时规定了物业管理活动中业主所享有的合法权益。业主应该严格遵守物业服务合同中的相关约定,接受物业服务企业提供的服务;业主有权利组织召开业主大会,就物业管理的一些事情提出自己的意见和建议;业主有权利提出修改和制定管理规约以及业主大会议事规则的意见和建议;拥有参加业主大会会议的权利,可以行使自己的投票权,进一步选举出来业主委员会成员;业主对业主委员会的实际工作享有监督的权利,对物业服务企业履行物业服务合同的情况也享有监督的权利;对专项维修资金的具体使用情况和管理情况享有监督的权利;对相关场地使用情况、共用设施设备以及

---

[1] 中国政府网,中华人民共和国建设部令第161号,http://www.gov.cn/gongbao/content/2008/content_956200.htm。

[2] 中国政府网,中华人民共和国国务院令第504号,http://www.gov.cn/gongbao/content/2007/content_772310.htm。

物业共用部位享有监督权和知情权;此外,业主还享有法规法律规定的其他权利。

业主大会的常设机构就是业主委员会,由业主大会根据法律的规定选举成立的。业主委员会属于一个规模比较大的自治组织,行使与业主的住所有关的各种职能和权力,对于业主大会上确定的事宜必须执行,且业主对其享有监督的权利。根据《物业管理条例》规定,同一个物业管理辖区内的业主,需要在乡镇人民政府、街道办事处以及县人民政府房地产行政主管部门的指导下组织建立业主大会,且选举出成员组建业主委员会。然而,对于业主人数不多,或者只有一个业主的区域,在得到所有的业主同意之后,决定不组织业主大会的,由业主共同履行业主委员会和业主大会的职责。①

4.其他社区社会组织

《民政部关于大力培育发展社区社会组织的意见》中对社区社会组织给出明确的定义,其是由社区居民组织成立的,在城乡社区开展各种活动的社会组织,如农村生产技术服务、文体娱乐以及为民服务等。②社区社会组织在很多方面发挥着十分重要的作用,如创建共享社会治理模式和强化社区管理体系建设等方面。社区社会组织对社区力量比较关注,服务的对象就是居民和社区,促使居民的服务需求能够得到最大程度的满足,使得社区存在的问题能够得到妥善的解决。就组织属性而言,包含根据相关规定备案的社团组织和依法登记注册的社会组织,其中包含服务机构、社会团体以及社区基金会等。③社区社会组织的建立和发展,有助

---

① 中国政府网,中华人民共和国国务院令第504号,http://www.gov.cn/gongbao/content/2007/content_772310.htm。

② 中华人民共和国民政部,民政部关于大力培育发展社区社会组织的意见,http://xxgk.mca.gov.cn:8011/gdnps/pc/content.jsp?id=13167&mtype=1。

③ 卢磊、黄小娟:《我国社区社会组织发展的基本议题、发展现状和趋势探讨》,《中国社会组织》,2019年第9期。

于唤醒基层的活力,促进人们有序地参与社区事务;帮助和引导多个利益相关者参与社区服务并满足人们的多样化需求;帮助和加强预防和解决社区冲突,有利于建立和谐社区。

在社区活跃度比较高的志愿者团队在社会组织中扮演着十分重要的角色。因为中国社会组织起步的时间比较晚,参与社会事务的各个方面仍不成熟。当前,社区中最活跃的组织是志愿组织及由各个社区兴趣团体组成的文体类社团。同样,社区内诸如卫生站、学校、银行、企业等单位或机构人员所自发建立的团队组织都属于社区社会组织的范畴。

以上陈述的各主体包含社区内的重要管理部门都是构成社区生活的不可或缺的部分。外国人员来华工作、学习或是长久生活必然要走入中国的社区生活环境并适应当地的社区互动方式。其对社区生活的融入在与社区内各单位、组织的互动方式及对社区内多重资源的有效利用等方面得以体现。

第二节　社区融入及社区管理相关国内外文献

一、城市居住外国人社区生活相关研究

一方面,随着我国社会经济的快速发展及国际形象的大幅提升,越来越多的外国人想要认识中国、了解中国。另一方面,由于我国积极推进"一带一路"建设、千人计划引智引才项目等,吸引了许多外籍人士来华就

业、学习和生活。①因此,如何更好地将来华外国人纳入社区管理当中,促进来华外国人的社区融入,发挥来华外国人在社区治理中的积极作用成为学界的研究热点。

王亮(2015)指出,当前我国对外开放程度日趋深入,从社区层面对来华外国人实施有效的管理已经刻不容缓。她提出社区认同的培育是新形势下有效管理外国人的重要途径,应通过培育外籍居民的社区认同、发展外籍居民自组织队伍、完善涉外社区的社区服务,以及加强社区文化建设和涉外居民社区参与来促进外籍居民对中国社会的认同与融入。②陈建胜(2022)强调来华外国人的"居民化"融入,即"来华外国人在其聚居地社区,可平等地享有与当地社区居民相同或相似的权利与义务,包括与当地社区居民相同或相似的赋权、管理和服务等"。他通过剖析义乌市L社区,提出社区组织作为"居民化"的整合融入角色推进来华外国人的社区融入,提出社区组织可以灵活采取诸如以治理平台化夯实来华外国人社区服务、以组织分支化吸纳来华外国人社区参与、以关系圈层化培育来华外国人社区认同等具体行动策略,将来华外国人的"居民化"融入落到实处。③王宁(2015)则提出通过增强来华外国人的文化认同感促进外籍居民融入社区治理。她认为相同的文化认同是群体凝聚力的保证,来自不同国家的外籍居民认同社区文化,就会对社区产生深刻且潜移默化的认同感与归属感。④李红娟和胡杰成(2019)指出,目前外国人聚居社区的治

---

① 蔡玲燕:《我国外国人聚居社区警务治理改革刍议》,《辽宁警察学院学报》,2020年第2期。

② 王亮:《社区认同视角下外国人管理的探讨》,《职业教育(下旬刊)》,2015年第2期。

③ 陈建胜:《来华外国人"居民化"融入:社区组织的角色担当及行动策略——以义乌市L社区为例》,《浙江社会科学》,2022年第6期。

④ 王宁:《文化认同角度下涉外社区警务的建构对策》,《云南警官学院学报》,2015年第6期。

理还大多停留在政策宣传、提供基本服务等低层次阶段,存在社区治理体制和管理机制创新有限,社区人员结构复杂且融入困难,社区治理服务水平和专业能力较低等问题。因外籍居民比较注重个人隐私且对中国传统的居委会工作方式比较陌生,同时还存在着语言障碍、文化冲突等因素,社区想要了解外籍居民的家庭情况难度较大,外籍居民想要融入社区生活也较为困难。少部分来华外国人聚居小区有"小区"的概念,而无"社区"的理念,主要由高度市场化的物业进行管理。社区治理的主体功能存在明显缺位,给社区治理带来了困境。[①]樊鹏(2018)提出国际化社区是当前社区治理研究中最具前沿性、挑战性和国际意义的一个特殊版块。他发现了一条相对有效的治理国际化社区的路径:一方面发挥基层党组织的政治核心和政治引领作用,将国际化社区作为党的基层组织建设的新型社会治理空间;另一方面引进专业社会工作和社会的其他力量对国际化社区进行管理,激发国际化社区治理活力。[②]

张凌轲和陆晶(2018)将外国人在华的居住状况分为三类:一是已经形成规模的外国人聚集社区,主要由外交、科教、商务等方面的人员构成,例如"韩国村"望京社区、广州天河地区等;二是已经形成气候的外国人聚集社区,由发展中国家来华求学、务工、经商的人员构成,例如广州的"巧克力城";三是普遍散居于中国各个社区的外国人。他们认为针对外国人居留社区应建立综合性的管理服务机构,以窗口化受理的方式,为来华外国人提供社区服务,并形成管理高效、服务顺畅、运行良好的涉外社区管理体制机制。[③]

① 李红娟、胡杰成:《中国社区分类治理问题研究》,《宏观经济研究》,2019年第11期。
② 樊鹏:《国际化社区治理:专业化社会治理创新的中国方案》,《新视野》,2018年第2期。
③ 张凌轲、陆晶:《人类命运共同体视域下社区外国人管理新探》,《湖南警察学院学报》,2018年第1期。

　　朱晓研(2011)研究调查发现,在华外国人对于社区生活的满意度基于国籍不同而存在一些差异,但整体上来说对于社区生活的评价差异并不明显。就社区生活的购物而言,日本相比其他国家,在购物环境的评价上存在很大的差距,日本人对于购物方面的满意度评价与其他国家或地区的人相比要低一些,而其他国家或地区的满意度评价并没有明显差异;在外文标识方面大部分外国人表示社区内的标识在一定程度上为他们的生活提供了适应性和熟悉感,进而给生活带来很大的便利。一些外国人认为一些不文明的现象,如乱扔垃圾以及随地吐痰等等,对社区的形象以及卫生带来很大的影响。[①]邻里关系的处理以及与当地人的和谐相处,是许多来华居住的外国人在社区生活中需要面对的基本问题。有研究调查发现,在华居住的外国人中,在评价邻里关系的时候,比较满意和非常满意的占比相比不满意的占比要高出很多。与此同时,外国人在社区生活时间的长短对于邻里关系的满意度有直接的影响,主要表现为对邻里关系不满意的比例随着外国人居住时间的增长而呈现出下降的趋势。在华居住的外国人在评价社区治安环境方面,满意度的占比一般比较高,和亚洲人相比,非洲人和欧美人满意度的占比则更高一些。总而言之,外国人与本地人的交流沟通主要集中在工作方面,外国人群体与本地人群体间的沟通较少,并且群体间基于跨文化沟通差异大的特点普遍存在相区隔的现象,例如,非洲人在双方见面时,以握手拥抱的方式打招呼,因为各个国家存在文化上的差异,进而在群体交往上容易出现一些误解的现象,因此外国人更倾向于选择与自己同语言、同肤色的外国人员一起生活;由于外国人在中国的社会支持网络并不发达,因此遇到问题或困难时更容易表现出较高的生活上的不适应,如不了解中国的就医流程,健康维护很难真正地落实到位;外国人聚居区和外国人有着一定的区别,两者的社会形

---

　　① 朱晓:《北京外国人社区生活调查研究》,《北京社会科学》,2011年第2期。

态呈现出二元平行的状态①,随着内部互动的次数越来越多,聚居的外国人慢慢地就产生了较强的认同感,容易将外国人与本地人区隔开来,进而形成小范围内的规范与文化,过于稳定与封闭时则容易造成其与外界主流社会的脱节。

二、社会流动和文化适应相关理论及实证研究

社会流动是指个体从一种社会集团移向另一种社会集团,或从某个社会集团内部的一个层次移到另一个层次的现象,也包括不同阶级之间个别成员的互变。②

早期的社会流动因素主要包括个人的经济和政治地位改变、军事力量干预、教会作用和婚姻关系建构等,而信息高度社会化的今天,个人的知识、才干和品格等是个人社会流动的主要特征。③在国际间的流动中,"连锁性迁移"(chain migration)和社会网络的社会流动现象呈现急剧上升的趋势。④社会网络也会因国家之间的相互往来,以及交通技术的发展而得以强化。就个体的期望和奋斗目标而言,其一般趋势是向上流动。聂伟(2017)认为向上社会流动能够增强人们的自我优势身份认同,提高流动者的社会地位,使流动者具有较好的地位安全感和确定感,产生较低的相对剥夺感。⑤

---

① 吴夏元:《空间视角下外国人聚居区的问题及社会工作介入研究——以广州小北地区为例》,广州大学硕士学位论文,2019年。

② 张李玺主编:《妇女社会工作》,高等教育出版社,2008年。

③ 张李玺主编:《妇女社会工作》,高等教育出版社,2008年。

④ Castles, S. The factors that make and unmake migration policies, *International Migration Review*, 2004(38).

⑤ 聂伟:《社会流动与外群体歧视——基于CGSS2005数据的实证研究》,《社会科学辑刊》,2017年第4期。

传统理论认为,不论是向上还是向下的社会流动都可能导致疏离和异常压力,若没有社会和个人控制,很有可能通过对生活不满和外群体歧视表现出来。①社会认同理论认为,为了满足自我安全需要,社会成员往往需要一个强有力的社会认同②,因此社会流动又不可避免地带来外来者对流入地文化的适应及融入问题。

雷德菲尔德(Redfield)等对"文化适应"(又称"涵化")的定义是"由个体所组成,且具有不同文化的两个群体之间,发生持续的、直接的文化接触,导致一方或双方原有文化模式发生变化的现象"③。贝利(Berry,2002)认为文化适应是"伴随着不同文化间接触的文化的和心理的改变"④。陈国明和余彤(2012)则提出跨文化适应是一个动态的过程,"理解—尊重—接受"是跨文化适应的发展方向,目的是增进相互的尊重理解以及延伸相互可以接受的空间。⑤李腾子(2022)认为,跨文化适应是指"个体在新的、陌生的或改变的文化环境中安顿下来,并与环境建立起相对稳定的互利关系"⑥。

戈登(Gordon,1964)认为跨文化适应是新文化适应的同化初期出现的现象。同化包括不同人种集团之间通过接触而产生的相互适应过程和结果,也包括随着时间的推移而产生的对文化和行为、社会结构、人种等

---

① 涂尔干:《自杀论》,冯韵文译,商务印书馆,1996年。

② 阿布拉姆斯:《社会认同过程》,高明华译,中国人民大学出版社,2011年。

③ REDFIELD R,LINTON R,HERSKOVITS M J, Memorandum for the Study of Accul-turation, *American Anthropologist*, 1936, 38(1):149.

④ BERRY J W, *Cross-Cultural Psychology: Research and Applications*, 2nd Edition. Cambridge:University Press, 2002:345.

⑤ 陈国明、余彤:《跨文化适应理论构建》,《学术研究》,2012年第1期。

⑥ 李腾子:《来华留学生跨文化适应策略研究——基于跨文化适应综合理论视角》,《重庆师范大学学报(社会科学版)》,2022年第6期。

方面的认同。①20世纪60年代后期,同化论遭到了对社会现实的解释力不足的批判,学者们也开始在多元论框架下展开了对移民适应的研究。②马奥尼(Mahoney,1992)在人类行为新模式研究中提出越来越多的人类行为已经可以从多元文化视角进行解释,此观点主张人类行为应解释为是相互的、有关系的,而不是直接的和单方向的。③布茨(Butz,1997)主张如果自我是个人的各种文化经验的整合形态,那么文化则在形成自我认同方面起着重要的作用。④而苏(Sue,1998)提出"多元文化主义"和多样性是与废除差别、市民权、人种主义性别差异等有着密切关系的概念。因此,多元文化是一种政治理念,一种意识形态,是不同文化的共存,是承认不同文化之间的差异而且还要平等对待它们。⑤

在文化适应类型研究中,有科阿(Khoa)和范德森(Van Deusen)依据移民者对新文化的接纳程度而划分的旧文化适应、同化适应和双文化适应⑥,也有林(Lin)等把文化适应与压力结合起来而划分的周边神经紧张型、周边脱离型、传统主义型、过度同化型和双文化型等的文化适应⑦,还

---

① Gordon, M. M, *Assimilation in American Life: The Role of Race, Religion and national Origins*, New York: Oxford University Press, 1964.

② 马晓燕:《移民社区的多元文化冲突与和谐——北京市望京"韩国城"研究》,《中国农业大学学报》,2008年第4期。

③ Mahoney, M. J. & Patterson, K. M, Changing theories of changes: Recent development in counseling, In S. D. Brwon & R. W. Lent(Eds.), *Handbook of counseling psychology*(2nd ed.), New York:Wiley, 1992.

④ Butz, M. R, *Chaos and complexity: Implications*, Washington, DC: Taylor & Francis, 1997.

⑤ Sue, S, In search of cultural competencies in psychology and counseling, *American Psychologist*, 1998(53).

⑥ Khoa, L. X., & Van Deusen, J. M, Social and Cultural customs: Their contribution to resettlement, *Journal of Refugee Resettlement*,1981(1).

⑦ Lin, K. M., Masuda, M. & Tazuma, L, Adaptational problems of Vietnamese refugees, Part Ⅲ. Case studies in clinic and field: Adaptive and maladaptive. The Psychiatric, *Journal of University of Ottawa*, 1982(7).

有贝利(Berry,1984)等把文化适应与民族认同联系起来而划分的同化、分离、整合和边缘化的文化适应类型。①沃德(Ward,1996)将文化适应分为心理和社会文化两个维度。前者指个体在新文化背景下的心理适应性和幸福感以及满意度,后者则指与个体融入新文化有关的各项能力。②文雯等(2014)又将社会文化适应划分为"交际""环境"和"文化认知"三个类别。③刘运红(2015)在研究中发现群体跨文化适应主要受社会环境、个体因素、语言障碍、旧文化与心理四个方面的影响。④贝利(Berry,1999)提出了二维文化适应模型,他将文化适应方式分为四类,即整合、同化、分离和边缘化。⑤而哈利(Harry,1984)认为文化适应可分为"社会适应"和"心理适应"两个维度,个体在文化适应过程中感受到的压力和受到的阻碍决定了心理适应的程度。⑥

　　一般情况下,环境中的气候、地理、饮食、文化差异、资源缺乏、社会上的疏离、身份的非持续性、现代化程度差异及外来移民者身份⑦,差别对

---

①　Berry, J. W, Cultural relations in plural societies: Alternatives to segregation and their socio- psychological implications, In N. Meller & M.Brewer(Eds.), *Groups in Contact: The Psychology of Desegregation*, Orlando, FL: Academic Press, 1984.

②　Landis D., Bhagat R (Eds.), *Handbook of intercultural training (2nd ed.)*, Thousand Oaks, CA: Sage, 1996:124.

③　文雯、刘金青、胡蝶、陈强:《来华留学生跨文化适应及其影响因素的实证研究》,《复旦教育论坛》,2014年第5期。

④　刘运红:《新疆中亚留学生跨文化适应现状调查》,《民族教育研究》,2015年第3期。

⑤　Berry, J. W. et. al., *Cross-cultural Psychology: research and application*, Cambridge: Cambridge University Press, 1999:177-218.

⑥　Harry C T & Richard W B, Cross-cultural psychology, *American Psychologist*, 1984, 39(9), 1007.

⑦　Berry, J. W., Kim, U., Minde, T., & Mok, D., Comparative studies of acculturative stress, *International Migration Review*, 1988, 21(3).

待、语言障碍、被排挤、非法居留身份等都会是新文化适应的压力源。[①]文化适应压力会增加人的抑郁程度和自杀冲动[②]，对未来的不可预测性还会给个人带来不安感，对新文化环境的控制带来困难，对个人的心理健康带来威胁。[③]孙进（2010）提出，文化适应压力是指"适应者在适应过程中出现的困惑、焦虑等一系列对心理健康造成负面影响的现象"[④]。严文华（2007）认为，如果个人在工作和学习中能够获得较好的人际关系与社会支持，其文化适应压力的水平将会降低，在文化适应过程中产生的负面情绪也会随之减轻。[⑤]陈慧等（2007）主要从外部因素和内部因素对文化适应进行研究，外部因素包括生活环境的变化、社会支持、时间等；内部因素即自身因素包括认知评价方式、人格特质以及应对方式，他们认为内部因素是影响适应者心理健康的主要因素。他们认为在跨文化适应过程中存在的一系列生活变化，如饮食习惯、生活节奏、气候，以及来自家庭、熟人、朋友的社会支持最能影响跨文化适应者的心理压力水平。[⑥]张云桥（2016）指出，当个体来到一个新的文化情境时，陌生社会文化情境会使他

[①] Hovey, J. D. & Magana, C. G., Acculturative stress, anxiety and depression among Mexican immigrant farmworkers in the Midwest United States, *Journal of Immigrant Health*, 2000, 2(3).

[②] Hovey, J. D. & King, C. A., Acculturative stress, depression, and suicidal ideation among immigrant and second generation Latino adolescents, *Journal of the American Academy of Child and Adolescent Psychiatry*, 1996(35).

[③] Smart, J. F. & Smart, D.W., Acculturative stress of Hispanics: Loss and Challenge, *Journal of Counseling and Development*, 1995(73).

[④] 孙进：《文化适应问题研究：西方的理论与模型》，《北京师范大学学报（社会科学版）》，2010年第5期。

[⑤] 严文华：《跨文化适应与应激、应激源研究：中国学生、学者在德国》，《心理科学》，2007年第4期。

[⑥] 陈慧、车宏生、朱敏：《跨文化适应影响因素研究述评》，《心理科学进展》，2003年第6期。

们产生一系列压力,从而导致跨文化适应问题。①

奥博格(Oberg,1960)针对文化适应压力提出了"文化休克"的概念,即文化休克是人们因为突然失去了熟悉的社会交往符号和标志所导致的一种精神焦虑。他提出治疗文化休克需要积极融入新的社会文化,了解新文化的风俗习惯、行为规约。另外,他还将文化适应划分为四个阶段,即蜜月期、危机期、复原期和适应期。②陈天成(2015)指出文化休克是一个复杂的过程,克服它需要多方面的共同努力。积极的心态是克服文化休克的心理准备,有效的沟通是解决文化冲突的桥梁,而最关键的一个步骤是要主动积极的寻求改变。③卢竑和段宁贵(2024)指出,留学生等"短期旅居者"的跨文化适应问题较其他移民而言更为复杂,既是外国人又是学生的特殊身份,使其在经过短暂的"蜜月期"后会遇到"文化休克",从而产生社会文化不适应、心理不适应、学术不适应等跨文化适应障碍。④

通过梳理以上文献发现,城市来华外国人的社会流动不可避免地面临文化适应和融入问题,同时在社区融入过程中也会受到异境文化带来的压力与冲击。因此,本书关注城市国际化背景下来华外国人在国内的社会流动及生活适应,期望能够为缓解城市来华外国人的文化适应压力提供理论依据,探索构建多文化共存的和谐社会方案。

---

① 张云桥:《来华留学生的跨文化适应问题研究——以天津理工大学为例》,《亚太教育》,2016年第32期。

② OBERGK.Culture shock: Adjustment to new cultural environments, Practical Anthropology, 1960(7): 177–182.

③ 陈天成:《美国大学生在华支教的文化适应策略:调查与分析》,《淮北师范大学学报(哲学社会科学版)》,2015年第6期。

④ 卢竑、段宁贵:《新时期来华东盟留学生跨文化适应障碍与路径》,《文化创新比较研究》,2024年第8期。

三、来华外国人社区适应及社区管理研究

随着我国城市国际化进程的纵深发展,来华外国人已成为我国城市人口中的一个特殊的组成部分。随着在华外国人人数的增加,他们对城市管理服务的需求也已由对法律规定的适应、经商活动便利性要求,转向了侧重子女教育、医疗、宗教和文化活动等生活需求,许多外国人还积极参与所在社区的公共活动。他们与当地居民建立了亲密关系,担当社区志愿者甚至参与到创文、创卫宣传,垃圾分类推广等活动中。姚宜指出,大量外国人的涌入在为城市经济文化繁荣和社会发展增添动力的同时,也带来了外国人违法犯罪(如非法就业、非法入境和非法居留的"三非"现象)、群体性事件等诸多社会问题,以及涉及国家安全的不稳定因素。[①]王亮(2018)以在穗非洲人为例,指出在华外国人的居住方式呈现多元化、复杂化的特点,其主要由基层派出所公安和街道出租屋管理中心进行监管。但由于基层派出所和街道管理责任众多、商品房住宅的私人化、保护个人隐私等具体限制,导致在华非洲人的社区匿名化现象较为普遍。不仅如此,涉外社区中还存在着一些"无护照、无签证、无收入"的"三无"非洲人,他们既是社区治安管理的困难群体,也是各类犯罪行为可能的高发群体。[②]王亮(2018)提出外国人社区主要存在政治风险、治理风险、社会风险和经济风险等四种风险,因此,外国人的跨境迁移并形成一定的族群社区,不论是对外国人自身,还是对外国人所居住的社区,都会存在一定的

---

① 姚宜:《城市国际化背景下在华外国人管理研究》,《求索》,2016年第8期。

② 王亮:《在华外国人的现状及治理——以广州市非洲裔外国人群体为例》,《团结》,2018年第4期。

风险,而这些风险必然会对我国社会和谐发展带来挑战。①

社区中的外国居民与本地居民之间、不同国籍外国居民之间的交往加深,发生纠纷的概率也随之上升。另外,生活习俗差异、日常活动摩擦等也都有可能引发事端,使得外国人对于便利、畅通、可信的纠纷解决机制的需求相应提高。马晓燕(2008)在对北京望京"韩国城"的实地调查中发现,外来移民与本地市民之间会由于语言、文化及生活习惯方面的差异产生矛盾和冲突,研究强调需要寻求不同文化之间的交流和社会内部的凝聚,即通过建立一个和睦的社区,缩短人与人之间的距离和隔阂。②陈宇鹏(2012)基于对义乌市的调查提出了国际社区管理与服务的挑战,包括居民服务需求多样化、文化资本缺少和跨文化交流挑战、在华外国人社会支持不足等。他强调不同国家的外国人对社区服务的需求有较大差异,外国人不同的宗教信仰对社区宗教场地也有不同的要求和期望。③而田艳(2008)界定文化聚合是从群体对外族群意识的增强与内部组织致密性的提高相结合而形成的合力,文化推进是一种文化向另一种文化空间的主动嵌入。她提出,在华的韩国人社会以社会关系与制度、文化实践及组织文化三个层次进行文化推进。④

在华外国人所在的社区也需面对诸多管理与服务方面的挑战。对于社区而言,应该促使不同国家的社区居民的需求得到最大程度地满足。相关统计资料显示,不同国家的外国人的社区服务需求存在一定的差异

---

① 王亮:《全球化背景下外国人社区的风险及治理》,《湖北民族学院学报(哲学社会科学版)》,2018年第3期。

3马晓燕:《移民社区的多元文化冲突与和谐——北京市望京"韩国城"研究》,《中国农业大学学报(社会科学版)》,2008年第4期。

③ 陈宇鹏:《多元文化背景下"国际社区"管理与服务的创新研究》,《长春师范学院学报》,2012年第2期。

④ 田艳:《文化聚合与文化推进——在京韩国人组织与文化的人类学解读》,中央民族大学出版社,2008年。

性,就发达国家的外国人而言,他们对社区卫生及环境方面的要求更高一些,不满意社区的嘈杂声。对于非洲的外国人而言,他们的性格比较豪爽,喜欢热闹,比较喜欢社区举办的各种娱乐活动,并且能够积极的参与。东亚国家的外国人相对来说比较腼腆,对家庭教育比较重视,不太喜欢参与社会组织的活动。[1]如今,外国人文化资本相对来说比较缺乏,促进跨文化交流和社区治理是社区面对的又一挑战。

除外国人与本地人存在文化差异外,社区自身管理层面的缺陷也是导致外国人居住社区较难治理的重要原因。管理主体呈现出单一化的特征,致使管理方面收不到理想的效果,1996年,来华的外国人数量呈现日益上升的态势,公安部则不再限制境外人员在华的住宿,允许外国人在社区居住。[2]在我国,由基层派出所和警察局负责管理境外人员,其属于公安管理的范围。但是,现在,我国改革开放的力度不断加大,来华的外国人的数量日益快速增长,仅仅依托公安机关来进行外国人员管理过于单一,且很难有效提升外国人管理效率。社区管理的服务性功能相对来说比较缺乏。在管理外国人问题上主要以治安管理为主,属于控制型管理和压制型管理。在管理方面,比较重视服务取向的条件,与实际情况是不相符的。社区管理中对于涉外法律条规的宣传力度不足,导致外国人生活问题频出,使得管理的难度有所提升,社区管理人员跨文化交流能力不足,导致管理工作进行低效,社区管理人员对于外语的掌握能力不足,外国人在社区生活时间的长短对于邻里关系的满意度有直接的影响,主要表现为对邻里关系不满意的比例随着外国人居住时间的增长而呈现出下降的趋势。此外,社区对于外国人所在的国家的生活方式、价值取向、人

① 陈宇鹏:《多元文化背景下"国际社区"管理与服务的创新研究》,《长春师范学院学报》,2012年第2期。

② 王亮:《社区认同视角下外国人管理的探讨》,《职业教育(下旬刊)》,2015年第2期。

文历史,以及社会心理等各方面情况不甚了解,无法有效跨过错综复杂的文化障碍解决具体问题。以上各项都使得外国人在华的社区融合问题更为复杂。

蔡玲燕(2020)则从外国人聚居社区警务治理切入,认为当前由于基层公安机关重管控、轻融合,重打击、轻防范,导致涉外社区警务治理效果不佳。她指出基层公安机关应秉持融合理念,增强服务意识,加强沟通交流,摒弃文化偏见,主动接近和了解外籍居民,加强日常联络,促进外籍居民融入社区并参与维护社区治安,进而完善来华外国人社区警务管理体制。[①]李梓宁(2020)指出,当前我国社区警务外国人管理工作大多沿用"上对下"传统管理模式,管理手段单一,缺乏治理理念创新和以社区服务为基础的多元管理措施。她对在京外国人居留生活调查中还发现,来华外国人融入社区生活的直接障碍是语言沟通障碍,社区中外国人的中文水平偏低,影响了中外居民之间的日常交流。同时,大部分外国人对我国的政策法律不甚了解,可能出现违背社会公德、公序良俗甚至违法犯罪现象。[②]

在社区资源有限的情况下,当长期居住在中国的外国人数量增多的时候,就会在社区形成两大利益群体,外国人的"占领",本地居民的排斥,造成两个群体之间的冲突,进而引发一系列风险。而外国人聚居的社区,目前仍然存在缺乏政府的有效引导,社区管理只重视签证是否合法等治安管理,忽视对外国人的有效信息掌握、提供服务等问题。[③]张宏亮(2012)指出,来华外国人在为当地经济社会发展作出贡献的同时,在客观

---

①　蔡玲燕:《我国外国人聚居社区警务治理改革刍议》,《辽宁警察学院学报》,2020年第2期。

②　李梓宁:《从在京外国人社区生活调查谈外籍人员居留治理》,《河北公安警察职业学院学报》,2020年第3期。

③　王亮:《全球化背景下外国人社区的风险及治理》,《湖北民族学院学报(哲学社会科学版)》,2018年第3期。

上存在的文化、民族、传统习惯也会导致来华外国人对现居住社区共同体产生疏离感和不安全、不认同感。另外,受传统的"排外"情绪影响,部分也会产生对外籍居民防范心理过重、无原则仰视等不良心态,造成了社区管理手足无措。①

我国针对社区外国人管理法律法规,也经历了从入境出境管理、住宿管理、就业管理、居留管理到社区管理等的漫长历史过程。不同的法律也经历了不同的发展演变过程,比如外国人入境出境管理从刚性到柔性的转变,住宿管理从集中住宿到社区居留管理的转变,就业管理从许可严格到许可宽松的转变,人口管理从流动人口到实有人口管理的转变,另外又出台了保护外国人权益保障的《中华人民共和国境内外国人宗教活动管理规定》《外国人在中华人民共和国收养子女登记办法》《关于加强外国人永久居留服务管理的意见》等相关法律法规。相关法律法规的出台虽然对外国人居留管理方面有了一定的改善和提高,但是仍然有规定内容不具体、操作难度大、法律相对滞后②,管理理念滞后、管理主体缺乏合力、管理制度不完善、管理手段乏力等问题存在。③由此可见,我国距离城市社区国际化还有一定的差距,相关的法律规范、服务体系、评价标准都亟待补充与完善。毛学庆等(2019)指出,2018年杭州市发布了《国际化社区评价规范》地方标准,该规范引入了国际城市可持续发展先进理念和方法,在组织架构、国际化资源应用、服务设施、社区治理等10个方面对国际化社区的指标和评价方法提出了要求,实现了城市来华外国人社区管理有

---

① 张宏亮:《天津国际化社区文化的构建思维透视》,《特区经济》,2012年第7期。

② 张荣:《对当前在华外国人非法居留问题的思考》,《湖北警官学院学报》,2015年第12期。

③ 张凌轲、陆晶:《人类命运共同体视域下社区外国人管理新探》,《湖南警察学院学报》,2018年第1期。

标准可依。①

　　治理多元文化社区,使来华外国人更好融入社区是促进社区稳定、提高社区居民生活满意度的重要环节。陈平(2019)在综合分析了社区治理实践、治理主体力量差异明显、治理体制僵化、共同体意识淡薄等问题的基础上,提出了推动城市社区治理的有效模式,即"吸纳型治理"模式。②黄慧(2017)则提出通过打造满足社区居民使用和发展需求的公共空间、营造教育性和文娱性为主的社区文化,以及通过政府、社区组织、社区居民等多方协力共同合作等方式解决移民社区的融入问题。③陈宇鹏(2012)提出社区应大力发展社区公共服务中心,协调公安、工商、税务、保险、医疗、教育等相关部门,整合社区、非政府组织、物业等各方资源,为在华外国人提供"全天候""零距离"的管理和服务,以帮助外国人解决其遇到的基本生活问题和困难,实现较好地社区生活融入。④张宏亮(2012)提出要从经济基础层面、人文层面等方面促进城市来华外国人在本地社区的融入。他认为社区融入不是单向的文化适应的过程,而是双向适应。要提升来华外国人对于社区共同体乃至社会的认同感,就必须尊重和保护不同文化的差异和多样性。这就需要在社区管理和服务居民的同时注重社区成员不同层面的需求,针对不同性别、国籍、年龄、学历、职业的社区外国居民采取不同的服务方式。⑤张永谊(2016)指出国际化社区不是单单专门为来华外国人服务,而是以和谐开放的国际化视野,通过社区管

　　① 毛学庆、茅海军、陈微微、博琳琳:《标准化视角下国际化社区发展对策研究》,《中国标准化》,2019年第7期。
　　② 陈平:《"吸纳型治理":社会组织融入城市社区治理的路径选择》,《理论导刊》,2019年第2期。
　　③ 黄慧:《转型社会中海南移民的社区融入现状及路径初探——基于三亚市的实证调查》,《法制博览》,2017年第32期。
　　④ 陈宇鹏:《多元文化背景下"国际社区"管理与服务的创新研究》,《长春师范学院学报》,2012年第2期。
　　⑤ 张宏亮:《天津国际化社区文化的构建思维透视》,《特区经济》,2012年第7期。

理与公共服务让社区居民体会真正的国际化氛围,让城市来华外国人能够真正地融入社区,与中国社会和谐共处。他提出社区可以通过组织国际文化交流活动来构建居民交流与共商机制,以此来加速社区居民之间的文化认同,打破本地居民与来华外国居民之间的疏离与隔阂。[①]华峰(2013)重视非政府组织对城市来华外国人社区融入的积极作用。他认为多元文化背景下的社区管理,不可避免地会出现不同的民族、风俗、文化和宗教问题相互交织的现象,难免也会造成社区居民之间的矛盾冲突。他提出国际化社区应引入社会化管理机制,充分利用各种社会资源和社会力量参与管理。与此同时,基层社区应加强与外事、工商、税务、劳动、房管、外经、教育等部门的联系,进一步整合利用政府相关部门的资源,为国际化社区管理搭建平台。[②]

刘云刚等(2017)指出,在华跨国移民社区不仅是跨国移民的迁移与特定社会文化情景互动和协商的产物,很大程度上也反映了在华跨国移民社区多重主体的复合作用。在广州远景路韩国人聚居区,本地村民和外来人口主要通过物业出租、就业、商贩经营等方式参与社会生产活动;在华韩国人则作为本地生活服务的消费者与中韩贸易的重要纽带。在华韩国人、本地村民、外来人口共同参与到社区生活中,成为远景路聚居区社区管理和社会生产的重要力量。[③]张凌轲和陆晶(2018)指出,来华外国人管理已经成为社区的一项基础工作,街道社区应增强信息化管理,社区民警应实现同步动态化管理,基层社区应坚持常态化管理。[④]王亮(2015)认为社会组织对于培育来华外国人社区认同有着重要意义,它可以弥补

---

①　张永谊:《打造国际化社区要处理好三个关系》,《杭州(周刊)》,2016年第7期。

②　华峰:《国际化社区的出现与应对》,《学海》,2013年第1期。

③　刘云刚、周雯婷、黄徐璐、全志英:《全球化背景下在华跨国移民社区的空间生产——广州远景路韩国人聚居区的案例研究》,《地理科学》,2017年第7期。

④　张凌轲、陆晶:《人类命运共同体视域下社区外国人管理新探》,《湖南警察学院学报》,2018年第1期。

政府和市场的双失灵,成为解决来华外国人发生群体事件的帮手。一些深受来华外国人信任的民间社会组织(如商会等)有助于从组织层面建构外籍社区居民的社区认同,促进外籍居民的社区融入。[1]张晓鑫(2014)建议改变以往来华外国人自主申报的模式,建立社区业主问责制,通过业主委员会督促社区对外籍居民居住情况进行实时掌握,以加强对外籍居民的信息收集与管理。[2]方岩(2011)强调挖掘物业管理部门在管理社区外国人方面的潜能,利用物业在动态信息收集和情况掌握等方面的先天优势对来华外国人实行社区化管理。[3]

第三节　社区融合及社区管理相关理论

一、社会融合理论

社会融合理论是为了解决社会当中的移民问题而提出的,移民融合理论最早由华纳(Warner)和斯洛尔(Srole)提出。[4]在他们看来,面对新的社会环境时,移民的社会融合需要经历几个阶段,并依据时间的发展移民的行为方式最终会与迁入地的原著居民更为相似。其中,比较有代表性的理论主要有三种,即多元文化理论、区隔融合理论及社会融合理论。

---

① 王亮:《社区认同视角下外国人管理的探讨》,《职业教育(下旬刊)》,2015年第2期。

② 张晓鑫:《社区外国人管理问题初探》,《湖北警官学院学报》,2014年第9期。

③ 方岩:《社区外国人管理问题研究》,《辽宁公安司法管理干部学院学报》,2011年第2期。

④ C. A. Dawson. The Social Systems of American Ethnic Groups. W. *Lloyd Warner, Leo Srole*. 1946, 51(6):578−579.

20世纪,美国的芝加哥学派的学者帕克(Park)提出同化理论,指出之所以存在弱势群体,和同化有着密切的关联,弱势群体通过对自身文化习俗、行为方式的改变放弃来适应主流文化的传统习俗与行为方式,最终达成自身与主流群体相同的互动模式以实现与主流群体机会的同等。在同化过程中移民者由定居后的结束、不同文化间的竞争、环境的逐渐适应到最终与主流社会的同化融合,共经历了四个阶段并且都是不可逆的。①在同化论中还派生出了熔炉理论、边疆熔炉理论、三重熔炉理论等理论,这些理论都强调的是不同的群体处在同一地域内会被同化成具有相同文化特征和行为特征的群体。

各种融合的理论观点又被米尔顿·戈登(Gordon)发扬光大,戈登提出移民群体融合过程具体包含的维度有七个,即世俗生活融合、行为接受融合、态度接受融合、认同性融合、婚姻融合、结构性融合及文化适应。文化适应包含衣着打扮,此外,还包含语言、情感表达及价值观念等内在特质。结构性融合在融合过程中占据着十分重要的位置,指的是社会结构互相融合的过程②,移民群体和迁入地展开密切的交流和融合,通过此阶段的互动可以使得移民群体加入迁入地的私人生活空间中来。婚姻融合就是指移民群体与主流群体的婚姻结合。认同性融合则是强调群体意识,关系到进入新环境的移民群体中的个体对自己如何进行定位的问题。态度接受融合与行为接受融合意味着群体间观念上的偏见与群体间歧视的消除,不同群体间态度与行为的差异逐渐减少。世俗生活融合的实现则体现了不同群体之间在社会生活方面的价值冲突以及权力斗争的渐渐消

---

① 胡锦山:《罗伯特·帕克与美国城市移民同化问题研究》,《求是学刊》,2008年第1期。

② 刘程:《西方移民融合理论的发展轨迹与新动态》,《河海大学学报(哲学社会科学版)》,2015年第2期。

失。移民群体的融合到此阶段得以完成。[①]

多元文化理论是1924年由哈里斯·卡伦(Horace·Kallen)在同化理论的基础上提出的,与同化理论强调文化的同一性所不同的是,多元文化理论更注重融合过程中文化的多元性与差异性。基于文化多元主义与黑人民族主义思潮的影响作用,多元文化主义得到了快速发展。第二次世界大战后,美国社会需要面对的群体日渐复杂,社会的多元化特征也愈发明显,传统的社会融合理论已经无法对眼前的社会现状作出更好的解释,多元文化理论则为这一困境提供了更多的视角,作出了更进一步的解释。该理论主张各群体之间相互尊重、相互包容,旨在构建一个多元文化和谐共存的美好社会。多元文化理论更具包容性地认为不同群体之间的不同文化并非替代与清除的关系,而是一种共存的状态,文化并没有优劣、高下之分,移民群体自身的文化并不会因为与主流社会的文化传统进行碰撞时被击溃而成为牺牲品,不同群体间的文化传统、行为方式、价值理念等都会随着碰撞相互适应达到协调的状态。移民群体在进入新的社会环境中后仍然会保持自身原住地区的文化习俗、生活方式与行为习惯,但新的文化行为模式也会随着其在新环境中的生活互动得以发展产生,多种文化行为模式更进一步促进了多元文化下的社会秩序的形成。

区隔融合理论是对同化理论的单一融合模式的拓展与调整,进一步丰富了多元文化理论。该理论具备的显著特征为,非常重视不同移民在一些方面存在的差异,如结构位置、文化背景及自身特征等[②],且认为在移民群体进行融合时,制度因素可能是关键动因,此外社会资本与人力资本也起到非常重要的作用。移民群体迁入地的公共政策和本地社会成员对

[①]　Gordon M M. *Assimilation in American Life: The Role of Race, Religion, and National Origins*. New York: Oxford University Press, 1964.

[②]　王德隆:《河北省流动人口社区融合现状分析及优化思路》,河北大学硕士学位论文,2016年。

移民群体的社会态度都是影响移民融入结果的重要因素,一些自身的人力资本,如移民自身的受教育程度和专业技能等对融合模式及融合经历产生的影响是比较大的。这项理论坚持,当移民群体在步入到新的环境后,会呈现出部分的文化融合与部分的文化区隔相结合的状态,此种模式是一种选择性的融合模式,比传统的融合理论具有更强的灵活性。移民融合的模式之间存在的差异性是比较大的,其后代子女的融合是有一定的限制的,只能在特定的维度中进行,相比较第一代移民来说,两者之间的差异还是比较大的,所以,区隔融合的现象是比较常见的。此理论主要是针对移民群体的后代子女而提出,主要体现为两种形式的融合,一种是与第一代移民的社会资本有关联,其拥有越多的社会资本,后代子女就越容易融入主流社会文化及主流群体中,反之则其后代子女更难融入主流社会当中,该形式的融合取决于初代移民的社会资本状况与资源的获取能力,具备阶层性融合的特点。还有一种是选择性的融合,指的是移民群体自主选择融合,只在自己选择的方面与主流群体进行融合,因此也根据其主观意愿保留了其自身特定方面的社会文化特质。

社区融合则是社会融合理论在"社区"这一层面上的具体表现。黄(Wong)和索罗门(Solomon)在无家可归的弱势群体的社区融入过程中对社区融入提供了以下三个层面的定义。他们认为社区融合(community integration)由三个维度组成。第一,身体融合,定义为在典型空间中存在于社区内(即商店,公园,图书馆和其他公共场所);第二,社会融合,定义为认识他人并与他们(即家人,朋友和熟人)进行社会接触;第三,心理整合,定义为在一个社区中拥有归属感(即在一个人的社交网络和社区空间内)。人类天生就是社会性的,在社区中进行身体、社会和心理上的整合是一项基本需求，也是心理健康的关键决定因素。[①]在进行社会研究及社区层面的工作介入时应考虑融合过程中的多种内外因素。

二、社区融合模式

社会融合一直是国内外学者关注的热门话题，其中社区融合又是社会融合在微观层面的体现。因此，新时代下的社区融合问题也成为学术界关注的热点。陈建胜（2022）指出，"同化主义"与"多元主义"是跨国移民社区融合的两种主要模式。这两种模式围绕着移民与当地社区和主流社会的关系展开，在一定程度上影响着社区组织在社区融合中所扮演的角色。[②]同化主义模式的主要观点是移民通过不断地调整自身心态、适应习惯逐步地转变原有的文化模式和内容，进而融入主流文化之中。虽然同化的发展进程是不可逆的，但是该进程中的弱势群体仍然会在一定程度上改变自身的文化模式和行为规范，以此获得机会和权益融入主流文化。[③]戈登（Gordon，1964）认为同化有以下三个过程：文化适应、结构整合、通婚。[④]

多元主义模式又称作多元文化主义模式，它在20世纪60年代针对同化主义的部分观点提出了挑战与批判。这一模式关注移民在社会融合或同化过程中的个体差异，并指出由于移民个体差异存在的客观性，移民在

① Marshall Carrie Anne, Boland Leonie, Westover Lee Ann, et al. *Effectiveness of interventions targeting community integration among individuals with lived experiences of homelessness: A systematic review*, Health & Social Care in the Community, 2020:1843-1845.

② 陈建胜：《来华外国人"居民化"融入：社区组织的角色担当及行动策略——以义乌市L社区为例》，《浙江社会科学》，2022年第6期。

③ 马小杰：《云南易地扶贫搬迁群众社区融入研究》，《云南财经大学》，2022年，第5页。

④ Gordon M M. *Assimilation in American Life: The Role of Race, Religion, and National Origins*. New York: Oxford University Press, 1964.

社会融合过程中不可避免地会出现差异化和多样化特征。[①]因而,多元文化主义模式更加强调移民在流入地对自身文化传统和关系网络的重建,并认为其原有的族群文化特征并不会必然消失,侧面体现了移民的融入并不一定是社区融合或同化的必然结果。[②]伊恩·亨利等(2007)指出,相较于同化主义模式,多元主义模式更倾向在多元文化社会中支持个体的自由整合。[③]

伍慧萍和郑朗(2011)对德、法、英、荷等若干欧洲国家的移民社会融入政策进行比较研究,深入分析了几种典型的社会融入模式。研究发现,赫克曼(Heckmann)从"国家移民方式"的概念出发,将欧洲国家的社会融入政策区分为三种类型,分别为多元文化模式、福利国家模式、共和模式。多元文化模式是指国家在移民社会融入政策上推行多元文化主义,以法律保障移民的长久居留,支持移民保留自身的民族特征和生活方式的社会融入模式。多元文化模式更加注重身份意义上的平等,移民在多元文化模式下可以享有更多的政治权利。该模式大都形成于某些具有移民传统的国家,对待移民的态度较为开放,入籍政策也比较宽松,代表国家有英国、荷兰、瑞典等。福利国家模式是指国家将社会福利制度作为促进移民社会融入的主要手段。在福利国家模式下,移民享有充分的社会和经济权利,但此模式对待移民的文化独立性与国民身份认同方面的态度是消极的甚至是排斥的。这一模式产生于第二次世界大战之后欧洲经济的重建时期,典型代表有德国。法国则是共和模式的代表国家,作为传统的

---

① 马小杰:《云南易地扶贫搬迁群众社区融入研究》,《云南财经大学》,2022年,第5页。

② Klaff V Z., Pluralism as an Alternative Model for the Human Ecologist, Ethnicity, 1980, 7(1):102–118.

③ Henry, I. P., Amara, M., & Aquilina, D., Multiculturalism,Interculturalism, Assimilation, and Sports Policy in Europe, In I. P. Henry(Ed.), *Transnational and Comparative Research in Sport: Globalisation, Governance and Sport Policy*, London: Routledge, 2007:115–234.

移民国家,法国一直深受共和主义的影响,在移民的社会融入问题上推行共和主义的同化模式。这一模式主张积极吸纳移民融入主流文化,将移民视为长期存在的事实,同时为移民居留提供法律地位保障。但在共和模式下,移民往往需要在很大程度上放弃原有的民族特征和生活方式,接受客居国的民主国家理念,对共和制国家产生新的效忠和认同心理。①汉恩青格(Han Entzinger,2000)也将社会融入政策一分为三,分为"少数民族模式""客籍劳工模式"和"同化模式"。②约翰·皮茨和蒂姆·霍普(John Pitts & Tim Hope,1997)提到,英国的社区融合模式是由社区组织与"半市场"或"市场"机制合作推进移民及边缘人群融入社区。③而美国作为国际移民最主要的迁入国,则采用一体多元模式,即确立外来移民的公民资格,规范移民的社会道德行为。这一模式导致美国社会矛盾尖锐化,一系列限制性的移民政策出台。④

在我国,上海古北新区探索出了国际化社区融入新模式,即通过建立社区建设促进委员会(又名"镇域社区委员会")实现社区公共事务的共商共治,提供给境外居民最需要、最适合的服务,同时也为探索"社区共治"新模式提供了机制载体。⑤杨菊华(2009)以城乡流动人口为切入点,构建了流动人口在流入地的社会融入理论分析框架,提出了五种社会融入模

① 伍慧萍、郑朗:《欧洲各国移民融入政策之比较》,《上海商学院学报》,2011年第1期。

② Han Entzinger. The Dynamics of Integration Policies: A Multidimensional Model, in Ruud Koopmans, Paul Statham: Challenging immigration and ethnic relations politics: comparative European Perspectives.Oxford University Press: New York, 2000.

③ John Pitts & Tim Hope, The Local Politics of Inclusion: The State and Community Safety, Social Policy & Administration, 1997, 31(5):37-58.

④ 马小杰:《云南易地扶贫搬迁群众社区融入研究》,云南财经大学硕士学位论文,2022年。

⑤ 复旦大学城市治理比较研究中心创新快报:《国际化的社区融入模式:上海社区委员会》,《杭州(我们)》,2012年第7期。

式,分别为隔离型、多元型、融入型、选择型、融合型。第一种模式为隔离型,指的是由于自身的局限、流入地的结构性制约、流入地居民有意或无意的偏见与歧视、宏观的制度与体制等种种因素,流动人口在经济整合、文化接纳、行为适应、身份认同等方面皆呈现出较低的取向,基本未能融入主流社会中,成为主流社会的边缘人。第二种模式为多元型模式,指的是流动人口在经济方面与流入地居民实现融合,但在其他方面特别是文化方面保持自己的传统与特色。第三种模式为融入型模式,指的是流动人口在经济整合、文化接纳、行为适应、身份认同等维度呈现出较高的取向,基本能够融入主流社会。第四种模式为选择型模式,指的是流动者有意识、有选择地在某些维度融入主流社会中,而在另一些维度主动保留自身的特色与传统。选择型流动者在劳动就业、经济收入、社会福利等方面基本融入了当地人群,并且在文化方面既接受流入地的文化,也保持自身的文化传统与特色。但在身份认同方面,流动者保持着与流入地的心理距离,更为亲近自己的家乡。第五种模式是融合型模式,即流动者融入流入地的主流经济体系中,在文化等其他方面与当地人群相互渗透与交融并达致融合的境界。在这一模式下,流动者与当地人口有着积极的互动,在生活方式、语言风俗等方面既相互容忍又相互竞争,但彼此尊重、和谐共存。①

另外,社区融合的参与主体因为自身扮演的角色,以及自身的地位权限,进而生成了不同的社区融合模式。在社区融合的过程中根据政府与社区作用的不同形成了以下三种分类:政府主导型社区融合、社区自治型社区融合、混合型社区融合。

政府主导型社区融合是通过政府行政部门,以政府为核心的、自上而

---

① 杨菊华:《从隔离、选择融入到融合:流动人口社会融入问题的理论思考》,《人口研究》,2009年第1期。

下地推进社区融合的一种模式。国内社区融合大多采取此种模式,政府在此模式下起着主导与干预的作用,为确保社区融合过程进行顺利、完成良好,社区融合工作的安排与开展都由政府全权负责。

社区自治型社区融合是一种自主型的、自上而下的模式,政府对于社区充分授权,并不强加干涉社区的行动安排。政府在其中扮演着监督者和授权者的角色,对社区融合作出适当的干预,社区融合的实际管理与行动实施都由社区组织负责,促使社区自身的主观能动性能够最大限度的发挥出来。

混合型的社区融合模式则倾向于处在以上两种模式之间,结合两种模式的优势进行功能上的补充,同时通过自上而下与自下而上的方式推动社区融合进程。政府在此过程中既扮演引导者的角色又扮演着参与者的角色,通过对政府行政资源与社区资源进行有效的整合,实现社区居民自治及政府行政主导的两种力量共同协作,以推进社区融合工作的展开。

三、社区管理理论

现如今,社会治理的空间已由"城市"逐步转移到"社区",社区作为城市社会的基础单元,是社会管理系统中最基层的构成部分。随着城市基层社会的加速发育,社区管理在社会稳定和经济发展等方面发挥的作用也在逐步增强。关于社区管理理论,有许多学者取得了较为丰硕的研究成果。

城市社区网格化管理理论是当前我国在社区管理实践中应用较为广泛的一种理论。魏涛(2011)指出,城市社区网格化管理是网格化管理技术和管理理念在城市社区管理中的具体应用,能够有效实现社区管理的精细化、主动化、动态化。①宋晓娟(2021)提出,社区网格化管理始于城市网格化管理向基层社区的纵向延伸,这种延伸基于既有街道社区管理体制,"旧"体制和"新"事务在社区这一有限空间内共同运作。②实际上,城市社区网格化管理理论的提出并不是要对传统的城市社区管理模式进行根本性的变革,其最终目的是通过管理模式上的创新重新整合社区基本要素,整合资源、再造流程、共享信息及协同办公,从而提高社区服务质量和管理效率。③王馨笛(2022)提出,社区网格化管理主要是通过应用现代信息技术,来为居民提供优质的公共服务,有效促进资源整合和下沉。④杨海涛(2014)在对城市社区网格化管理理论的研究基础上引入了"网络化治理理论",以进一步丰富我国城市社区网格化管理的理论体系。他提出,所谓"城市社区网格化管理"是以"无缝隙政府""群众路线""精细化管理"等为理论基础,在"保持原有街道和社区管理体制不变的基础上,将城市社区划分为若干'网格'单元,配备网格管理人员进行动态巡视,并依靠城市社区管理信息平台建立起指挥与监督相分离"的一种新型城市社区管理模式。基于此,他进一步引入"网络化治理理论",用以审视社区网格化管理遇到的现实困境。

网络化治理理论兴起于20世纪90年代的美国,这一概念最早由美国学者斯蒂芬·戈德史密斯(Stephen Goldsmith)和威廉·埃格斯(William D Eggers)提出。他们提出,网络治理是"一种全新的通过公私部门合作,非

---

① 魏涛:《城市社区网格化管理模式研究》,《大连理工大学》,2011年,第31页。

② 宋晓娟:《共生理论视角下的中国城市社区治理研究》,吉林大学博士学位论文,2021年,第4—5页。

③ 杨海涛:《城市社区网格化管理研究与展望》,吉林大学博士学位论文,2014年,第22—25页。

④ 王馨笛:《无缝隙政府理论视域下城市社区网格化管理问题研究——以沈阳市L社区为例》,《学会》,2022年第5期。

营利组织、营利组织等多种主体广泛参与提供公共服务的治理模式"①。网络化治理理论的兴起是由于传统政府管理模式的模糊性和风险性增大,政府必须寻求社会和市场等多方面力量的帮助,来共同应对高度复杂化的环境和公共问题。这一理论的内在价值和核心理念是一种"合作治理观",即将治理看作一种相互依存状态下的合作式管理,从而构建一个多中心的公共行动体系。②

有学者在无缝隙政府理论视域下,对城市社区管理问题进行了分析和探讨。无缝隙政府理论是最早由美国学者拉塞尔·M.林登(Russell M. Linden)提出的一种政府管理理论,兴起于20世纪90年代的美国公共管理部门改革。他在《无缝隙政府:公共部门再造指南》对"无缝隙政府"这一概念进行了定义,即无缝隙政府是围绕公众需求,应对传统行政部门之间因相互独立、各自为政、相互推诿等原因而产生的隔阂,以无缝隙的方式为"顾客"提供服务,建立"顾客"、竞争、结果三重导向的价值考核体系。③王馨笛(2022)认为,在管理理念上网格化管理与无缝隙政府理论一脉相承,目的都是为了改变传统官僚制中的部门分割和职能重叠等问题。④朱艳峥(2021)指出,"无缝隙政府"理论在完善政府服务、顺应信息时代新需求等方面发挥了指引作用,并且为基层政府整合行政资源、完善办事程序提供更加透彻的认识,提高了为人民发展而服务的全面性和高

---

① 斯蒂芬·戈登斯密斯、威廉·D.埃格斯:《网络化治理:公共部门新形态》,孙迎春译,北京大学出版社,2008年,第62—64。

② 杨海涛:《城市社区网格化管理研究与展望》,吉林大学博士学位论文,2014年,第22—25页。

③ RUSSELL M L.:《无缝隙政府:公共部门再造指南》,汪大海等译,中国人民大学出版社,2002年。

④ 王馨笛:《无缝隙政府理论视域下城市社区网格化管理问题研究——以沈阳市L社区为例》,《学会》,2022年第5期。

效性。[①]

韦宏喜(2022)则基于社会治理理论,对社区管理进行了深入的研究。他指出,社会治理理论是一种新的公共管理视域,其重点在于寻求政府、社会与市场三者之间的互动与合作,目标是通过整合调动多方资源和力量,来建立善治的社会体制,达到社会的和谐与可持续发展。[②]社会治理理论视域下的多元主体参与的社区管理,不仅能够将社区中的部分矛盾冲突进行有效地缓解,而且有助于社区居民广泛而深入、多样而自主地社区参与,使社区资源和发展成果与社区居民共享,建立善治的社区。

此外,新公共管理理论在对社区管理的相关研究当中也占据了十分重要的位置。新公共管理理论是一种和传统公共管理理论具有显著区别的新型理论,产生并兴起于20世纪80年代,倾向于政府面对公众要作出积极的回应,具备企业型服务意识。新公共管理理论消除了政府管理垄断供给现象,将更多的发展空间留给了企业和市场。在新公共管理理论当中,一方面,政府和企业协同合作,将权力下放至灵活管理机制,以政企合作的形式培养更多的企业型领导,来全面提高公共事务的工作水平及效率;另一方面,政府将权利分担给下级部门,并且在管理过程中成立绩效标准。黄哲(2022)指出,新公共管理理论是城市社区管理的主要理论依据,其公共性、公平性、服务性都值得我国在社区管理和服务当中借鉴和学习。[③]杨宏让(2019)提出,新公共管理理论在社区管理当中发挥了非常重要的作用,这一理论将居民作为真正的主体,充分体现了以居民为主

---

① 朱艳峥:《农村社区网格化管理现状、问题与对策研究——以S社区为例》,济南大学硕士学位论文,2021年。

② 韦宏喜:《社会治理理论视域下多元主体参与社区教育模式的建立》,《广西教育》,2022年第8期。

③ 黄哲:《浅析新公共管理理论对我国社区管理的启示》,《商业文化》,2022年第2期。

的思想,在满足社区居民利益诉求的同时要求加强公众服务的社区化。①

与此同时,学界还将自组织理论运用到了城市社区管理中,并在实践中不断推广与发展。自组织理论是由20世纪70年代在西方自然科学领域兴起的"耗散结构论""突变论""超循环论""分形理论""协同学"等一批前沿学科所共同组成的。这一理论认为,"任何事物都是一个开放的、自主的不断演化过程,事物通过与外界发生能量交换,并在吸收外界输入的序参量的基础上,逐步形成有机的结构和功能"②。弗朗西丝(J.Frances)关注社会主体的自主和自治,主张城市社区应解除管制、政府撤出以及间接调控,增强自主管理的能力,同时强调政府应减少管制。③迈克尔·利普斯基(Michael Lipsky)和史密斯(S.R.Smith)认为:"尽管政府与社区自组织都是公共服务的提供者,但二者的区别不在于组织目标不同,而在于实现共同目标过程中的作用方式不同。"④苏高斯(Sue Goss,2011)指出,因为"社区自组织离不开公民的认同与投入",所以在政府提供政策与法律保障的同时,要鼓励社区居民积极参与社区的管理。⑤

许多学者依据布迪厄"场域"理论的规律和逻辑,为实现城市社区管理创新目标提供了理论依据。"场域"理论是1975年法国社会学家皮埃尔·布迪厄(Pierre Bourdieu)在其发表的《科学场域的特殊性》一文中提出的。一个场域可以被定义为在各种位置之间存在的客观关系的一个网络或者是一个构型,其作为一个克服个人与社会、经验主义与理性主义、主

---

① 杨宏让:《城市社区管理模式优化研究》,西北大学硕士学位论文,2019年。

② 张达:《自组织理论视角:城市混合社区管理中的现实问题与路径分析》,重庆大学硕士学位论文,2013年。

③ 俞可平:《治理与善治》,社会科学文献出版社,2000年。

④ M. Lipsky & S. R. Smith, Nonprofit Organizations, government and the Welfare State, *Political Science Quarterly*, 1990, 104(4):625-648.

⑤ Sue Goss. Making Local Governance Work: Networks. *Relationships and the Management of Change*. New York: Palgrave, 2001:40.

体与客体等二元对立的理论工具,广泛应用于政治、经济、文化领域的分析。[1]王倩(2022)指出,"场域"隐含着不同力量间的对抗与竞争,不同的场域之间具有差异化和自主化的特征,并且场域之间没有确定的边界。另外,即使是自主性较高的一些场域,其也不能完全脱离于其他场域而单独存在并发挥作用,仍会受到诸多其他场域的影响与制约。她强调,场域中的行动策略受自主性与符合商品的双重影响,环境与空间也是不可忽视的重要影响因素。[2]闵兢(2016)提出了"城市社区管理域"的概念,他认为,场域是一种具有相对独立性的社会空间,而"城市社区管理域"是城市社区管理运作的中介,即"社区多元主体参与社区管理活动的主要场所"。在"城市社区管理域"这个特殊的社会空间中,社区管理首先要围绕着特定的规则和逻辑展开,进而由社区管理行动者和社区管理组织采取具体的社区管理行动。[3]王丽丽(2011)指出,社区管理是多元管理主体构建的合作网络下的参与式管理,"社区管理域"便是在这一基础上自然形成的。社区管理域是社区管理活动中所形成的网络空间,具有自身逻辑和必然性,同时也是影响社区管理的各种要素共同作用而形成的环境中介。社区管理活动存在于社区管理域这个环境中介之中,脱离了社区管理域,社区管理活动就无法有效推进。[4]

　　农村社区管理是除城市社区管理之外的又一社区管理形态。我国是一个农民基数较大的国家,农村社区是农民生活、生产的重要场所。因此,研究农村社区管理相关理论,对我国推动农村社区建设、建立有序的

① 高宣扬:《布迪厄的社会理论》,同济大学出版社,2004年。
② 王倩:《场域理论视角下韧性社区治理逻辑与风险解构策略》,《求索》2022年第6期。
③ 闵兢:《场域理论视野下"城市社区管理域"的构成研究》,《科教文汇(中旬刊)》,2016年第7期。
④ 王丽丽:《城市社区管理创新的动力及其作用——一个场域理论视角的分析》,《城市发展研究》,2011年第2期。

现代化农村社区具有重要意义。

许多学者基于卢曼的社会系统理论对农村社区管理进行了研究。李蛟龙(2018)认为,我国农村社区管理想要取得实质性进展,就必须高度重视农村社区管理,完善其内部治理,优化其外部环境。与此同时,他还提出了卢曼社会系统理论的三个要点:第一,强调社会系统的客观存在。"系统"概念作为一种分析、处理日常生活问题的工具和手段,伴随人们的生活活动而存在。第二,强调系统与环境、封闭与开放的关系。系统与环境之间既是一种相互并存的关系,也存在一定的界限。此界限即为封闭与开放,卢曼认为,系统先要以封闭的状态实现自我的组织、调节、指涉和再制,然后才能对环境开放实现系统的不断进步与更新。第三,强调社会的"自我指涉"与"自我再制"。"自我指涉"与"自我再制"是由卢曼提出的两个概念,前者强调各个系统的差异性和自主性,系统在其与环境不断区分开来的过程中不断指涉自身;后者强调功能系统只能实现自我控制而无法由外部加以控制。[①]陈强和林杭锋(2017)也从卢曼社会系统理论的角度对农村社区管理进行了再思考。他们指出,在推进农村社区管理的过程中,农村社区是客观存在的社会系统,它既是客观的又是开放的,既是自主的又是多样的。想要实现农村社区的"善治",一方面要推动农村社区系统内部管理主体和管理机制的自我成长,另一方面要为农村社区建立具有张力的、良好的外部环境,来促使系统内外要素的充分互动。[②]

杨爱琴(2015)在多中心治理理论框架下,对农村社区管理状况进行了梳理。她指出,多中心治理理论是解决我国农村社区管理过程中许多现实问题的有效途径,其具有注重治理主体多元性、强调各治理主体发展的均衡性、重视各治理主体之间的互动性等特点,与此同时强调政府应转

---

① 李蛟龙:《浅谈卢曼理论视角下的农村社区管理》,《南方农机》,2018年第11期。

② 陈强、林杭锋:《社会系统理论视角的农村社区管理》,《重庆社会科学》,2017年第7期。

变管理职能且对其角色进行重新定位。①在"多中心治理理论"的相关研究中,其中最具代表性的是美国著名学者奥斯特罗姆(Ostrom)。他将"多中心治理"的概念界定为是"一种全新的治理理念在制度上的重新安排设计",提出"多中心治理理论"由以下三个部分组成:其一,多中心治理理论有利于不同的参与主体基于自身及整体利益的综合考量来自由选择社会管理方式;其二,多中心治理理论需要公民具有较强的自治能力以及积极的政治参与;其三,多中心治理理论强调在主体多元化的背景下,不同参与主体的利益需求也随之呈现出了多样化的形式。②龙玥(2021)提到,多中心治理理论为城市社区治理提供了互动框架。多中心治理理论强调多元主体通过网络关系进行互动,并且各个主体之间并不是无政府的混沌秩序,而是在一定的规范化秩序之下的共治。因此,她强调,在城市社区治理之中,党和政府、居委会、社会组织、物业公司、业委会及居民等多元主体要"基于有效的互动网络并在法律法规的约束和保障下平等地进行对话协商,并通过博弈、竞争等实现各个主体资源效用的最大化,提高城市社区治理的效率,建立良好的社区治理主体互动关系网"③。李慧凤和许义萍(2009)提到,社会公共事务管理模式可以分为单中心和多中心两种模式。单中心模式意味着在社会公共事务管理过程中,政府作为唯一的主体,起到了主导和决定作用,进而使其他社会组织边缘化。而多中心治理的主体则是包括政府机构、社会组织及公民在内的多个决策中心,通过协商与合作来形成彼此联动的管理过程,进而形成多元主体、多种途径

---

① 杨爱琴:《多中心治理理论下的农村社区管理实践及创新研究》,西南政法大学硕士学位论文,2015年。

② 文森特·奥斯特罗姆:《公共服务的制度建构》,生活·读书·新知三联书店,2000年。

③ 龙玥:《多中心治理理论下城市社区治理创新研究》,《社会福利(理论版)》,2021年第1期。

的公共事务管理体制。[①]

朱艳峥（2021）依据新公共服务理论的核心思想,对农村社区网格化管理现状进行了归纳与总结。她明确指出,基层政府所要提升的服务能力并非单一的管理能力,而是要加快政府的综合职能转变,为居民提供优质的支持和服务。与此同时,要培养农村居民社区参与的主动意识,让村民成为社会治理的主体而非受管理者,参与到社会治理中来。[②]新公共服务理论是20世纪80年代美国的登哈特（Denhardt）夫妇提出的,其核心要义是"只有提升公民的社会意识和能力,才能形成合力,将利益最大化"[③]。欧文·休斯（Owen E.Hughes）对新公共管理的重要特点进行了总结,例如注重管理、效率和绩效评估而不是政策;利用市场化和契约的方式促进社会竞争;具有一种自主管理的管理风格;官僚制和行政式的政府管理模式逐渐淡化,将官僚体制组织视为一些"在用户付费基础上相互协调"的机构;重视产出目标、合约、物质利益刺激。[④]吴佳珍和梁亚丹（2024）提到,新公共管理理论中关于"政府再造"原则和战略工具等相关理论基础为我国社区治理创新提供了经验和思路。同时,她们以新公共管理为理论视角提出了推动社区治理主体向多元化方向发展,增强居民的参与意识和责任,建立绩效评估体系,提高社区治理效能,建设社区专业化服务平台,提高社区服务的效率和质量等社区治理优化路径。[⑤]陈莹莹（2019）提到,新公共服务理论坚持公共行政官员应该掌控公权机构的运行方向,而不

---

①　李慧凤、许义萍:《社区合作治理实证研究》,中国社会出版社,2009年。

②　朱艳峥:《农村社区网格化管理现状、问题与对策研究》,济南大学硕士学位论文,2021年。

③　陈振明:《公共管理学》,中国人民大学出版社,2009年。

④　休斯（Owen E. Hughes）《公共管理导论》,彭和平等译,中国人民大学出版社,2001年。

⑤　吴佳珍、梁亚丹:《新公共管理理论下社区治理探究》,《中国管理信息化》,2024年第2期。

是参与管理的实务,同时要赋予普通民众更多的公共资源与公众权利,以服务民众作为管理的核心宗旨,在民众之中搭建起具有高威望和高号召力的公共管理平台。[①]

---

① 陈莹莹:《新公共服务视角下外籍流动人口社区管理工作中的问题与对策研究——以义乌江东派出所为例》,西北大学硕士学位论文,2019年。

第三章

研究对象选取及研究方法

第一节　研究对象选取

　　本书的研究对象为以工作、学习、创业、跨国婚姻等方式来到天津,且在中国居民较多的社区生活最少一年以上的拥有外国国籍的外国人。选择社区生活外国人为研究对象,主要有以下几个方面的原因。首先,随着改革开放和"一带一路"建设的推进,来中国生活、工作、学习的外国人的规模不断增多,与中国居民一同生活在居民社区的外国人人数也有不断增长趋势,而社区中的外国居民的增多,必然会对社区居民之间的邻里关系确立、语言沟通、社区服务提供、社区安全及社区管理等方面带来一定的挑战,因此研究社区生活外国人的社区融入及适应问题,对于如何构建健康和谐稳定发展的社区环境,社区治理多元化等都具有一定的意义。其次,来中国工作和学习的年轻外国人中,有很多选择了在中国继续生活,有的外国人还选择通过跨国婚姻定居在中国,而随着长期居留在中国的外国人的增多,必然会对中国的人口结构、家庭结构以及家庭文化等带来一定影响,而这些又会对整个社会文化的建构、多元文化的形成产生一定影响,因此研究这一群体的社区生活及融入问题有利于因社区环境及社区文化的改变而发生的一些社区问题的解决,相关制度和法律的完善。最后,研究在津生活外国人社区融入及社区管理对学术界在社区融入、社会融入、社会适应、压力应对、社会支持、生态系统、结构功能等很多理论的再检验和再完善及新理论构建等学术方面的发展有着重要的理论意义。

本书主要采用定性研究中的扎根理论研究方法,扎根理论强调理论的建构。为了更好地建构理论,笔者进行了理论抽样方式选取了研究对象。定性研究中的抽样需要满足合适性和充分性原则。合适性是指研究者要努力查找并选择能够为研究提供更好信息的研究对象的状态。充分性是指研究者为了对研究问题及研究现象进行充分的、丰富的解释和说明,收集经验资料直到达到饱和为止的状态。在本书中,笔者为了满足抽样的合适性和充分性原则,选择了在津社区生活一年以上的外国人为研究对象,通过与他们的深入访谈收集了在津社区生活外国人的社区适应及融入相关资料,与受访对象的访谈一直持续到访谈不再出现新的概念,资料达到饱和为止。

第二节　研究方法

本书主要采用深度访谈法、文本分析法、文献法等方法收集了研究相关资料,并采用扎根理论的定性研究方法对所收集的资料进行了深入分析。本书的创新点之一就是采用扎根理论研究方法来进行实证研究。就扎根理论而言,实际上就是在研究和分析时所产生的理论体系,也是通过本书来进行理论建构的根基所在。扎根理论研究属于动态研究过程,不但要求研究方法和步骤确保规范性,还需要和研究的进展相互结合,对研究活动作出适当的调整。①具体研究方法介绍如下:

一、深度访谈法

在扎根理论研究中,深度访谈运用得非常普遍,通过深度访谈的方式研究相关对象,且能够取得一手资料。和研究对象展开密切的交流,研究者往往能够发掘更深层次的问题,交流过程中也能够产生研究问题的相关概念与范畴。本书对来天津生活一年以上的外国人进行了深度的访谈,在访谈前研究者即准备了详细的访谈提纲,尽管如此,研究者也始终保持着动态参与的状态,时刻关注访谈对象在交流中所关心与强调的问题,运用开放性问题,引导研究对象畅谈内心的感受与想法,并针对新衍生的话题进行拓展延伸,也由此对访谈提纲进行动态调整与补充。本书对所有研究对象进行了深入访谈,访谈次数为一人2~10次不等,访谈一直进行到访谈资料达到饱和为止。

为了与受访对象保持访谈的一致性,笔者制定了访谈流程表。访谈流程表的内容保证了本书中的研究问题相关信息的资料收集,研究问题主要包括"您是如何来到中国的?""您在天津社区适应和融入的过程中,存在什么样的问题和需求?""为了解决社区适应和融入上的问题和需求,您主要使用的方法是什么?""为了很好地适应和融入社区生活,您有什么样的具体需求?",等等。另外,本书为了提高理论敏感性也主要采用了对研究资料始终保持质疑的态度,分析资料中的单词、句子和文章,对结果进行持续的比较。在本书中具体的研究问题内容如表3-1所示。

---

① Strauss A, Corbin J.:《质性研究的基础》,朱光明译,重庆出版社,2015年,第3页。

表3-1 访谈流程表

研究问题	主要问题	次要问题
在天津社区生活的外国人的社区融入意味着什么?	您是如何来到中国的?	您是如何来到中国的? 您是如何选择在天津生活的? 来津之后,您是通过何种渠道找到住所的?
	在天津为了社区适应和融入,您主要经历了什么?您是如何理解社区融入的?	您是如何理解社区生活适应和社区融入的? 在社区生活过程中,您主要经历了什么? 在与社区相关部门接触的过程中,您主要经历了什么?
	在社区融入过程中,您的需求是什么?	在社区生活中,您有过何种苦恼? 为了适应和融入社区生活,您有什么样的需求? 您的未来计划是什么?
	为了解决社区适应和融入上的问题和需求,您主要使用的方法是什么?	您在社区适应和融入过程中存在过什么样的困难? 您是如何解决社区适应和融入上的困难的? 在您遇到过困难的时候,您曾经从哪些人或哪些机构那里得到过帮助?

　　定性研究需要考虑研究对象的伦理方面的问题,因此笔者在访谈之前就向研究对象说明了访谈及研究的目的,并且取得了研究对象的口头或书面的研究参与同意书。很多的访谈是通过微信、电话、语音和视频聊天等方式进行,在线下见面的时候笔者选择了在相对安静和舒适的环境,比如,咖啡屋、公园、受访对象的住所、受访对象指定的餐厅等进行访谈。在访谈过程中,为确保访谈内容的真实性,笔者在访谈过程中还对研究对象的谈话内容、谈话表情、身体动作等进行了深入观察,且在获得受访对象同意的前提下,对访谈内容进行了录音。在访谈结束之后,笔者在一到两天之内就访谈内容进行了转录,对观察到的研究对象的非语言性动作,笔者对访谈内容等持有的个人的想法、看法和观点等也做了记录。

访谈一般以"您的汉语说得真好,您学汉语有多长时间了?""我们都在一个小区生活,真的非常高兴能够认识您。"等日常生活中的对话开始,而这样的对话在短时间内建立笔者与受访对象之间的信任关系起到了非常重要的作用。

二、文本分析法

文本分析法是扎根理论研究中进行信息处理以及分析的重要手段,基于扎根理论的文本分析法就是逐级编码,也就是逐级对文本资料进行抽象化以及概念化编码,对资料中的范畴和概念进行总结。在本书中进行文本分析的主体就是深入访谈本研究主题相关研究对象,进而获得丰富且真实的第一手资料。

三、文献法

文献法主要通过利用各种文献通道,广泛查阅在华外国人与在津外国人的生活现状与问题、社区管理现状与问题,以及扎根理论、社区融合理论、社会管理理论等本书所需依托的诸多领域的文献资料,对大量相关文献进行主题筛选、分类归纳、整理分析,为本书提供了翔实的信息与有力的理论支撑,也为后续研究提供了思路,为实际操作提供了指导。

四、定性研究及扎根理论

(一)定性研究

所谓的定性研究指的在特定的自然情境中,主要是对定性资料进行汇总,利用移情和诠释方法,对内部意义及社会现象进行阐述的研究方法,是相对于定量研究而言的,由很多研究方法共同组合而成的,如田野工作法、行动研究法及文化人类学方法等。[①]国外的一些学者认为定性研究主要由六个要素组合而成的,即报告方式、分析框架、技术程序、收集数据的方法、方法论导向及哲学立场。[②]国内学者陈向明详细地概括了定性研究的概念。就定性研究方法而言,主要使用的方法为归纳法,提出在收集第一手资料后,当事人对他们的行为有了详细的了解之后,基于这种状况,进一步提出假设,在检验研究方法的时候采用的方法包含相关检验法和证伪法等。对于研究者自己而言,其就是一种比较重要的研究工具,被研究者以及研究者的个人背景所带来的影响需要放进研究过程与研究结果当中进行考量,研究过程作为研究结果当中必不可少的部分应当进行详细的记录。就定性研究而言,其包含的内容比较广泛,包含的研究方法、研究方式及研究策略是非常多的。[③]个案研究、实地研究、行动研究、扎根理论、文本分析及民族志等都是定性研究中最基本的也是研究者所熟悉的研究方式。

(二)扎根理论

扎根理论于 20 世纪被引入我国社会科学研究中来,颇受学界欢迎。扎根理论自社会科学领域兴起并逐渐得到完善,是比较全面的综合性定性分析方法,其具备的方法体系拥有较高的可操作性,依据扎根理论所建构的理论模型都需要立足实践操作,模型的分析环节也需要进行跟踪检验或是反复核验,以增强理论模型的解释力度与可信程度。扎根理论是

---

① 王嘉毅:《定性研究及其在教育研究中的应用》,《西北师大学报》,1995 年第 2 期。

② 马克·康斯特斯、张莉莉:《教育定性研究的概念和方法探讨》,《外国教育资料》,1997 年第 3 期。

③ 风笑天:《定性研究概念与类型的探讨》,《社会科学辑刊》,2017 年第 3 期。

一种系统地收集、分析和不断比较定性数据的策略,以发展有关社会生活的方式和原因的中端理论①,其主要优势在于既能够针对外国人社区融入问题提炼出新的理论模型,完善了相关领域的理论体系,又确保了理论的形成与建构来源于生活、扎根于实践,还为社区管理部门及相关工作单位及人员进行涉外工作时提供了更加高效可行的新方法,推进了社区管理实践研究方法的多元化。它是一种由下而上的构建实质理论的研究方法,其基本思路是从资料中产生理论,对理论相对来说比较敏感,采用不一样的理论抽样法以及对比法,将相关文献充分地运用其中,然后对建构的理论进行评估。社会科学的许多学科将此方法奉为圭臬,在众多领域开展了丰富多彩的研究。②

当前,扎根理论作为一种基础的质性研究方法广泛应用于多个社会科学领域。最早明确提出质性研究方法的是格拉泽(Glaser)和施特劳斯(Strauss),他们在进行医院中的死亡过程的研究中形成了系统的质性研究方法,强调要从质性资料的搜集分析过程中生成理论。③就扎根理论而言,符号互动理论和语用学是理论的主要来源,1967年,格拉泽和施特劳斯发表的《扎根理论之发现:质化研究的策略》,首次提到扎根理论。④格拉泽和施特劳斯(1999)提出扎根理论的抽样方式为理论性抽样,研究对象的选择则以为研究问题提供最大的信息量为标准,以期达到分析和解

---

① Ward Kim, Hoare Karen J, Gott Merryn. Evolving from a positivist to constructionist epistemology while using grounded theory: reflections of a novice researcher. *Journal of Research in Nursing*, 2015, 20(6):449-462.

② 冯立刚、苏庆国:《对扎根理论的现象学方法批判》,《湖南广播电视大学学报》,2020年第3期。

③ B. Glaser & A. Strauss. *Awareness of Dying*. Chicago:Aldine, 1965.

④ Göran Goldkuhl, Stefan Cronholm. Multi-grounded theory-Adding theoretical grounding to grounded theory, the 2nd European Conference on Research Methods in Business and Management(ECRM 2003), Reading, UK, 20-21 March, 2003:1.

决研究问题的目的。①扎根理论对外在现实以及研究者不预设研究假设的中立作出重要强调；程序化扎根理论主张研究者要在无偏见的前提下，基于研究假设运用一定的技术程序进行数据的采集与分析；建构主义扎根理论比较重视参与者和研究者一起完成分析和收集数据工作。②

扎根理论有以下五个用于分析和研究的环节，即研究问题、收集资料、分析资料、构建理论、文献回顾。第一，产生研究问题。产生研究问题是研究活动的初始阶段，扎根理论认为问题并非事先确定好的，而是需要研究者带着对某一问题或现象的研究兴趣进入具体的研究情境中，依据兴趣确定样本后对样本进行访谈，在研究过程中对情境进行观察并关注情境中不同主体之间的互动过程，经由一番探索、提炼与不断聚焦之后研究问题便会出现。扎根理论选题不但和客观现实有着十分密切的联系，还比较重视分析和收集文献资料。

第二，资料收集。一般认为，一切能够获得的与研究者所关注问题或现象相关的信息都可以作为数据来被收集。资料收集的初始阶段研究者一般会选择典型案例进行研究，即选择目的性抽样的方法，在刚开始进行抽样调查时会对抽样的对象进行确定。在选择有代表性案例时，需要重视经验资料是不是比较容易取得。③扎根理论获取资料的途径是比较多的。对于扎根理论而言，文献研究法在其中占有十分重要的地位，例如传媒、年鉴及传记等皆可用于资料的收集与补充。诸多方法中最为重要的一种便是访谈法，在进行访谈的时候，研究者的状态非常重要，必须具备

① Glaser, Strauss. *Discovery of Grounded Theory : Strategies for Qualitative Research.* Denmark: Aldine Transaction, 1999:84.

② Tavis Apramian, Sayra Cristancho, Chris Watling, Lorelei Lingardl. (Re)Grounding grounded theory: a close reading of theory in four schools. *Qualitative Research*, 2017, 17(4): 359–376.

③ 丁鹏飞、迟考勋、孙大超：《管理创新研究中经典探索性研究方法的操作思路：案例研究与扎根理论研究》，《科技管理研究》，2012年第17期。

乐观的精神,在和访谈对象进行交流的时候能够充分了解对方的需求,采用开放性问题,引导研究对象以谈心的方式分享自己的感受与想法,并针对新衍生的话题进行拓展延伸。

在扎根理论研究过程中,分析和收集数据属于一种交互过程[1],在深入研究数据之后,新的问题随时有可能出现,新问题的产生便要求研究者运用新的方法来进行数据的收集。因此,在扎根理论研究过程中,收集数据的方法会随着研究进程的变化而进行不同的调整。在一般情况下,资料的收集与分析环节会同步进行,具体使用什么样的抽样方法,与目前的编码情况有着直接的联系,也就是在研究的过程中产生的理论、概念,然后实施采集资料以及抽样研究。[2]

第三,资料分析。就分析扎根理论资料的过程来说,其是逐级进行编码环节,包含选择性编码、主轴性编码以及开放性编码[3],这个编码程序具体的操作方法是,先分解,然后逐步进行操作,如图3-1所示。

①　吴毅、吴刚、马颂歌:《扎根理论的起源、流派与应用方法述评——基于工作场所学习的案例分析》,《远程教育杂志》,2016年第3期。

②　贾旭东、谭新辉:《经典扎根理论及其精神对中国管理研究的现实价值》,《管理学报》,2010年第5期。

③　Robert W. Service. Book Review: Corbin, J., & Strauss, A. (2008). Basics of Qualitative Research: Techniques and Procedures for Developing Grounded Theory (3rd ed.). Thousand Oaks, CA: Sage. *Organization Research Methods*, 2009, 12(3):614-617.

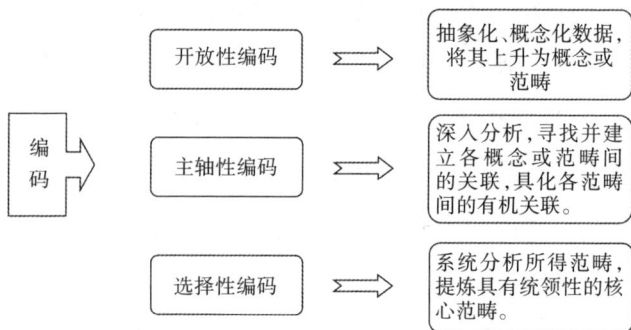

图 3-1　扎根理论的编码流程

　　所谓开放性编码,指的是促使收集资料能够体现出范畴化和概念化的特征。详细地说,开放性编码包含如下四步:将所得材料上升为概念;将概念上升为范畴;对范畴进行命名;对范畴进行发展。在命名的时候以范畴或者概念进行是比较好的,此外,运用研究者的话语也行得通。列出概念或范畴之后则需要继续进行资料的收集与编码,以此对已形成的概念或范畴进行补充继而发展出新的范畴。

　　所谓主轴性编码,其具体的职责就是找出且创建各个范畴以及概念之间存在的某种关系,进而能够展示出材料中的每个部分之间存在的某种联系。每个部分之间的联系是比较密切的,可以是时间先后关系、差异关系、因果关系、对等关系及功能关系等。就主轴编码环节而言,研究者在分析的过程中每次只对一个范畴或者一个概念展开分析,且围绕着联系进行寻找,所以将此环节叫作主轴性编码。各概念或范畴之间的联系也随着分析的深入而逐渐具体化。在对各概念或范畴进行关联性的分析时,研究者需要不仅考虑概念或范畴本身之间的联系,还需要了解探寻表达出这些概念或范畴的研究对象们所想表达的内涵、内在动机,研究者需要将概念或范畴放置到具体的语境以及研究对象所处的社会文化背景当中加以考量。

　　选择性编码又称作核心性编码,主要任务就是寻找核心范畴,详细地说,核心范畴自身具备的特征包含:在所有的范畴中占据核心地位,和其他所有的范畴相比较来说,比较集中一些,和很多范畴之间有着十分密切的联系,在成为核心资料上占据独特的优势;在分析出来核心范畴之后,理论也取得了非常显著的发展成绩;核心范畴对于内部存在的显著的差异性是默许的。[①]将核心范畴和其他的范畴系统互相结合在一起,搜集新资料对两者之间的关系进行验证,利用相关理论和资料对各个范畴及相互之间存在的关系进行优化,进一步创建出完善的扎根理论。[②]

　　第四,理论建构。扎根理论研究的最终目的是构建理论。研究者需要反复核验收集到的资料,以此验证已经形成的理论是否达到饱和状态。理论的饱和状态就是指所收集获得的新材料、新数据已不再能够产生出新的问题,无法产生新的知识,无法得到新的理论见解,进而不能够提炼出新的范畴。研究者则需再次回到资料的收集与分析环节,并投入到编码过程中,如若验证已经达到理论饱和,则继续下一个步骤即文献回顾。

　　第五,文献回顾。扎根理论的最后一个环节就是对文献进行回顾,是指将通过之前步骤所形成的理论框架与已有的文献资料不断地进行比较分析,以便发现过往已有的概念或范畴以及理论的不足之处并对其进行补充。如此,其一方面可以对现有的实质理论进行丰富与完善,另一方面扎根理论研究的成果与现有理论进行了融合,使得研究成果具有了继承性。

　　李志刚(2007)认为,扎根理论是指"经由系统化的资料搜集与分析,而发掘、发展,并已暂时地验证过的理论",它可能指代一种研究方法,也

---

① 文军、蒋逸民:《质性研究概论》,北京大学出版社,2010年。
② 张敬伟:《扎根理论研究法在管理学研究中的应用》,《科技管理研究》,2010年第1期。

可能指基于该方法得出的研究结论。他认为基于扎根理论研究方法得出的研究结论是一种"围绕核心范畴、主副范畴以及所有范畴和概念而构建的立体网络关系"①。卢崴诩(2015)认为扎根理论混合了符号互动论与量化方法,既有符号互动论的色彩,又采用了编码、抽样等量化研究方法的元素。他指出,扎根理论使研究者与其研究对象以及其他研究者的持续互动中形成了一个新的自我,并且要求研究者将新生成的自我以理论的形式完整地呈现出来。②何雨和石德生(2009)认为扎根理论方法是质性研究方法中公认的科学性最强的研究方法之一,他们将社会调查中的"扎根理论"研究方法的主要特征总结为"质""量"二字,"质"是指其系统化的资料收集程序,而"量"则体现在其具有典型量化分析特征的分析策略之中。③Hussein(2014)指出扎根理论方法的优势在于其分析资料的丰富与深入,能够反映真实的感受。④费小冬(2008)提出扎根理论强调资料的持续性及资料搜集的动态性,重视将经验概念化,将概念范畴化来进行理论演化。⑤

Strauss 和 Corbin(1994)指出,扎根理论植根于所搜集的现实资料以及资料与分析的持续互动,强调理论的发展。⑥陈向明(1999)指出,扎根理论是一种从下往上建立实质理论的方法,它在"系统收集资料的基础上寻

① 李志刚:《扎根理论方法在科学研究中的运用分析》,《东方论坛》,2007 年第 4 期。
② 卢崴诩:《"理论抽样问题"与扎根理论方法解析》,《学理论》,2015 年第 34 期。
③ 何雨、石德生:《社会调查中的"扎根理论"研究方法探讨》,《调研世界》,2009 年第 5 期。
④ HUSSEIN M E, HIRST S, SALYERS V. Using grounded theory as a method of inquiry: Advantages and disadvantages, *Qualitative Report*, 2014(19):1.
⑤ 费小冬:《扎根理论研究方法论:要素、研究程序和评判标准》,《公共行政评论》,2008 年第 3 期。
⑥ Strauss, A. and J. Corbin, Grounded Theory Methodology—An Overview, in Norman, K. D. and S. L. Y vonnaeds., *Handbook of Qualitative Research*, Sage Publications, 1994:65.

找反映社会现象的核心概念,然后通过这些概念之间的联系建构相关的社会理论"。他强调扎根理论的主要特点不在于它的经验性,而在于其从经验事实中抽象出了新的思想概念。与此同时,他还强调经验证据对于扎根理论研究方法的支持。①贾旭东与衡量(2016)提出扎根理论是一种"不断比较"的研究方法,这个特点贯穿扎根理论的研究过程中,将分析的数据与已有概念、范畴进行比较,直至理论饱和。②黄春荣和张丽生(2019)将扎根理论中的经典扎根和程序扎根进行了比较,认为目前中国社会学研究领域中所常见的扎根理论研究基本属于程序扎根,相较于经典扎根,程序扎根更易上手,有特定的操作程序,但过于依赖文献,难以突破文献框架;而经典扎根由于全部依靠数据推动,研究者要以全新的视角进行研究,因此容易开发新理论,获得创新性发现。③贾哲敏(2015)指出,扎根理论是一种常见的具有广泛影响的定性研究方法,具有较强的工具适用性、规范性、科学性、可操作性,在搜集数据资料、确定核心概念、探寻社会现象间关系、建构理论等方面都有着明显优势,被普遍应用于社会学、心理学、管理学等众多研究领域。④

综上所述,本书中的扎根理论是通过一系列系统的过程,从原始资料中归纳出经验概括,然后上升到理论的质性研究方法。即扎根理论是一种从下往上通过归纳建立实质理论的研究方法,是在系统性收集资料的基础上寻找反映事物现象本质的核心概念,然后通过这些概念之间的联系建构相关的社会理论的方法。本书通过扎根理论方法中的一级、二级

① 陈向明:《扎根理论的思路和方法》,《教育研究与实验》,1999年第4期。

② 贾旭东、衡量:《基于"扎根精神"的中国本土管理理论构建范式初探》,《管理学报》,2016年第3期。

③ 黄春荣、张丽生:《经典扎根理论在中国情境下的应用优势》,《现代商贸工业》,2019年第8期。

④ 贾哲敏:《扎根理论在公共管理研究中的应用:方法与实践》,《中国行政管理》,2015年第3期。

和三级编码进行访谈资料的打散、赋予概念,概念重新组合,实现概念范畴化,并通过范畴的关联性分析和核心范畴的选择,以建构和发展社区外国人适应类型的理论模型为主要研究目标。

第四章

来津外国人的城市融入意义及类型构建

第一节　研究对象个人信息简介

　　本书主要采用滚雪球的抽样方法选取了研究对象。因研究者有着在国外生活和学习的经历,因此与研究者本人有着私人关系的在津生活的外国朋友、在津韩国企业员工,在津外国人联谊会会员、在高校读书的外国留学生、在国际学校工作的外国教师等都成为本书中被选取的研究对象。本书中的研究对象共计22人,男女比例为13∶9,年龄在25~67岁之间,其中20~35岁之间有4人,40~49岁之间有2人,50~59岁之间有10人,60~69岁之间有6人。从国籍上来看,拥有韩国国籍的外国人有17人,日本2人,美国1人,印度1人,法国1人,韩国人所占比例最大。从来津的时间来看,最早来到天津的研究对象是在1999年,如今在中国生活已有27年,而最晚来到天津的研究对象是2021年,在津生活也已超过4年。本书中的所有研究对象来津的平均时间为13.63年。来津目的中因工作原因来津的有10人,随配偶来津的有5人,目前4人是全职太太,1人自营文具店。因跨国婚姻定居在天津的有2人,留学目的来津的有4人,因创业来津的为1人。本书中的研究对象在津生活区域主要集中在河西区、和平区、南开区和西青区。研究对象主要信息如下表4-1所示。

表4-1 研究对象的个人信息

案例	性别	年龄	国籍	来津时间	来津目的	目前工作情况	生活现状	生活区域
1	女	54	日本	2007	跨国婚姻	日企工作	夫妻二人,无子女	河西区
2	男	53	日本	2003	跨国婚姻	日企工作	独自一人在天津,配偶及子女在北京	和平区
3	男	53	韩国	2008	工作	韩企工作	与配偶、子女生活在一起	河西区
4	女	51	韩国	2009	随行家属	全职太太	与配偶、子女生活在一起	南开区
5	女	52	韩国	2003	留学	全职太太	与配偶、子女生活在一起	南开区
6	男	48	韩国	2007	创业	自营业者(眼镜店)	与配偶、子女生活在一起	南开区
7	女	63	韩国	2006	随行家属	自营业者(文具店)	与配偶生活在一起,女儿回国工作,儿子在外地工作	南开区
8	女	51	韩国	2015	随行家属	全职太太	与配偶、子女生活在一起	河西区
9	女	56	韩国	2007	随行家属	自营业者(面包店)	夫妻生活在一起,子女回国	南开区
10	男	51	韩国	2008	工作	韩企工作	独自一人	南开区
11	男	50	美国	2015	工作	国际学校教师	与配偶、子女生活在一起	南开区
12	男	67	韩国	1999	工作	自营业者(化妆品店)	两子女回国,妻子暂未回天津	西青区
13	男	49	韩国	2000	工作	经朋友介绍在天津工作	与配偶、子女生活在一起	河北区

案例	性别	年龄	国籍	来津时间	来津目的	目前工作情况	生活现状	生活区域
14	男	64	韩国	2005	工作	韩企工作	妻子在韩国,子女在澳大利亚,目前独身在津	河西区
15	男	63	韩国	2006	工作	自营业者(化妆品店)	夫妻二人生活在一起	河西区
16	女	25	韩国	2018	留学	大三学生	与朋友生活	西青区
17	女	51	韩国	2006	随行家属	全职太太	与配偶、子女生活在一起	河西区
18	男	27	印度	2018	留学	大一学生	独自一人	西青区
19	男	33	法国	2017	工作	外企工作	与同事一人生活	西青区
20	女	60	韩国	2000	工作	自营业者(化妆品店)	夫妻生活在一起	南开区
21	男	29	韩国	2021	留学	大一学生	与朋友一起	西青区
22	男	61	韩国	2012	工作	自营业者(糕点店)	与妻子一起	南开区

　　本书中的访谈资料主要根据 Strauss 和 Corbin(1998)所提出的编码程序进行了分析。[①]扎根理论的开放式编码中,研究者把收集的原始访谈资料打散,赋予了概念,然后把相关概念重新组合,实现了概念范畴化。在轴心式编码中为使范畴更加明朗,对相关范畴进行了相关性分析。在选择式编码中,研究者通过对主范畴的系统分析,最后选择了一个核心范畴,并围绕这一核心范畴,建构和发展了在津外国人社区生活融入类型的理论模型。这一过程整理为表4-2。

---

　　① Strauss A., Corbin J., Grounded Theory Methodology: An Overview, In N. Denzin, Y. Lincoln(Eds.), *Handbook of Qualitative Research*, Sage Publications, 1994:273-285.

表4-2 主范畴、对应范畴及概念

理论模型	主范畴	对应范畴	概念
因果条件	在津生活	来津目的	跨国婚姻;随行家属;留学;工作;创业
		选择住所的渠道	房地产中介;朋友;单位安排;配偶单位家属楼
		来华态度	公司派遣没有选择;挣钱的好机会;对子女前途有帮助;亲戚对在华生活满意
主要现象	边缘式"嵌入"	差异求存边缘式"嵌入"	差别对待;声音吵、卫生差;冷漠;放弃;对社区的理解;与社区组织没有深入接触;社区不提供外国语翻译等服务;威胁;没有归属感
脉络条件	文化差异	文化差异	语言障碍;社区管理文化差异;社区文化;娱乐活动差异;饮食文化差异;房屋租金高;学习班费用高
	对社区组织的认识差异	对社区组织的认识差异	基层监督(管理)组织;利民便民组织;解决居民之间矛盾的组织;社区服务外包组织;收费及改善社区环境的组织
	认同感混乱	认同感混乱	认同感确立;认同感缺失;认同感困惑
作用/相互作用策略	建立关系	邻里间的友好相处	认识小区住户;街坊邻里相互问候;邻里间分享食物
		与社区相关人员的互动	社区保安打招呼;认识管家;与物业联系解决楼内维修、卫生等问题;要求保洁阿姨负责任;与房地产中介保持良好关系
	自我发展需求	自我认知变化	努力改变为人处事方式;设立生活规划;发挥自身优势;积极参与社区活动;外国人与中国人应被同等对待;自由自在的生活;学习中文
中介条件	社会支持	家庭支持	配偶的支持;原生家庭的支持;子女的支持
		社区支持	邻里间和睦相处;社区居民的接纳;物业提供服务;管家的关心问候;社区中介所提供帮助;社区内银行提供双语服务
		政策及媒体影响	中国的外交政策;优越的留学政策;国外对中国传统文化的重视;中国人的出国旅游热;特殊时期的安全保障政策;跨国婚姻家庭的增多
		自助组织支持	天津韩国人商会等组织的支持;外国朋友的情感支持;外国人宗教组织提供精神支持;公司员工的心理支持

理论模型	主范畴	对应范畴	概念
	压力应对	积极应对	遵守中国法律;学习中文;了解中国文化;改变思想观念;尊重中国人的生活方式
		消极应对	愤怒;排斥;离开;安于现状;使用母语
	影响自我发展的因素	正面	自信;会中文;归属感;有中国朋友;有中国家人
		负面	社区支持不足;社区治理缺乏服务性功能;低自尊;自助组织支援不足;社区服务态度差

在本书中,笔者通过开放式编码,剔除和聚拢了相关概念,获得了91条原始语句及相应的初始概念,实现了概念范畴化。主轴性编码中,笔者通过对范畴的关联性分析,归纳出了具有关键意义的主范畴10个,对应范畴18个。在选择式编码中,笔者分析出在津社区生活的外国人的社区融入类型的核心范畴是"边缘式'嵌入'",而这也是在津外国人社区融入理论模型中的主要现象。

第二节　社区融入意义分析

在本书,笔者以访谈资料为依据,对在津外国人的社区融入的意义进行了深入分析。针对在津外国人的社区融入,本节主要从以下六个方面进行了分析:选择在津生活的社会背景、在津的主要社区生活经验、对社区生活起影响作用的因素、为融入社区生活而采取的行动、对所采取的社区融入行动起影响作用的因素、社区融入的意义。

一、选择在津生活的社会背景

在本书中，依据访谈资料发现在津的外国人在来津目的、来津之后选择住所的渠道以及对来津的态度等方面有着不同的特点。

1.来津目的

中国的改革开放以及全球化、国际化促进了国家和国家之间在经济、文化等方面的交流和合作，特别是对于韩国人来说，1992年中韩建交更是加深了两国人民之间的友好往来。很多外国人来到中国生活，不仅仅是因为留学、工作和创业所需，也因作为配偶的随行家属，因为跨国婚姻需要生活在中国有着密不可分的关系。因此，在本书中，笔者从访谈的原始资料中提炼出了"跨国婚姻""随行家属""留学""工作""创业"等概念，并且把这些概念整理到来津目的范畴之中。

（1）跨国婚姻

通过跨国婚姻产生的国际性流动已成为当今时代的重要特征之一。在本书中，笔者发现有一些外国人是因为选择了中国配偶，因此选择了在中国生活。他们来到天津生活，主要是因为在中国组建了家庭，需要与配偶生活在一起。

我是 2007 年以探亲的形式来中国的，之前我和我爱人生活在日本，我爱人在日本读到博士之后，就选择了在中国高校工作，他是早于我来到天津的，因为需要应聘，办理各种手续，等他安顿好了我就从日本过来了。（案例 1）

我是 2003 年来中国的，最早我是在北京生活的，因为我爱人是北京人，她的工作也在北京。后来公司需要我来天津生活，家里人现在还是在

北京,我是一人过来工作,周末的时候我会回北京,我们现在属于"周末夫妇"。(案例2)

（2）随行家属

本书中也有一些外国人是因为配偶被公司派遣到天津工作,因此作为随行家属也来到天津生活。在访谈过程中,笔者发现在来津生活的亚洲国家的外国人中,韩国人作为随行家属来津生活的比率要比日本人高。特别是韩国女性配偶因丈夫的工作需要而与子女一起随行来中国的情况较多一些,而日本男性则只身一人作为企业高管来津生活的较多一些。

因为我爱人的公司在这里,所以一家人一起过来了。两个孩子都是在初中的时候开始在这里读书的。老大是南开大学毕业的,现在在韩国与中国有关联的贸易公司工作。小儿子是在师范大学毕业的,毕业之后在青岛城阳工作,也是跟中国有关联的韩国企业,做得不错,也挺喜欢,领导们对我儿子的期待很高,很重视他。(案例7)

我是2015年来的,我爱人比我来得早一些。因为我爱人公司派遣他来中国的时候我怀了孕,所以没能一起来,后来孩子大了一些,我和孩子也跟着过来了。现在孩子读小学五年级,在国际学校读书。(案例8)

（3）留学

本书中有一些受访对象因留学原因来到天津生活。访谈中发现,有一些受访对象目前还在大学读书,也有一些受访对象已经大学毕业,目前仍然留在中国生活。

我今年23岁,是2018年来到中国的,现在在天津理工大学学习企业

管理，读大一。（案例 18）

最一开始我是 2000 年留学来到哈尔滨生活的，毕业之后 2003 年和丈夫一起来到天津工作和生活，在南开区定居。来到天津之后，也在外企工作过一段时间，后来有了孩子就专心照顾孩子，做家庭主妇了。（案例 5）

（4）工作

本书中有一些外国人是因为工作关系来到天津生活。在与男性受访对象或者作为全职太太的女性受访对象进行访谈的过程中，可以发现男性受访对象多是因工作需要，而作为全职太太的受访对象多是由于自己的配偶因公司需要派遣到天津来，受访对象作为家属来天津生活的较多一些。

我是因为在天津的韩国公司需要有人过来管理这边的事务，而且需要在中国工作时间要长，所以当时带着一家人就来到了天津生活。在这里生活已经有 17 年了。（案例 3）

当时我是只身一人从日本来北京的日企工作的，我来得早一些，2003 年就过来了。在北京遇到了我的妻子，后来我们组建了家庭。前几年日本在天津的企业需要管理人员负责公司的一些管理工作，公司就派我从北京来到了天津。因为家里人在北京已经生活得很好，孩子们也在那里读书，所以我一个人就来天津工作。（案例 2）

（5）创业

中国的改革开放以及中韩建交促使一些有行动力的韩国人率先来到

中国开创自己的事业。而当创业成功之后,他们又劝说和鼓动自己的家人或亲戚来中国工作和生活。在本书中发现有个别的受访对象来天津的主要目的是因为自己的亲人先来到中国开创事业,而且事业有成之后,又说服了受访对象也来中国工作,受访对象听从家人建议来中国创业。

　　当时我们在韩国也有工作。但是我父亲在 1992 年中韩建交后不久就来中国开了眼镜店,而且生意不错,他觉得在中国生活工作都很方便,也很好,所以希望我和我弟弟也都来中国生活,当时他在中国也给我和我弟弟开了两个眼镜店,所以我就把韩国的工作辞掉了,然后到这里来开眼镜店。(案例 6)

　　2.选择住所的渠道

　　外国人来到天津之后会通过各种渠道选择住所。笔者发现在津的外国人主要是通过房地产中介、在中国的外国朋友、工作的外企以及中国配偶的单位等寻找和确定生活的住所。因此,笔者把从访谈资料中提炼出的"房地产中介""朋友""单位安排""配偶单位家属楼"等概念归纳到选择住所的渠道这一范畴之中。

　　(1)房地产中介

　　大多数的外国人是因工作、留学、创业等目的来到天津,在天津需要生活较长一段时间,因此,在来天津之前会通过在天津的外国朋友获知寻找住所的相关信息。除了在日企工作的作为高管的日本人,以及在高校工作的中国配偶的工作单位事先负责安排好外国人来津之后的住所之外,韩国等国家来的外国人一般都会根据自己工作的需要,子女上学的需要寻找相对适合的社区生活。而他们大多数是通过朋友介绍的房地产中介选择自己的住所。选择房地产中介的主要原因是中介有专门针对外国人提供双语服务的员工,而且会为其在天津的初期生活适应中提供很多的帮助。

韩国人来这个社区之后，一般都是找门口的世凯房地产，还有就是西园的明星房地产。这两个房地产里面都有朝鲜族员工，韩国人来了之后都可以跟朝鲜族交流，房子都在那里买卖、租赁，而且他们那里都管售后，比如说买水买电，还有住户登录证。因为房地产也知道这个社区韩国人多，所以特意雇用了会说韩语的员工，而且他们也是专门针对利用他们这个房地产的外国人提供服务，其他的人他们也就不管了。他们还有专门针对日本人、美国人等其他国家的人提供服务的员工。（案例6）

（2）朋友

来中国生活的外国人一般也会在先于自己来到中国生活的外国朋友的帮助下寻找住所。这些外国朋友基本上来自同一个国家。他们先于受访对象来到天津，经历了找朋友、找中介，最终选择自己满意的住所，而且在天津有先于受访对象的生活经验，因此，外国人更愿意接受朋友所提供的住所相关信息，因为他们认为朋友的信息比中介提供的信息更为真实、更可靠，而且更值得信任。而朋友的住所相关信息其实又与其与房东的关系、朋友的朋友介绍以及中介的信息提供等有一定的关系。

当时我爱人是一个人先来天津的，他的朋友一家就给我爱人找好了房子，那个房子是朋友的房东给介绍的，朋友的房东人特别好，很实在，所以那个朋友就跟房东提到了有一个朋友要来天津，能不能帮着找找干净、舒适，而且便宜的房子给朋友住，那个房东就给介绍了他朋友的一个房子。（案例8）

（3）单位安排

因工作需要派遣到天津的外国人也会因单位提供员工住所,因此不会过多考虑住所问题,服从单位事先安排好的社区住所居住。当然也有的外国人虽然单位已安排好住所,但是因个人有对住所的要求,因此也有再通过中介寻找其他住所的情况。

我一人来天津工作,而且我还会在周末回北京住,我就在我们公司给我安排好的社区里生活了,也不错。(案例2)

（4）配偶单位家属楼

案例1的受访对象是因为选择了跨国婚姻而来到天津生活。受访对象的配偶在日本博士毕业后回到天津在高校就职,而就职的高校为受访对象配偶提供了一套单位家属楼生活。因此,受访对象称来到天津并没有为住所的事情担忧过,住在校园内家属楼里,安静又安全。

我爱人是中国人,他在日本读书的时候我们认识了,后来我们结婚在日本也生活了一段时间。之后我爱人想回国在高校工作,中国当时也是正需要从海外留学回国的人才的,因此学校引进人才接受了他,而且当时他来的时候,学校答应了要给他一套房子,所以我们当时来天津之后就一直住在这个家属楼了。家属楼安静又安全,我很喜欢。(案例1)

3.来华态度

来津生活的外国人对来中国生活,以及对在津生活持有不同的态度和看法。在本书中发现,有的受访对象是由于工作关系(因公司派遣),因此没有办法,只能选择来津生活。而有的受访对象则是看到中国经济的飞速发展,看到在中国投资的可能性,因此选择来津生活。还有的受访对象在一开始可能是因为丈夫的工作关系,带着子女随行丈夫来到中国生活,但是随着在中国的生活时间越来越长,而且知道自己的子女在国外生活学习一段时间之后回国会在上大学读书或在找工作等方面有利,他们会为了子女的前途决定继续生活在中国。也有一些受访对象是因为在中国已经有自己的亲戚家人并生活多年,而且对在中国生活非常满意,因此听从亲戚和家人的建议选择来中国生活。

在本书中,笔者把"公司派遣没有选择""挣钱的好机会""对子女前途有帮助""亲戚对在华生活满意"等概念归纳到来华态度这一范畴之中。

(1)公司派遣没有选择

在本书中发现有很多的受访对象是因为自己本人因公司派遣没有其他选择,只能来中国生活,也有的受访对象是因为自己的配偶因工作需要必须来中国生活,因此受访对象也只能选择和子女一起随行来中国生活。因此,本书中因配偶一方的工作需要,一家人都来到中国生活的人数占较大比例。

那个时候虽然孩子还很小,但也没有办法,丈夫在这里工作,而且还需要待较长的一段时间,那我想从孩子还没有上学之前就一起到这里生活,所以就一家人都过来了。(案例8)

主要就是因为我的工作需要,当时是来中国的韩国企业特别多,三星、现代这样大的企业也都是在中国发展的时候,我们公司也在天津有分公司,公司需要管理人员过来工作,我被选中,这当然也是一件高兴的事情,所以就来这里生活了,算算到这里生活都已经有12年了。(案例3)

(2)挣钱的好机会

中国的改革开放促进了中国与其他国家之间在经济、文化等方面的交流与合作。另外,中国与一些国家外交关系的建立,进一步加快了国家和国家之间的友好来往,以及国民之间的国际性流动。在本书中发现中国的改革开放和中韩建交是推动一部分韩国人受访对象选择来中国发展的主要原因。

当时我们在韩国也有工作。但是我父亲在1992年中韩建交后不久就已经来中国开了眼镜店,而且生意不错,他觉得在中国生活工作都很方便,也很好,所以希望我和我弟弟也都来中国生活,当时他在中国也给我和我弟弟开了两个眼镜店,所以我就把韩国的工作辞掉了,然后到这里来开眼镜店。(案例6)

(3)对子女前途有帮助

在本书中,有一部分受访对象来中国生活,不仅仅是因为配偶需要在天津的外企工作,他们考虑的还有子女的未来发展问题。在国外留学回国,留学经历可以成为选择好大学读书、选择好公司工作的有利条件,这也是国家对留学归国人员实施的优惠政策。因此,一部分受访对象希望通过在中国的生活,既达到配偶能安心工作的需求满足,又能达到子女未来前途有更好保障的需求满足。

韩国大学有针对留学国外的韩国人的特招项目,也就是在国外读书12年以上的韩国人可以根据材料审核,或者简单面试等方式进行录取学生的项目,也可以说是对海外读书回国的留学生的一种优惠政策,如果是在韩国,想去好的大学是需要自己奋斗努力,而且靠成绩竞争的,一般韩国人是很难去好大学读书的,但是如果在国外读书12年以上,我们就可以选择好学校去申请,那么如果选上了就可以去好学校读书,这是别的韩国孩子无法享受的优惠。所以我们当时想孩子还有两三年就在中国国际学校毕业了,然后可以去韩国读好大学了,我和我爱人就决定在这里继续生活了。现在孩子们如愿以偿,都在自己满意的韩国的学校读大学了。(案例9)

我有两个子女,两个孩子都是在初中的时候开始在这里读书的,老大是南开大学毕业的,现在在韩国与中国有关联的贸易公司工作,小儿子是在师范大学毕业的,毕业之后在青岛城阳工作,也是跟中国有关联的韩国企业,做得不错,也挺喜欢,领导们有很多是有年纪的,所以对我儿子的期待很高,很重视他。一开始是想送他去南开大学读书的,但是听说南开大学不好毕业,怕他不能毕业,所以就送到师大学习了。以前的话,韩国是非常重视在中国留学回国的韩国人的,很多企业也很重用。(案例7)

(4)亲戚对在华生活满意

在对受访对象的访谈中发现,有的受访对象并不是一开始就有来中国生活的想法,对中国也没有很多的了解,而且在国外有自己的工作。但是当亲人先来到中国生活,对在中国生活较满意,并且还建议受访对象也来中国生活的时候,受访对象改变了想法,接受了建议并决定来中国生活。

当时我们在韩国也有工作。但是我父亲在1992年中韩建交后不久就已经来中国开了眼镜店,而且生意不错,他觉得在中国生活工作都很方便,也很好,所以希望我和我弟弟也都来中国生活,当时他在中国也给我和我弟弟开了两个眼镜店,所以我就把韩国的工作辞掉了,然后到这里来开眼镜店了。(案例6)

以上笔者主要就在津外国人选择在津生活的社会背景进行了探讨和

分析。本书所采用的方法是定性研究中的扎根理论方法,而外国人选择在津生活的社会背景属于扎根理论分析模式中的因果条件部分。针对范畴之间的关系进行排位和组织的扎根理论中的分析模式是通过对范畴关系的结构和过程进行系统的整合,帮助资料的收集和整理的结构式图示,也是一种资料分析的方法。它一般由因果/偶然条件和对现象起着影响作用的事件组成。

在本书中,笔者主要以22名生活在天津的外国人所进行的访谈资料为依据,通过持续的比较分析过程,抽取了访谈资料中的概念,发现概念类属,形成更为抽象的范畴,再根据扎根理论的分析模式中所包含的条件对范畴的属性和维度进行分析,最后得出了研究结果。

正如在上文对访谈资料所进行的分析,在本书中,笔者主要把"来津目的""选择住所的渠道"和"来华态度"等整理为对应范畴,而把这些对应范畴又整理到"在津生活"的主范畴之中。另外,"在津生活"的范畴会随着本质这一属性的不同,在维度上出现冲突和一致两种不同的结果。换句话说,选择来津生活的外国人对于到天津社区生活所持的态度与实际来到天津社区生活,对天津社区生活所持的态度是否一致,会对外国人在天津社区生活的融入带来不同的影响。

在本书中,笔者通过分析访谈资料,得出扎根理论中因果条件的范畴、范畴的属性和维度,并且把这些内容进行整理为如下表4-3。

表4-3　因果条件的范畴、属性和维度

主范畴	对应范畴	概念	属性	维度
在津生活	来津目的	跨国婚姻	本质	冲突——一致
		随行家属		
		留学		
		工作		

主范畴	对应范畴	概念	属性	维度
		创业		
	选择住所的渠道	房地产中介		
		朋友		
		单位安排		
		配偶单位家属楼		
	来华态度	公司派遣没有选择		
		挣钱的好机会		
		对子女前途有帮助		
		亲戚对华生活满意		

二、在津的社区生活经验

来津的外国人大多生活在社区,并体验着各种社区生活。他们通常与社区物业、辖区派出所、社区居民委员会、房地产中介、超市等地方,以及与社区本地居民和社区外国人住民通过直接或间接接触而体验社区生活。而在社区生活期间,外国人会因语言障碍、饮食及生活习惯差异、子女教育及社区参与等方面问题而面临社区生活适应压力。

在本书中,笔者主要从社区生活中的外国人与社区相关部门以及社区居民等的相互作用出发,分析并总结了在津外国人在社区的主要生活经验,具体内容如下。

1.差别对待

生活在天津的外国人一般都会有年龄较小的正在接受小学教育的子女,或者处于青春期的中学生子女,而子女在学校是否适应学校环境、是否与同学之间建立良好关系、是否被老师差别对待等都是外国人家庭最关心的问题。有的外国人家庭希望老师一视同仁地对待自己的孩子和中国孩子,而有的家庭又希望老师在适应期间能够适当照顾自己的孩子,适当差别对待,以便孩子更快融入学校环境。

我是希望学校老师能适当地照顾一下我们家孩子的。毕竟是从国外的来的,但是老师好像并不是那种特别对外国孩子关心或者有耐心的人。两个孩子还是不太适应中国的学校生活,老二总是出现学习方面还有交友方面的问题。(案例 6)

孩子的老师可能觉得我是日本人,所以对我们家的孩子总是不同于其他的孩子。比如安排同桌也是安排了一样从国外来,但是早于我们先到中国的日本孩子,两个孩子是高兴了,有共同话题,也不需要说中文,平时课上课下就总是她们俩在一起玩儿,而且使用日语,结果孩子在与中国孩子的交友方面、适应学校环境方面,还有学习成绩都不是很理想。我当然知道这样的安排是老师的一片好意,但是我真希望老师能一视同仁对待我们家孩子和中国孩子,我是希望孩子能交更多的中国朋友,毕竟是在中国生活,我希望他好好学习中国文化。(案例 2)

另外,也有的受访对象谈到因物业费拖欠等问题在与物业管理人员打交道时,物业管理人员明显表现出了与本地人不同的态度,强硬和蛮横让受访对象感受到了物业管理人员的差别对待。

我是每半年就交一次物业费的,上次我好像就忘了有一周没有交,结果我们园的管家带着两个年轻小伙,晚间 8 点多了找上门要钱,我说现在没有现金,等明天一定去交,结果管家非常蛮横地警告我说明天必须交齐,否则就离开这个园。我都惊呆了,我知道本地很多人都是不交物业费的,即使晚交,物业的人也不会这么无理的大晚上来家里要钱,明显的差

别对待,让我很生气。(案例7)

2.声音吵、卫生差

社区环境较差是大多数在津生活的外国人对社区环境的普遍评价。在问到"社区环境差具体体现在哪些方面?"的问题时,有很多的外国人回答"卫生差""声音吵"是影响社区环境的主要因素。在谈到卫生差的时候,社区生活中的外国人主要谈到了物业在卫生管理方面的失职,以及楼道居民在搬家和装修过程中的只顾自己,不顾他人,以及缺乏卫生意识等问题。

这个社区还有什么问题呢,就是商铺门口的卫生不给清扫。我们交了物业费,清洁阿姨就应该给我扫门前灰尘的,但是我只看到她们拿着扫帚走来走去,根本不好好清扫,所以我有一次叫过清洁阿姨到我们门店,我要求她扫一下门前灰尘,本来她年纪比我大,我也可以自己扫,但是这是她们的责任,她收钱,那就应该干活的。而且门前干净的话,客人也会心情高兴,再说了本来这是她们应该做的事情。有一次我又叫阿姨过来扫一下门前灰尘,她还跟我开玩笑说就我爱干净,就我搞特殊,别人都觉得脏一点无所谓的,我听了好生气……因为真的很脏,而且房子也已经陈旧了。也许我是做生意的人,所以会有很多卫生方面、便利方面等的不满,如果去别的社区,比如说时代奥城就比这里好多了。(案例7)

楼里总会有搬家或装修的人家,特别是装修的人家,有的时候开着门装修,又是敲又是砸,又是拆又是搬的,本来楼道就是封闭的,没有窗户,只有通上下楼的楼梯,几乎是封闭的环境。装修的人家每天装修之后还不主动进行楼道的灰尘等垃圾清理打扫,那左邻右舍就遭殃了。出门回家的时候,鞋底沾满了灰尘不说,门、门把上也都是灰尘,开门的同时灰尘

还会带进屋里，真的很难受。(案例 5)

在谈到社区环境中声音嘈杂问题时，受访对象谈到主要有"装修噪声吵""广场舞音量吵""车辆喇叭声吵""人们之间交流声音吵""社区内底商音乐声吵"等方面的问题。

晚间下完班回家和周末在家休息的时候，真的很希望社区能够安静一些，但是出入车辆的喇叭声，特别是持续不断地按喇叭的声音简直让人疯掉。这样的司机肯定是遇到他的前面有人挡路了，车不走了这样的情况。这个社区因为路的一边停了车，而另一侧又有栏杆把人行道和车道隔开了，本来不宽的路面，只要前行的车辆中有一辆因为某些原因突然停了，那马上就会有后面的车辆不停地按喇叭催促挪车。当然我也理解后面司机的心情，毕竟自己也走不了，所以着急。但是有时我看前面的司机就停了一分钟左右，而且只是马上从后车厢拿一下东西就走的那种情况，但是后面的人也是绝对不允许的。(案例 10)

我们社区一到晚间 7:30 开始就有一些跳广场舞的人聚在三角区地带，各自放着自己的音乐跳舞。喜欢热闹的人可能无所谓，但是每天都是这样的一个情况，而且那个地方还有散步的人，还有跑步运动的人，有孩子们出来跑跳玩儿的，还有家长们跟在孩子后面喊着"注意"的声音，各种各样的人、各种各样的声音掺杂在一起，很吵的，让人休息不好。(案例 5)

3.冷漠

本书中有一些受访对象谈到在中国生活，社区居民与外国人之间的互动很少，本地人之间也是在互相认识，或者很熟的情况下互动相对多一些，但是互动基本上也是止于相互打招呼，客套地寒暄几句。这使得在社区生活的外国人觉得与本地人交朋友是一件很困难的事情。

> 我在这里生活有几年了,所以在楼道、电梯里遇到左邻右舍的时候,我会主动地先跟他们打招呼,有的人明明看到我跟她打招呼了,但是马上会避开我的眼睛,也许是怕我再继续跟他聊天吧。本地人对外国人还是有一些戒备心的,有点冷漠的感觉。(案例 11)

本书中也有一些外国人谈到当向门卫、保安、物业管理人员甚至社区居民等询问一些事情的时候,他们会表现出不耐烦的表情,或者采取不回答的行为。因此,受访对象感到求助却遭冷眼,觉得本地人很冷漠。

> 刚开始来到中国,我中文说得也不好。因为听人说外国人还需要去社区派出所进行信息注册,当时我不知道辖区派出所在哪里,我想一般门卫还有保安应该是很熟悉的,所以就上去用仅会的几个中文,掺杂一些英文,再用字把我要去的地方写在上面的方式问了一个在门口工作的门卫,我想他应该是知道我想去哪里。但是他很不耐烦地说了怎么走,我听不懂,又问了一句"什么",结果他就提高了嗓门边说边拿手比画了一下前面,告诉我往前走,我再问往前到哪里的时候,他就直接说前面前面的,转过头再也不理我了。当时觉得我好无助,而这个保安我觉得好冷漠。(案例 10)

4.放弃

在本书中发现有一部分在津外国人作为社区住民在社区生活的过程中存在着一定的适应困难,而且也很希望通过与社区相关部门通过沟通的方式解决他们的需求和问题,但是当他们通过各种方式试图解决问题而最终未能达到期待效果之后,他们就选择了放弃。

有一些问题想反映,我们自己还需要找翻译,首先哪个人愿意做翻译呢,我们要交流的都是需要社区改进的,而且是需要物业要做的一些事情,哪一个中国人愿意得罪物业给我们做翻译呢?也不是什么好听的话,谁爱做这方面的翻译呢?以前多次去反映过情况,但是没人管。所以我去物业只办理简单地交物业费、停车管理费、换门禁卡等业务,因为在这里生活了这么多年,我也知道到物业怎么办理这些业务,也不需要太多的说明。剩下的也就不管了,放弃了。(案例7)

本书中也有一些受访对象谈到一开始也有过努力学习中文的想法,而且也为好好学习中文去过学习班,但是当发现生活在社区的外国人很多,而且不说中文对日常生活也不会造成很大影响的时候,受访对象选择了放弃学习中文。

我是在门口的中文学习班,这个社区里面也有,交钱学的中文。比想象中的要贵。有一些人是去南大,还有天大等高校专门去学习中文,除非单位掏钱或个人很有钱,可以去那里学习,我们一般就在家附近的中文学习班学习。后来我也不再学了,主要是在这个社区生活了一段时间,发现会一点日常生活所需要的中文之外,没有学更多中文的必要,因为这个社区外国人很多,我们自己在一起的时候根本不需要说中文,而且也不是在这里读书或工作,一定要会中文,所以后来干脆就不学了。现在开面包店也是一样的,来的很多都是韩国顾客,我也是直接用韩国语跟她们打招呼,或者有的时候来外国人或中国人,他们也知道我们是韩国人,所以只是挑了面包,结算后就走了。不懂中文没有什么障碍。而且现在就是手机也都带着翻译功能,实在不行,就通过手机进行交流,基本上就知道是什么意思,所以没有一定要学中文的必要。(案例9)

5. 对社区的理解

社会是由一个个大小不同的社区所组成，任何一个社区都是具体的一个小社会，社区是社会的缩影。而社区可以说是聚集在一定的地域范围内的人们所组成的社会生活共同体。社区居民对社区有认同感、归属感，新的信仰、价值观、人生观、审美情趣、人生乐趣和生活方式等是形成社区文化的重要因素。除此之外，社区还应为社区居民形成社区共同体意识提供必要的社区文化活动场所、设施，以及为正常开展社区文化活动而建立一系列的规章和政策等所构成的规范结构。

在本书中，当谈到对社区的理解是什么时，很多的受访对象都谈到社区应该是一个共同体，社区居民相互联系、互动，对社区具有归属感，社区设施应方便居民等的一个地方。也就是说对社区概念的广义方面的理解上大多数的在津社区生活的外国人还是有着一定的共同认识。但是从访谈中也可以看到，受访对象对社区的解释其实也是社区目前存在的一些具体问题的反映。

我觉得社区应该是一个地区共同体，它应该让我们有一个归属感，在出现任何一个有关社区共同问题的时候，可以通过开会、问卷调查的方式了解情况，社区居民应该一起参与，通过合作共同解决。（案例 4）

社区应该方便群众生活，环境好，社区设施应便民，而且有不断改善工作的性质。（案例 3）

本书中有的受访对象从更狭义的社区概念出发，具体谈到了社区在某些制度及管理方面存在的不足，认为社区对外部的影响力直接会影响整个社区的经济、文化方面的发展，建议从解决具体的问题出发，为共同建设和改善社区而努力。

这里的底商生意不好甚至失败的主要原因就是停车难。东园后面有很大的空地,而且原来也听说要建个停车场的,但是现在又不建停车场了。作为一个社区,特别是这样的一条商业街,只有让外面人来了有方便停车的地方,用户才能愿意在这里用餐或购物,生意才能变得更活跃,来这个社区生活的流动人口就会增多,社区就会对外有影响力,房价也会上涨,这个社区的经济、文化也能发展起来。但是现在连个停车的地方都没有,所以根本没有人来利用这里的设施。(案例 7)

6.与社区组织没有深接触

在访谈中发现在社区生活的外国人与社区内的基层管理组织的接触很少,甚至不知道居民委员会这一重要的基层管理组织的存在。本书中受访对象谈到他们接触较多的是小区物业,因为中介机构在提供房屋租赁服务的时候,向受访对象谈得最多的就是物业管理费相关问题,而且租赁合同签订之后,中介机构带他们去的地方也是小区物业管理部门。但是当生活在社区的外国人以三个月、半年或一年为单位一次性交齐物业管理费之后,就会发现生活中并没有那么多事情是需要与物业打交道的,因为他们始终把自己当作暂时生活在社区里的外国人,语言障碍会使他们很难与物业管理人员深入交流社区公共服务相关问题,另外作为外国人,他们认为即使物业没有提供相应服务或满足居民的需求,也应该尊重中国本地的制度和法律,因此只要日常生活没有受到影响就不需要与物业打交道。

我知道物业,不就是收物业费的地方吗? 一年去两次,去一次把半年的物业费交了就结束了,没有再深入接触的地方。我记得之前因为墙面有裂痕,有破损,所以多次通过中介的人反映了需要维修的意见,但是物业根本不理会,后来再也不跟物业沟通管理、维修方面的事情了。说了也没用,根本不会理你,所以我只是需要交物业费的时候去一趟。还有就是这里105室有居民委员会,之前我都不知道有这么一个地方,也是三年前我在这个北园开了个面包店,我才知道这里的一楼有一个居民委员会。我想居民委员会从字面上看是不是就是为居民解决问题、提供服务的地方吗。我是外国人,也不是这里的人,我想居民委员会也是与我无关的地方,我也不光顾的。(案例9)

我清楚(物业)。但是我没有特别和他们接触过,交纳管理费、停水、断电的时候仅需向他们询问即可,不需要与他们多接触。我觉得我与邻里相处和睦,而且最重要的是,如果孩子们生病了,可以直接去医院;需要生活必需品的话,可以直接去大型超市;如果想享受文化生活,可以直接去电影院;如果想运动,可以在社区花园散步;还有微信、支付宝结算这个非常舒适的结算系统。这样就可以了。(案例4)

7.社区不提供外国语翻译等服务

在本书中大多数的受访对象谈到社区没有为生活在社区的外国人提供外国语翻译等服务。在社区生活不可避免会遇到与社区管理组织进行深入沟通、交流的时候,但是总是因为语言障碍导致沟通失败。受访对象谈到在遇到与社区相关部门沟通的时候,也只能自己找翻译进行沟通,而这样的沟通方式最终导致的是放弃沟通。

我一直生活在这里,生活方面并没有太大问题。但是在生活过程中还是有很多的不适应,就比如以前有很多韩国人的时候,我们是自己带着翻译去物业办理业务的,那物业也应该知道我们这个社区有很多的外国人,那么为了他们自己工作方便,也为了为居民服务,最起码应该雇一名会外国语的员工为外国人提供服务才行吧,那么如果我们在生活中有一些问题,有一些需求也可以通过这种对话的方式进行交流吧。但是物业明知道这个社区有这么多的外国人居住,但是这么多年了仍然一点变化都没有,每一次去都是因为语言方面的障碍导致沟通失败。(案例7)

我在这个社区生活的时候,当然是希望物业也好,居民委员会也好给我们外国人提供帮助的,帮助我们解决适应方面的问题,但是我们却没有得到一点帮助。物业好像只关心收物业费、管理费,对于我们有什么问题,有何需求不太关心。当时我记得物业费什么的,都是小金替我给交的,想就在社区边开店边学中文,但是物业也根本没有组织外国人学习中文的活动,后来一直跟小金学,再后来就去天津大学学了两年。(案例6)

8.威胁

在社区的外国人一般是以租赁房屋的方式在社区生活。租赁房屋就不可避免地与房东发生关系。在本书中有一受访对象谈到遇到的第一个房东对人非常不友好,在交纳房费问题上,不仅违背租赁合同的规定,而且对她还很无理,甚至进行恐吓。经历了这样的一次不愉快事件之后,她在之后的租赁房屋过程中,总是提醒自己一定要先了解房东是不是一个友好的人。

搬家经历让我更加注意一件事情,那就是一定要先了解好房东是不是友好。因为之前我就遇到了一个很不讲道理的一个房东,让我非常失望。明明我们都交了一年的房租,他却让我们补交房费,说是房租涨了。当时有的人家涨房租了,所以他要求我们也补交,但是这是不合理的要求,因为在之前我们已经交齐了一年的房租。我们坚持不交,他就威胁加恐吓,非常无理。后来左邻右舍说这个房东并不只针对我们这样无理,他对当地人也是一样的不讲道理。(案例8)

当问到在社区生活是否经常遇到他人的威胁、恐吓，是否在遇到不安全事情的时候想到要报警时，大多数的受访对象谈到并没有遇到那么多的不安全事件，即使遇到了也没有想过要报警，他们想尽量通过遵守中国的法律法规，通过房地产中介的房屋租赁中间人，以及外国朋友等的帮助解决问题，他们认为派出所只是在刚来到社区，办理住宿登记时访问一次的地方，甚至有很多外国人是通过中介代办登记，没有想过经常拜访派出所。

在本书中，笔者就派出所主要针对社区外国人提供何种服务、办理何种业务等与社区派出所民警进行了电话访谈。在访谈中获悉社区派出所主要为外国人办理住宿登记业务，民警几乎接不到外国人的报警电话。一位民警认为来中国生活的外国人因经济条件优越，全职太太较多且专心照顾家庭，另外还有外国人互助群等的自助组织的支持，因此外国人大多通过自己熟悉的资源解决存在的问题，与派出所打交道的很少。

外国人来到社区，到我们这里，一般都是办理住宿登记业务，其他的他们也没什么需要我们提供帮助的。在社区，我没有接到外国人因为冲突报过警的，只有一次是电梯出故障被困在电梯里了，100 个外国人中也没有一个打过电话的。一般来中国的外国人，经济方面条件还是不错的。像日本人都是在日企工作的高管多，他们都会有人专门给他们解决住宿等日常生活问题，还有这个社区韩国人来得多，他们一般是一家人一起过来生活，丈夫上班，孩子上这里的学校读书，妻子大部分就是做全职太太，照顾家庭。一般有什么问题，他们好像还有外国人商会、外国人互助群，自己就解决自己的问题了，跟我们这里除了登记住宿，其他的基本也不打交道了。(社区民警)

9.没有归属感

本书中大多数的受访对象都是长时间生活在天津社区的外国人。因此对天津生活有了一定的了解，而且对社区生活有了适应。但是当问到是否作为社区居民对社区有一定的归属感时，大多数的在津外国人谈到他们只是把自己看作在社区一定时间内租房子生活的外国人而已，并没有对社区产生归属感。

生活在这个社区，我就觉得我们从国外来的外国人就只是外国人而已，虽然生活在这个社区，但是没有作为社区居民的那种归属感，也就是说我没有那种"我是这个社区的人"的感觉，我只是在这个社区租房子生活的外国人而已。确实也是这样，我们也不是要一直生活在这里，我们也打算几年之后就回国了。（案例9）

我现在适应这里的生活环境了，但是我觉得没有融入这个社区，而且以后也不可能融入。开店、挣钱、过日子都没问题，但是没有归属感，也不参与社区的活动，当然我也不知道社区有什么活动。在这里生活倒是很方便，很轻松，但是融入是不可能的。（案例6）

以上笔者就来津在社区生活的外国人的生活体验做了具体分析。而有关外国人在天津社区的生活经验对应的是扎根理论分析模式中的中心现象部分的内容。也就是说，中心现象主要展现的是"在这里到底发生着什么"的相关内容，是依据一系列的作用/相互作用策略得以调解的中心想法或事件。

在本书中，笔者通过在津社区生活的外国人的生活经验的访谈资料分析，发现来津外国人在社区生活过程中的主要生活经验是没有归属感的社区嵌入。换句话说，外国人的社区生活适应，以及融入过程中的中心现象是"边缘式'嵌入'"。这一中心现象又会根据程度属性的不同,维度上出现了深和浅两种不同的类型。"边缘式'嵌入'"这一中心现象的属性和维度如下表4-4所示。

表4-4　中心现象的范畴、属性及维度

主范畴	下属范畴	概念	属性	维度
边缘式"嵌入"	无归属感	差别对待	程度	深—浅
		声音吵、卫生差		
		冷漠		
		放弃		
		对社区的理解		
		与社区组织没有深接触		
		社区不提供外国语翻译等服务		
		威胁		
		没有归属感		

三、影响在津外国人社区生活经验的主要因素

前文通过对访谈资料的分析可以得知,来津外国人在社区生活中主要体验着"边缘式'嵌入'"的社区适应及融入经历。在本书中也发现影响在津外国人社区融入主要有文化方面的差异、对社区组织的认识差异和认同感混乱等因素,这些因素都会对在津社区生活外国人是否很好地融入社区,或者如何适应社区生活起着重要的影响。另外,当社区的相关管理部门对外国人关心不足,不能提供充分的适应方面的帮助,以及社区居民对外国人持有偏见和排斥的时候,社区生活外国人会经历被边缘化,而这对外国人融入社区生活也起到了一定的阻碍作用,使他们的社区融入

呈现出"边缘式'嵌入'"的模式,而不是主动的、相互作用的融入。下面就这些影响因素进行集中探讨和深入分析。

(一)文化差异

1.语言障碍

一个人漂洋过海来到一个陌生的国度,首先遇到的就是语言方面的障碍。有很多外国人是在没有中文语言基础的情况下来中国工作、学习和生活。因此,他们在中国生活的初期就会遇到很多因语言障碍而发生的适应方面的问题。比如,租赁房子、交纳物业管理费、乘坐交通工具、购物、去银行办业务等。因此,很多外国人会通过在中国的外国朋友、会外文的中介机构,以及利用公司资源等的方式解决生活初期需要解决的适应方面的问题。在本书中也发现有很多在社区生活的外国人希望社区能够为外国人提供中文学习或为外国人提供外语服务等的需求。

刚开始来的时候有很多不方便。一点中文都不懂,所以我马上在网上登了招募会说韩国语的朝鲜族员工的信息,然后小金就来面试了,我觉得他各方面都不错,所以就雇用了他。他也是从那个时候开始一直跟我工作到现在,都有13年了。他帮了我不少忙。后来为了在这里生活,我也去天津大学学了两年的中文。现在跟中国人进行沟通是没有太大问题了。(案例6)

刚开始来我是不懂中文的,现在也是简单的能听懂,深的内容就不懂了。我爱人是会中文。很多需要中文的事情,一般都是我爱人解决。我来了以后,当然是希望社区有免费的或者低价的中文学习班,像韩国就有很多社区是有针对外国人提供免费韩国语学习的地方,但是在这里没有看到,也没有听说过。(案例9)

2.社区管理文化差异

在社区生活的外国人通过比较中国的社区和外国的社区,发现不同国家的社区文化是不同的。特别是当他们与社区管理部门打过交道之后,就会更加感受到社区管理文化方面存在的很大差异。因此,在社区生活的外国人就会因文化方面的差异,遇到社区融入方面的困难。在本书中发现,有很多受访对象知道社区有物业的存在,但是却不知道居民委员会的存在,即使知道了有居民委员会的存在,但是关于到底居民委员会做什么、发挥何种功能等却不是很清楚。

在国外这样的问题是根本不可能存在的,因为每个社区都有业主委员会,业委会参与社区建设,在这里为什么物业不负责社区改善方面的工作,我真的不理解。我甚至跟在正门那里做生意的朋友说,让他去一趟物业反映这些方面的情况,告诉物业我们都交了物业费,为什么不进行社区规划,改善社区环境,每家的室内情况我们没有权利管,但是最起码楼道、电梯、出入口、绿化等方面不应该由物业来管理吗,很多外国人不断离开这个社区,不就是因为这个社区设施、卫生等方面存在很多问题吗。既然物业收了物业费就应该负责管理这些方面事情。这里也有居民委员会,但是居民委员会我想是不是只是听我们的意见之后,在居民和物业之间起中介作用,反映居民情况的地方呢。不知道物业和居民委员会之间是什么关系,如果居民委员会接受物业的资金,而且与物业一起工作的话,那居民委员会也应该承担社区管理方面的责任。(案例7)

社区工作人员服务态度很不好,在国外物业会对社区居民提供何种服务、举办何种活动等进行介绍和宣传,如果有外国人居住,社区还会使用英文和其他外国语提供服务,服务态度还非常友好,当有问题的时候还随时给你帮助解决。让住在社区里的人很舒服,而且感觉到自己是社区主人,是社区共同体的成员。但是这里的社区就跟国外不一样。物业根本不给外国人提供任何服务,态度还特别不好。物业好像就是做自己分内的事,比如说收物业费,做一些楼道、电梯的卫生,还有外面的花草树木的管理,剩下的就没有了。作为服务部门,最起码态度和蔼一些、友好一些吧,但是没有,很强硬。而且社区没有外文的通知,像我这样在中国生活时间较长,而且还知道一些中文的人还好一些,可以从认识的中文中大概地猜出通知里的内容是什么,如果是完全不懂中文的人,那通知楼里要停水了,停电了,也都不知道的。这方面做得真的不好。他们还没有做翻译的工作人员。(案例 12)

3.居民之间文化差异

当外国人来到中国社区生活之后,因居住等生活环境从一个熟人生态转变为陌生人环境,居住环境的封闭,使得邻里之间的关注、交流变得越来越少。不少人在一个楼栋里,在一个社区生活很多年,每天进进出出,见面脸熟,却很少打招呼,不知道对方是谁,交往更无从谈起。而这对于喜欢交友和交流的一些外国人来说,无疑对于他们更快融入社区文化有着一定的阻碍作用。

我上我的班,过我的日子就行。反正邻里之间本来也没有来往,楼道、电梯里见面也是根本不打招呼的。保安和门卫其实是保障社区安全的很重要的人,他们应该有责任地对社区的居民有很好的了解,他们应该主动与居民打招呼、了解情况、提供服务,但是这些保安和门卫都好像只是做好看守社区大门的工作,对于社区居民根本不关心。有时我还跟他们打招呼,他们也不回应,后来我也就不打招呼了。(案例 12)

4.社区文化娱乐活动差异

参与社区开展的社区文化娱乐活动是外国人体验中国文化,更好更快地融入社区的一个重要渠道。因此社区是否拥有为外籍人士提供的娱乐场所、是否组织娱乐活动,以及外籍人士是否积极参与其中等都是影响外籍人士适应和融入社区生活的重要因素。在本书中大多数的受访对象谈到知道社区有一些娱乐场所,分布在不同楼栋的一楼和地下等,也看到有一些社区的中国居民在那里活动,但是没有见到外国人在那里,因此他们也没有参与到其中。而还有一些受访对象谈到并没有看到社区有为居民提供的娱乐活动场所,也没有参加过社区的任何活动。他们认为这与国外的社区提供社区文化娱乐活动相关活动,而且组织所有居民参加娱乐活动有一定的差异。

至于社区有没有为外国人组织的一些活动,我的记忆中是没有过,即使有,我不知道,我的很多韩国朋友都不知道的话,那可能就是几个人参加的活动吧,反正我是没有听过,也没有参加过什么活动。国外的话社区就会有一些通知,或者在宣传栏里粘贴有社区居民可以参加的活动宣传。(案例9)

我经常看到在西园的九号楼的一楼有一些老人下象棋,在楼道的那一排还有乒乓球案子,也有人在打球。一楼的另外一侧还有一间屋子,那里有两张乒乓球案子,还挺规范的,那里就是乒乓球室,我曾看到有人在打球。我不知道我们外国人是不是也可以利用,还是需要交钱利用,不知道那是个人的还是社区的娱乐活动场所,不知道也没有去打。(案例5)

在本书中也有一些受访对象谈到,在中国有一个各城市、社区都有的全民性的娱乐活动,即跳广场舞。受访对象谈到在社区几乎每天固定的时间就能够看到社区居民聚集在一起跳广场舞。在跳广场舞的队伍中，有已经形成的专门的社区广场舞比赛团队的成员，也有一些是非专业的社区健身爱好者，还有部分社区的普通居民。受访对象谈到不管社区居民是否相互认识，也不管是否有跳广场舞基础，只要是广场舞，很多居民就会主动参与到活动之中。而这种自发的、自我组织的娱乐活动在国外是很难见到的。

我发现中国有全民性的娱乐活动，就是广场舞。一到晚间好像在每个社区都能看到一些人放着音乐，转着圈在跳舞。有老人，也有中年人，还有个别的年轻人。前面还有领舞的，好多人都穿着统一服装，我想他们是不是参加比赛的专业舞蹈团体，跳得也很好、很齐。在国外就根本看不到这样的光景。(案例 6)

5.饮食文化差异

外国人在社区生活，也体验着饮食文化方面的不同。一个地方的饮食文化、习俗的形成不仅与它所处的环境有密切关系，而且也受着历史传承、居民变化、文化交流等的深刻影响。天津有一些本土的小吃，包括狗不理包子、十八街麻花、耳朵眼炸糕、煎饼果子等。中国很多地方都有早餐就在外面买回来吃，或者在路上边走路边吃饭的习惯，因此当外国人看到社区的很多居民一大早就排着队买煎饼果子的时候，他们觉得与国外有着明显不同的饮食文化。

我几乎每天早晨在社区超市门口、正门口还有西园的小餐馆，看到社区居民排着队买煎饼果子。有的人在包子铺吃包子，也有来买包子、馅饼，还有豆浆的。我好像知道了天津人有吃煎饼果子的时候，都要喝豆浆的习惯。大人也好，有些还是初高中生，买完煎饼果子和豆浆，就去赶公

交。有的人还边走边吃，中国的饮食文化确实和我们不一样。(案例11)

为什么边走路边吃饭，我就有些不理解。一来不安全，二来外面灰尘大也不卫生。可以稍微早点起来，在家里吃完再去赶车，为什么那么匆忙地拿着吃的喝的赶公交呢？这很危险的，而且也不助于消化。(案例2)

6.房屋租金高

在社区生活的外国人都会遇到交纳房租有关问题。在本书中发现，大多数的受访对象谈到他们根本没有想到天津的房租远远高于自己曾经预想的房租金额。在社区的一些个体经营者还会遇到底商店铺租金的交纳及店铺周围卫生管理、停车方便等相关问题。而这些外国个体经营业者也普遍认为，相比营业收入、物业管理及服务质量，店铺租金显然过高。而这也在一定程度上影响了在津外国人在社区的居住时间长短，以及对社区的满意度和融入程度。

后来涨到5000元那样，我们又住了有8年。当时我在东五的一楼还租了个底商，房东说幼儿园的租金都是6000元以上了，所以他要把租金调到6000元，或者让我按一平5000元把底商买下。但是我觉得没有必要买，而且租金又太贵，所以就搬到现在这里来开店了。租金涨了很多。现在其实生意并不好做了，有很多人也都不做了。我能继续做也是一开始做的时候挣了些钱，有一些资本，所以一直在维持着而已。在我看来，社区的底商要比想象中的贵很多。(案例7)

这里房租还是挺高的。每个月4500元的房租，在国外的话这个价格也是算贵的，而且在国外的话，可能这个价格会找到比这里的环境更好、服务更好的社区生活。一开始我没有想到天津的房租这么贵。(案例12)

7.学习班费用高

外国人在中国生活还会遇到子女需要去学习班学习、本人学习中文等的问题。特别是在津生活的韩国人谈到中国的教育热不弱于韩国,而且学习班的费用也相当的高。有的受访对象谈到可以去高校语言学院进行专门的中文学习,但是考虑到房租和学费之后,她们就选择离家较近,且费用并不昂贵的学习班学习中文。而子女在学习钢琴等乐器的时候,她们因为觉得费用过高,因此会选择放弃在中国学习乐器。受访对象也谈到,如果社区提供免费的中文学习,或较低费用的子女乐器方面的学习,对于外国人对社区有更强的归属感,以及更好适应社区生活都会有一定的积极作用。

我是在门口的中文学习班交钱学的中文。比想象中的要贵。有一些人是去南开大学,还有天津大学等高校专门去学习中文,除非单位掏钱或个人很有钱,可以去那里学习,我们一般就在家附近的中文学习班学习了。(案例9)

在这里也想过让孩子们继续学乐器,毕竟在国内也一直学过。但是问了好几家学习班,费用太贵了。一个小时一百多,一个月下来不少钱。在国内这个钱的话可以天天学钢琴,还有剩余。而且在这里学的内容并不是很多,我们也暂时放弃让孩子们学习乐器了。到时候利用假期回国好好学一两个月就可以了。(案例8)

(二)对社区组织的认识差异

社区内主要团体之间的交互关系模式构成了社区组织,社区组织是社区内居民生活上的基本需要,通过这一模式而获得满足。社区生活是一种共有、共治、共享的生活。社区组织对社区内生活的个人的生活方式及人格发展起着很重要的影响。因此,在社区内生活的居民是否认识和熟悉社区内的组织,是否与社区内组织有着密切的互动,社区组织是否在社区正常地发挥自身功能,社区环境是否让居民感到舒适和便利,对于社区内外国人适应和融入社区环境都有着一定的作用。

在访谈中发现,在社区生活的外国人对基层社区管理组织的存在及发挥的功能并不是很了解,有一部分受访对象甚至不知道居民委员会这一社区组织的存在,也不清楚社区的组织到底在做什么。另外也有一些受访对象混淆物业管理和社区管理的概念,不清楚居民委员会与物业管理企业之间的关系,甚至有一些受访对象对于生活在社区中的组织有着不满情绪。

1. 社区居民委员会

社区居委会是社区自治的主要载体,是社区建设的主要组织,是沟通政府和群众的桥梁和枢纽。从法律角度讲,社区居委会是群众自治组织,由社区居民选举产生,对社区居民负责。但是,实际上,目前社区居委会的工作人员基本上都是通过政府招聘的方式产生;工作经费、工资福利等主要费用由街道和政府承担和保障;由于政府职能转变,社区承担了不少职能部门向下转移的社会性事务,职责不够清晰,职权配套不到位,社区有成为行政体制最末端任务承接者和执行者的趋势。在这种管理体制和运作机制下,社区自治明显不足,社区居委会直接面对的众多事务的对象是相关职能部门或街道政府,而不是社区居民,加之社区工作人员较少,经济待遇和文化层次相对较低,又身兼社区多项工作,时间精力及能力有限,从而使得社区与居民的沟通和交流直接打了折扣,弱化了建立沟通和交流机制的需要,对上负责的利益需求大于对居民负责的职责需要,从而影响了社区居民对社区的感性认识和理性认同及归属。

（1）基层监督（管理）组织

在研究中发现，有很多的受访对象由于交纳物业费、停车管理费、电梯维修等方面原因，与社区的物业部门有较多的交集，而对于社区居民委员会却了解甚少，甚至不知道它的存在。对于社区居民来说，社区居委会在开展与居民的切身利益息息相关的活动，比如社区居民的生活安全、协助办理居民的公共事务和公益事业，调节民间纠纷，提供社区服务活动等方面起着更为重要的作用。这也从另一方面告诉我们，在社区生活的外国人与社区组织的互动甚少，在不了解社区组织的情况下，很有可能会对社区产生偏见，而这又会在很大程度上影响外国人在社区的安定生活和社区融入。

社区居委会不清楚。在日本社区是由物业提供服务，其他事情都是基于社区成员自治管理，当然每个国家都有国情，中国社区符合中国国情就好。（案例1）

知道有居民委员会，应该是管理小区内环境、管理小区出入的组织。社区应该方便群众生活，保持环境干净，出入管理亲切，社区设施维护，并持续进行改善工作。（案例3）

（2）利民便民组织

在本书中发现，有一些受访对象虽然与居民委员会接触很少，甚至没有接触过，但是听说过居民委员会的存在，而且认为居民委员会应该是利民便民而存在的组织，至于物业和居民委员会的关系如何，大多数的受访对象谈到并不清楚两者之间的关系。甚至有的受访对象误以为物业和居民委员会就是一个社区管理组织。但是不管是物业还是居民委员会，受访对象认为社区中的一些管理组织应该是为了方便社区居民生活、为社区居民提供服务的组织·,在这方面他们都保持了高度的一致性。

　　我没有特别和他们接触过,就是在管理费交纳以及停水,断电时向他们咨询过,我想他们是为居民的利益和方便而存在的机关。(案例4)

　　2.物业
　　(1)社区服务外包组织
　　物业管理行业的起源可以追溯到19世纪60年代的英国,而作为第三产业,中国的物业管理服务发展经历了从无到有、从小到大的历程。早期的物业管理服务以房地产开发为依托,单纯提供房地产的后续服务,随着政策法规的进一步完善,以及国家监督体系的建立,如今物业管理行业已经形成了公司化运作,品牌化管理,物业管理服务全面推进并广泛覆盖。
　　物业管理是一项专业性很强的工作,因此物业管理公司除了从事专业服务外,绿化公司、保安公司、清洁公司等专业服务的提供已逐步成为一种趋势,但是目前物管企业存在着技术含量较低的问题,因此在提供专业性服务等方面就表现出了很多不足。在社区居民交纳物业费,希望得到专业化服务,比如楼宇外墙清洁等的服务提供时,有的社区物业管理部门就有推卸责任的问题出现。而当社区居民的需求和问题得不到解决的时候,居民也开始对物业管理部门采取了不交纳物业费、不予理睬的应对方式。因此,有一些社区出现了居民对物业管理部门的认识片面,只是简单地把物业管理部门当作社区服务的外包组织。

　　物业是社区服务外包组织,是日常生活中最常见和最实在的部门。社区的很多功能还不能发挥,比如外国人在中国要遵守中国的法律和接受相关政府主管部门的监控,社区这方面有可能不在行,也牵扯到与主管部门的职能分工和调整,结果反倒有可能更麻烦。(案例1)

（2）收费及改善社区环境的组织

物业管理部门总的来说是提供服务的机构。一般的物业管理主要包括常规性的公共服务、针对性的专项服务、委托性的特约服务和经营性的服务四种服务方式。常规性的公共服务主要指物业管理中面向所有业主、使用人提供的公共性的管理和服务工作，比如说房屋管理服务、房屋装修管理服务、物业共用设施设备管理服务、环境清洁卫生管理服务、绿化管理服务、安全管理服务、文化和娱乐服务等服务。目的是满足全体业主、使用人共同的服务需求。

针对性的专项服务是指物业管理企业为改善和提高业主、使用人的工作和生活条件，提供满足部分业主、使用人特殊需要的各项服务。专项服务主要有代办类服务，如代交水电费、煤气费、电话费等；高层楼宇的电梯管理、外墙清洗等；一般的便利性服务，如提供室内清扫、维修、装修等服务等；其他　定比例住用户固定需要的服务等。

委托性的特约服务是指物业管理企业为了满足业主、物业使用人的个别需求受其委托而提供的服务。比如代订代送牛奶、书报；送病人就医、喂药、医疗看护；代洗车辆等，这类服务项目一般是协商定价，也是以微利和轻利标准收费。

经营性服务是指物业管理企业为了扩大企业收入来源，推动企业壮大发展而积极开展的物业管理延伸性多种经营服务项目，其服务对象不仅包括物业管理区域的业主、使用人，同时也面向社会。经营性服务包括开餐饮、理发美容、洗衣、熨衣店和商店；利用区内空地或道路夜间空闲开辟日夜收费停车场；开展旅游、健身、商业、娱乐业等经营活动以及其他多种经营服务项目。

在本书中发现，很多的社区居民了解物业需要提供常规性的公共服务和针对性的专项服务，但是对于委托性的特约服务和经营性服务却不甚了解，很多受访对象只是把物业管理部门看作是收取管理费的地方，也有一些受访对象知道物业管理部门应该是改善社区环境的组织,但是在实际改善社区环境方面,社区物业部门做得并不是很好,因此表现了对物业管理的不满。

社区这么多外国人,而且空间也非常富裕,社区不给有这方面(停车场)需求的社区居民还有底商出租人提供服务,只知道收管理费,不交就像要发生天大的事情一样,追着要钱,这怎么可以呢?既然收了钱就应该为居民服务才可以呀,在这里生活的居民应该生活方便才可以呀。有很多韩国人就说,物业能够维持到现在,可能就是因为在这里生活的韩国人多,物业费几乎都是由韩国人定期交纳的。但是说句实话,我觉得住在这里的住户应该交纳物业费,因为很多的社区管理是需要交纳的物业费来开展的。只是与交纳的较高的管理费相比,社区的福利、社区设施以及管理等方面不足是存在的大问题。(案例7)

我交管理费,楼道的灯不亮的时候让物业换,下水道堵了的时候也找过物业。我觉得应该是服务社区居民才可以的。(案例5)

在本书中还有的受访对象认为物业是管理社区各项事业的企业,对房屋维修以及停车位等进行管理。还有的受访对象谈到物业负有管理楼道、电梯、出入口、绿化等的责任,应该是为居民的生活便利提供服务的部门,但是在实际接触中,受访对象谈到由于很多方面的服务没有到位,因此受访对象只是办理交纳物业管理费、停车管理费以及换门禁卡等业务时与物业部门打交道而已,放弃了更多地与物业工作人员深入接触的想法和机会。

(三)认同感混乱

1.认同感确立

认同感是指一个人对自我及周围环境有用或有价值的判断和评估。人都需要有归属感,需要被他人肯定,当个体得不到他人的肯定时,个体就会体验到更多的疏离感,就会出现过多的认为自己没有用或没有价值的判断和评估,即认同感缺失。

社区认同感则是指社区成员自觉地把自己归于社区,外在表现为一种归属感,其主要体现的是一种思想意识。而社区归属感就是社区成员对本社区有认同、喜爱和依恋、参与的心理感觉和行为,其主要体现的是认同前提下的参与。因此,社区成员对社区的认同感和归属感有着较为紧密的关系,认同是前提,而归属是结果,归属感的增加将强化认同感的提升,而认同感的不断提升也将促进归属感的增强。

在本书中发现,选择跨国婚姻且与中国配偶计划长期生活在中国的外国人,和来津时间较长且在社区内经营个人生意的外国人会自觉地把自己归于社区,而且相对更多地表现出愿意参与社区建设的想法,以及相应的行为。

目前日常生活都没有问题,我觉得社区就是一家人一起生活、娱乐以及活动的地方,我已经适应社区生活了,语言也是能够进行沟通,也已融入社区里了,因为我觉得社区融入应该是能不能自由自在的生活在这里,有归属感的问题,而我已经有了归属感。我爱人是中国人,我觉得这里就是我的家。我很喜欢在中国生活。(案例 2)

我好像听说本地人是有一些优惠政策的,比如,社保费减了一半,还有电费也给免了一些,就是有的房东是给减了一些租金,有的就没减,有一些对外国人的优惠政策就好了。在这里生活这么长时间,其实对这里也有感情,有的时候我也是作为社区居民很关心社区的发展,还有想参与社区生活的想法。这样的一个大社区,人流量很大,对外影响力也大,那么能够很好地让这里的底商活跃起来,能够为社区外用户提供更方便、更舒适的利用本社区资源的服务,那这个社区的房价也会上涨,经济文化也发展起来了,我们作为这里的社区居民该感到多么自豪呀。有一些朋友在国外生活一段时间,过几年再回中国的时候,他们总会说这个社区一点变化都没有,而且管理方面确实很差,楼道脏乱不说,设施也很陈旧,其实作为生活在这里的我,听到他们说这样的话,我也挺不高兴的。毕竟我是这里的居民,我把这里当作自己的家。(案例7)

2. 认同感缺失

居民邻里之间互助度不强是社区居民对自己的社区缺乏认同感和归属感的体现之一。邻里之间互不相识,互相都有一定的戒备心,一墙之隔不了解的现象呈普遍状态。另外,社区居民对社区建设的参与度也较低。

社区居民构成的异质化是影响社区居民对社区的认同感和归属感弱化的因素之一。随着市场经济的快速发展和城市化进程的不断加速,同一社区内的居民构成日渐多样化和复杂化。由于社区内不同居民个体所受到的教育程度、经济条件、社会地位、社会关系、定居时间长短、性格爱好,甚至户籍、语言、性别、是否定居等多种不同的存在,社区居民之间的求同存异性很难达成,阶层划分和"圈子"归类也在自觉不自觉的日益明显,个人对身份认同和阶层认同的程度大于对社区的认同。社区居民构成的异质化,导致了社区居民个体缺乏及时的自我认同和社会认同,整个社区则缺乏相对统一的社区理念和社区文化,也缺乏相对统一社区价值取向和社区生活圈的氛围。因此,社区居民生活方式的选择就比较多的倾向封闭性和孤独性,而不是开放性或交融性。反映到社区层面,就是社区居民对社区的认同感和归属体现不出主观性,不愿意主动关心邻里或参与社区邻里之间的互动互助,不愿意主动了解和参与社区建设。

在本书中也发现另有一些受访对象并不把自己作为社区居民,换句话说,受访对象并不明确自己是谁的身份认同,而是把自己作为仅仅生活在社区内,但是并不愿意与社区有更多的接触和互动的,仅仅是作为外国人的身份认同,并且表示自己并没有对社区的归属和认同。

过几年之后我们还是会回到韩国的,我就觉得我们从国外来的外国人就只是外国人而已,虽然生活在这个社区,但是没有作为社区居民的那种归属感,没有那种我是这个社区的人的感觉,我就是在这个社区租房子生活的外国人而已。确实也是这样,我们也不是要一直生活在这里,我们也打算过几年之后就回国了。(案例9)

有时我还跟他们打招呼,那他们也不回应你。后来我也就不打招呼了。所以这样的生活可以说是适应了,但是说作为社区居民主动地融入社区生活之中,参与到社区的活动什么的,那还没有,所以融入谈不上,只是生活在社区的外国人而已,以后还是要回国的。(案例12)

3.认同感困惑

在本书中也有一些受访对象谈到对于本人是否会继续生活在中国,甚至定居在中国有些困惑。身边没有亲朋好友、工作不稳定、为适应中国环境需改变自己等是感到困惑的主要原因。

这边我的朋友不多,现在的工作也不确定,如果我要在中国生活很久,需要适应这里的生活,或许我还需要找一个中国妻子。但是如果我可以回法国工作,那我就不需要改变自己。(案例19)

以上笔者就对在津生活的外国人的社区生活经验起影响作用的主要因素进行了探讨。这一部分内容对应于扎根理论分析模式中的脉络条件部分。在本书中,"文化差异""对社区组织的认识差异""认同感混乱"是对应"边缘式'嵌入'"这一中心现象的具体脉络条件。其中,在津的外国人在社区生活过程中所感受到的文化差异的程度是大还是小,对社区组织的认识差异程度是大还是小,以及作为社区居民的认同感程度是大还是小,都会在社区的生活适应以及社区融入程度上呈现不同的差异。因此,在本书中,脉络条件的属性和维度可以整理如下表4-5所示。

表4-5　脉络条件的范畴、属性和维度

主范畴	对应范畴	概念	属性	维度
文化差异	文化差异	语言障碍	程度	大—小
		社区管理文化差异		
		社区文化娱乐活动差异		
		饮食文化差异		
		房屋租金高		
		学习班费用高		
对社区组织的认识差异	对社区组织的认识差异	基层监督(管理)组织		
		利民便民组织		
		解决居民之间矛盾的组织		
		社区服务外包组织		
		收费及改善社区环境的组织		
认同感混乱	认同感混乱	认同感确立		
		认同感缺失		
		认同感困惑		

四、为融入社区生活而采取的主要行动

在津的外国人适应并融入社区生活时主要经历着"边缘式嵌入"的过程。换句话说,在津生活的外国人在适应社区生活的过程中,由于文化方面的差异、对社区组织的认识上的差异,以及作为社区居民的认同感的混乱等原因,不能积极主动地关心并参与到社区的生活之中。因此,在社区生活适应方面存在着为了生活而适应,但是在社区融入方面却存在着作为外人的,被"边缘式'嵌入'"的经历。为解决被边缘、被排挤的融入处境,在津社区生活的外国人也会各自作出不断的努力。

笔者发现本书中的受访对象主要是通过与邻里之间友好相处,与社区相关人员的互动等努力建立友好关系的方式,以及通过自我认知方面的改变,进而达到发展自我需求的方式来解决社区生活融入压力。下面笔者就本书中受访对象为很好适应并融入社区,为改变被边缘的地位而采取的具体行动进行了深入的分析。

(一)邻里间的友好相处

俗话说,"远亲不如近邻",这句话差不多谁都会说,但是真正把"近邻"处得比"远亲"还亲,并不是容易的一件事情,这就需要邻里之间共同努力,做到相互理解、尊重、体谅和关心。在社区生活的外国人要建立友好和融洽的邻里关系更是一件难的事情,语言不通、交流困难、文化方面的差异,以及自身主动性和参与性方面的能力不足等都会给外籍人士与本地居民之间的关系建立带来一定的困难。

在中国传统的乡土社会,邻里之间的联系相对紧密,而随着城镇化进程的推进,邻里之间的关系变得冷淡,许多人生活在同一栋楼里很多年,但是却没有说上过几句话。邻里之间关系变得隔膜,使很多居住在社区

的外国人有些不适应,因为在一些国家,邻居节早已成为社区或者市镇的传统节日,很多外国人相互见面都会主动跟对方打招呼或小聊,甚至不定时的,邻居周末相邀聚餐是较为普遍的形式,这也是邻里之间很快适应生活环境,进而促进良好的人与人之间的情感交流,社区居民共同参与到社区的发展,提高居民社区生活满意度等都有着一定的积极作用。

1. 认识小区住户

外国人来说,能够在社区认识一些当地居民或在社区生活的外地住户都是一件值得高兴的事情。因为社区居民之间的互动直接关系到衣食住行及情感交流等与人们的基本生活需求有关的领域。能够多认识社区的邻里就会多一个更好适应社区生活的资源,而且也是更易融入社区、融入天津生活的重要资源。因此,本书中也发现,一些受访对象在天津生活了较长的一段时间之后,就会因认识了社区的邻里而感到自豪,而且也感到更加幸福,甚至有的受访对象主张因认识了社区的一些邻里而认为自己已经融入社区了,可见认识社区居民对于外国人很好适应和融入社区生活的意义所在。

我觉得已经融入这个社区了,因为进小区的时候保安知道我是院里的人,还有我和小区的一些住户也都认识了。(案例1)

2. 街坊邻里相互问候

自古以来,我国都是奉行睦邻友好。"远亲不如近邻,近邻不如对门"这句俗语,很好地解释了邻里关系在日常生活中所起的重要影响。社区是社会的最基层单元,人们的需求经历了从最初的温饱和住房问题的解决,到更高层次的社交需求、身份的认同,与情感的沟通等需求的转变。而现代商业社会,人们也由最初的单独行动,向相互抱团,互助与共享发生了转变。因此,对于社区居民来说,能够建立起相互关心、和睦相处的邻里关系,不仅仅是适应社区生活的重要资源,而且也是很好融入社区,参与社区,对社区产生认同的非常重要的因素。

在本书中,有一些受访对象谈到与邻里之间关系融洽,见面不仅相互打招呼,而且还与认识的社区居民一起参与社区自发的娱乐活动,而这些也大大提高了受访对象作为社区一员,主动参与社区,发展社区的主要动力。

邻里之间互相打招呼,跟保安也都是相互问候的程度,还有就是在社区里认识的居民都很好,我还跟他们一起去跳广场舞呢,我跳广场舞也认识了不少人。(案例 14)

3.邻里间分享食物

人们普遍存在一种建立和谐的人际关系的期望,努力和邻近者友好相处,因为人们愿意和使自己感到安全的人打交道。而邻近的人,交往的次数越多,关系也会越密切,了解对方就会容易,在预测对方行为的时候也会更加容易。这就是一种邻里效应。良性的邻里效应对邻近人群间的社会角色扮演带来有益影响,带来情绪和行为的升华,相反,恶性的邻里效应就会导致情绪和行为的堕落。

在本书中发现,很多外国人还是喜欢与邻里建立和谐的人际关系,因此在陌生的生活环境,为了消除寂寞,获得更多的安全感,他们会试着先主动与邻居打招呼。甚至韩国人还有搬到新的生活环境之后,买一些打糕等食品挨家挨户地访问左邻右舍,并且向邻居们介绍自己是新搬来的邻居,希望以后多多关照的礼节。因此,在本书中,也有受访对象谈到与邻居之间关系处到了可以相互之间分享食物的程度。

还有上次我们从韩国回来,因为一些原因,所以大家都挺敏感的,韩

国也是一样的。那个时候邻居还给我们送来辣白菜等食物,让我挺感动的。中国人还是很友好的。(案例8)

在中国,我至今过得很好,街坊邻居互相问候,分享食物,相处得很好了。(案例4)

(二)与社区相关人员的互动

在社区生活的居民不可避免地要与社区相关部门的工作人员,比如居民委员会、物业、管家、保安、保洁员等有接触,进行交流和互动。因此,对于社区居民来说,社区中与居民密切相关的一些部门中的工作人员是重要的资源,而认识和利用好这些资源可以更好地帮助外国居民适应和融入社区生活。

1.社区保安打招呼

在社区生活期间,在津的外国人也很清楚能够认识一些社区相关部门的工作人员,特别是能够与经常见面的保洁员、保安或管家、物业工作人员等进行互动,对于其解决生活方面需求和问题时的重要性。在本书中,有一些受访对象谈到每日出入社区,久而久之与社区保安相识,也很自然地与保安打招呼,有时也许只是点头微笑,有时可能只是简单寒暄两句,但是这些简单的互动却使在社区生活的外国人有一种安全感和归属感。

我跟保安已经很熟悉了,他知道我们一家人,有的时候还跟我说我爱人和孩子刚才回来了,有的时候跟我爱人也聊天,谈起哪天没有看到我,认识保安就感觉特别有安全感,也觉得我已经完全是中国的女婿了。(案例2)

　　我也认识这里的保安,他们知道社区里开的韩国眼镜店的主人就是我,我出入社区的时候,他们也会主动跟我打招呼,有时我需要进货,我也跟他们打个招呼,在这里生活还是很方便,很轻松,我也很适应了。(案例6)

2.认识管家

　　在国内,很多社区有社区管家式服务体系,此服务体系主要是根据物业综合环境特点和管理幅度的要求,把社区划分为若干管理区域后设置"一对一"事务管家。业主可以将需求直接告知所在区域的管家,由管家与物业各职能部门协调,全程跟进,确保问题圆满解决,并就处理结果向业主做跟踪回访,进而承担执行这一问题的直接责任。社区管家式服务体系建立的目的是为业主提供高质量的物业管理服务,解决业主存在的问题和需求。

　　但是传统的物业管理服务模式中,就存在着管理人员的职能仅限于发现问题,缺少跟踪解决问题的专责,业主的服务需求只能通过客服人员传递给管理处各职能部门后再分解落实等,不仅如此,目前仍然有很多的社区还在持续着传统的物业管理服务模式,因此,业主虽然知道有管家的存在,也知道可以与管家联系解决物业管理相关问题,但是对问题是否能够得到很好解决还不是很明确。

　　在本书中也发现,有一些受访对象谈到自己知道社区有管家,而且还有管家的电话号码,有的时候也与管家有过几次接触,知道有问题要找管家,找物业等,因为认识管家,所以在适应社会生活中觉得已经没有问题了。

　　我认识这里的管家,有几次管家还来过电话问我有什么问题没有,有一次还提醒我不要忘了交物业费,我觉得我已经适应社区生活了。

（案例 5）

3.与物业联系解决楼内维修、卫生等问题

随着在社区生活的外国人人数的增多,他们已不再只满足于对中国法律规定的遵守和适应,经商活动的便利性需求,而是更多地向满足日常生活方面的需求发生转换。因此,当在社区生活过程中遇到了与日常生活密切相关的问题时,外国人也开始采取积极主动的方式解决。比如,一部分在社区生活的外国人会通过积极主动地与社区工作人员联系的方式解决社区内存在的维修、卫生等方面的问题。换句话说,社区中的外国人通过积极参与社区管理的方式与社区中的工作人员建立关系,而这在一定程度上促进了外国人的社区适应与融入。

楼道的灯不亮了,黑暗的楼道,大家出入都不方便,只要我看到了,我会马上给物业打电话,让他们派人来修。或者有的时候楼道一看就知道没有清扫,收拾了垃圾但是没有再拿抹布擦的痕迹,我也会给物业打电话,告诉他们今天阿姨没有来清扫,物业就会派人来修灯,清扫楼道。
（案例 4）

4.要求保洁阿姨负责任

作为生活在社区的外国人,他们不希望社区居民只是把他们看作暂时生活在社区一段时间的外国人,而是希望能够被作为与其他本地居民一样的社区居民来对待。特别是生活在社区较长时间,而且在社区内经营生意的外国人,会努力通过维护自身利益和权利的方式积极参与到社区管理之中。

原来我也只是把我自己看作在社区生活的外国人而已,是跟本地居民是不一样的。但是我在这里生活了很多年,而且我也慢慢熟悉了这里的人、这里的环境,我本人还在这里做生意,所以我也开始主张我的权利了。我是按规定交物业费的,也从来没有做过违法的事情,我觉得即使我是外国人,但是我也是作为社区居民有维护我利益的权利,所以交了物业费,保洁阿姨还不好好干活的时候,我就会把她叫过来,让她把门前的垃圾和灰尘清理了。(案例 7)

5.与房地产中介保持良好关系

有很多生活在社区的外国人是通过朋友,而朋友也是通过中介机构的方式找到自己满意的生活住所。而且外国人较多居住的社区中介机构中也会根据现实情况,机构内部安排有可以做外文翻译的中国职工,因此当外国人在社区需要办理日常生活所需业务的时候,因社区管理部门并没有安排会外文的中国职工,外国人自然会通过与中介机构联系的方式,请他们解决生活上遇到的困难。因此,外国人与房地产中介机构保持良好关系也是他们为更好地适应社区环境所采取的重要方法之一。

不同情况我会采用不同方法来解决问题。有的时候是朋友,有时是我自己解决,还有的时候是房东。当然如果是遇到了语言方面的问题,而且还是社区里面的问题,需要马上解决的时候,我一般是会找中介的,因为毕竟我的中文不好,跟社区工作人员打交道还是存在语言方面的困难,但是中介有会外文的职员,他会在中间做翻译,我觉得找他们是最方便的。(案例 14)

(三)自我认知变化

社会融入是动态的、渐进式的、多维度的和互动的过程。因此,外国人的社会融入必然会经历从一开始的制度方面的融入经济方面的整合、文化方面的接纳,再到行为的适应和身份的认同等一系列过程,而在这一适应过程中主体社会对外国人的接纳或拒斥,外国人能否享受到被尊重和关爱,外国人能否建立起互信的社会关系等会影响一个人对自我认知的改变,而自我认知的改变又会对一个人的社区融入方式有一定的影响。

在本书中发现,受访对象为了更好地融入社区生活,在对某些事物的看法和态度,以及对自身行为方式上都有了一些变化。

1.努力改变为人处事方式

在社区生活了一段时间的外国人开始慢慢了解了社区的生活模式,熟悉了社区的生活环境。而当他们发现需要通过改变自身的认知或行为才能更好地适应社区环境的时候,外国人会为了尽快适应社区环境和更好地融入社区生活,努力改变自己的认知,甚至是改变形成的行为方式。

> 刚来那会儿,有过很多困难。比如说,语言沟通障碍;左邻右舍见面也互相不打招呼;检查煤气和收水费工作人员不换鞋直接进屋;楼里有人家养宠物,动物排泄物随地都是却不收拾;垃圾不分类,还有食物垃圾就放在楼层电梯门口,食物腐烂味道难闻;没有停车位,停车困难等等。现在很多事情我也都想开了,也开始接纳这里的生活,还有这里的人。甚至有很多时候我主动去打招呼,主动会跟邻居们建议及时把食物垃圾扔到外面的垃圾箱。生活总会有慢慢变好的过程,很多问题会随着以后制度的改善、管理的改善、人们的共同努力会有转变的。(案例14)

2.设立生活规划

在中国生活较长时间的外国人对中国有了感情,而且也已熟悉和适应了中国的文化和社区生活,因此当子女也已长大成人,且在中国工作的时候,有很多生活在中国的外国人规划着自己未来生活。

我有两个子女,两个孩子都是在初中的时候开始在这里读书的,老大是南开大学毕业的,现在在韩国与中国有关联的贸易公司工作,小儿子是在师范大学毕业的,毕业之后在青岛城阳工作。也是跟中国有关联的韩国企业,做得不错,也挺喜欢,领导们对我儿子的期待很高,很重视他。我也暂时不想离开中国,这里有我的文具店,我的儿子也在中国工作,我也习惯了这里的生活。有时偶尔回国一趟就有赶紧回来的想法。(案例7)

在本书中,也有的受访对象谈到自己虽然已适应社区的生活环境,也很喜欢继续生活在中国,但是由于子女的教育问题,无奈选择去国外生活。但是在中国的生意还是由家里的亲人继续在经营,而且以后还有回中国继续生活的想法。

两个孩子还是不太适应中国的学校生活,老二总是出现学习方面,还有交友方面的问题。所以我们打算9月份去新西兰生活了。我本人已经很适应这里的环境了,而且这里还有我的眼镜店,但是为了孩子,所以我们夫妻俩打算去新西兰生活,那里有朋友,我们也去过,孩子上学可以免学费,而且生活条件也好,物价方面也相比这里便宜。我父亲已经在半年前来我店里了,他来和小金继续经营这个店,我们就要走了。但是我想假期我还是会回来的,以后孩子大了可以独立了,我想我还是会回来继续做我的生意的。(案例6)

3. 发挥自身优势

在中国生活较长时间的外国人从生活环境的不适应到慢慢适应,甚至已经融入社区的行为转变过程中,发现并发挥外国人自身优势和资源是促进其适应环境的重要影响因素之一。在本书中,有的受访对象谈到开朗、喜欢交友的性格,也有的受访对象谈到好学、好问以及选择了跨国婚姻等是更快更好适应社区环境的主要原因。

　　我这个人性格就是那种爱说爱笑，爱交朋友的性格。来中国之后一开始当然因为语言障碍、文化差异，让我有一段时间不知道该如何与本地人接触，但是我发现其实本地人是非常友好的，他们知道我是外国人也很照顾我，听不懂的时候他们会用手比画着告诉我是什么意思，而且看我性格开朗，邻里见面我也总是很热情地主动先跟他们打招呼，后来就慢慢地他们见到我也开始主动跟我打招呼了。我觉得人不论是在什么环境下生活，即使是很陌生的地方，但是人都是一样的，感情是可以互通的，只要我是真诚的。(案例20)

　　来店里配眼镜的不都是外国人，还有很多的本地人。本地人说话很快，一开始我也听不懂他们在说什么，所以总是看着小金跟他们先交流，然后小金又给我做翻译。虽然这样也可以做生意，但是这也不是长久之计，而且我这个人还有一个习惯，就是有不懂的，一定是勤问要学会，小金在给他们做翻译的时候我也学着如何说，如何表达，没有客人的时候我也经常自学中文，也让小金教我，慢慢地本地人说的话我几乎都能听懂了，而且交流也基本没有问题了。(案例6)

　　4.积极参与社区活动

　　全球化时代，随着频繁的国际性人口流动的增多，越来越多的本土居民对外国人已不再陌生和新奇，而生活在中国的外国人也已不再只把自己当作"事不关己高高挂起"的门外汉，他们通过各种方式积极参与社区生活，在关心社区文化的同时，也通过提高自身在社区的活动参与度，努力达到更好适应和融入社区的目的。

　　我还是很想积极参与社区活动的,而且我也努力参与其中,虽然有些情况下社区并不喜欢我们这些外国人参与的。因为他们觉得外国人就是外国人,不是本地人,很多事情与我们无关。但是我觉得既然我生活在社区,而且是长时间的,那我就是社区的一员,我有权利和义务参与社区活动。有时,我会在社区组织志愿活动社区居委会也是很认可我们工作的。之前我也参加过多次社区组织的活动,所以建立了良好关系。(案例 12)

　　5.外国人与中国人应被同等对待

　　为更好地生活在中国,更好地适应社区环境,需要何种社区服务提供相关问题上,大多数的外国人谈到希望外国人与中国人能够被同等对待。在同等对待上,本书中发现此概念包含了两种含义,一种是一部分外国人希望社区能够像对待本地居民一样对待社区生活的外国人,能够让生活在社区的外国居民感到自己被接纳、被尊重、被同等对待。还有一种是另有一些外国人主张在社区生活的外国人应把自己作为社区的一员,像本地人一样遵守应该遵守的中国法律,学习和理解中国文化,尊重中国人的生活习惯,而不应该需要承担责任、尽义务的时候以自己是外国人为借口而逃避责任。在遵守中国法律方面,外国人与中国人应同等对待。

　　作为外国人我们应该主动学习中文,遵守中国的法律,遵守各项规章制度,尊重中国人的生活方式和生活习惯。这个方面是人人平等的,不管是外国人还是中国人。因为我们是共同生活在社区的居民,我们应该共同维护这个共同体。这是人人有责的。(案例 2)

　　我觉得社区应该相同对待在社区生活的外国人和中国本地人,社区应该也为外国人提供生活上的便利服务,维修房屋服务,以及其他的证件办理相关信息提供和服务。(案例 19)

6.自由自在的生活

在社区生活了一段时间,而且发现在处理日常生活琐事,以及利用交通工具,办理与外国人有关业务的时候并不再需要他人帮助,自己及家人都觉得在中国生活很舒适,很自由的时候,一部分受访对象谈到自己感到已经适应和融入了社区环境。对自由自在的生活,有的受访对象理解为已经对生活的环境很熟悉,而且出行可以方便使用交通工具、便利设施等,也有的受访对象理解为虽然没有完全适应社区环境,因语言、饮食等方面的差异仍然存在很多适应上的困难,但是本人开始学会放下因适应环境而带来的心理压力和担心,按照自己的方式去生活。而当问到能够让受访对象放下心理压力的主要原因是什么的时候,有一部分受访对象谈到选择了跨国婚姻,有中国配偶相伴是让他们能够在有困难的时候,可以快速解决问题,而且不再有太大焦虑的主要原因。

在这里生活了这么长时间,一年一两次回国的时候就发现我已经不再适应那里的生活了,而且待不了几天我就急着想回中国了。突然觉得我更喜欢中国,更适应这里的生活了,这里的生活已经很熟悉,而且这里有我的家,有我的家人和朋友,有我的事业。一切都是那么熟悉,特别自由的感觉。(案例 20)

我觉得社区融入应该是能不能自由自在地生活在这里,有归属感的问题,而我已经有了归属感。我爱人是中国人,我觉得这里就是我的家。我很喜欢在中国生活。中国的文化、习俗我还不是很熟悉,但是有我爱人在,我就不担心,有困难的时候她就会跟我解释是怎么回事,也帮我解决。(案例 2)

7.学习中文

在本书中发现,大多数的外国人都认识到自己在语言方面的弱势,也很清楚在中国想继续生活、工作和学习,首先要解决的问题就是学习中文。为了更好地适应和融入社区生活,在中国生活的大多数外国人会通过去学习班、自学或请家教等方式学习中文。

一开始用了翻译,但是后来我就不用翻译,开始自学中文了。我想翻译当然可以使用,但是如果想长时间生活在中国,而且想很好地适应这里的环境就必须自己努力去学中文,所以有时间的时候就自学中文,另外也经常跟中国职员聊天来提高我的中文听力。现在基本上都是我自己在处理生活上的一些事情。不需要他人的帮助。我已经在这里生活了有二十多年,所以一般的交流没有问题。(案例12)

笔者在前文就生活在中国社区的外国人在适应和融入社区生活的过程中所采取的实际行动做了较为深入的分析和探讨。为适应和融入社区生活而采取的行动对应于扎根理论分析模式中的作用/相互作用策略部分内容。作用/相互作用策略是对存在于脉络或特定条件下的现象作出反应、进行调节,或为应对现象而采取的有计划的行为。

在本书中,为应对"边缘式'嵌入'"这一中心现象,受访对象所使用的作用/相互作用策略为"建立关系"和"自我发展需求"。而影响此作用/相互作用策略的中介条件为"社会支持""压力应对"和"影响自我发展的因素"。"建立关系"的多少程度会影响个人与社区居民相互互动程度,也会影响个人的社区生活适应及社区融入效果。另外"自我发展需求"的概念属性为程度,维度为强—弱。在本书中,作用/相互作用的属性和维度可以整理为如下表4-6所示。

表4-6　作用/相互作用策略的范畴、属性和维度

主范畴	对应范畴	概念	属性	维度
建立关系	邻里间的友好相处	认识小区住户	程度	多—少
		街坊邻里相互问候		
		邻里间分享食物		
	与社区相关人员的互动	社区保安打招呼		
		认识管家		
		与物业联系解决楼内维修、卫生等问题		
		要求保洁阿姨尽义务		
		与房地产中介保持良好关系		
自我发展需求	自我认知变化	改变为人处事方式	程度	强—弱
		设立生活规划		
		发挥自身优势		
		积极参与社区活动		
		外国人与中国人应被同等对待		
		自由自在的生活		
		学习中文		

五、为融入社区所采取行动起影响作用的因素

在社区生活的外国人在适应社区生活的过程中会遇到各种各样的困难。为了解决各种适应方面的困难,他们也会采取不同的行动方式和策略。在本书中发现,有一些因素会对外国人为适应和融入社区生活而采取的行动起着一定的影响作用。下面就这些影响因素做深入的分析。

林南(Lin. N,1986)定义社会支持为由社区、社会网络和亲密伙伴所提供的感知的和实际的工具性或表达性支持。亲戚、同事、朋友、亲密伙

伴等作为重要的社会支持网络,对个人的生活起着非常重要的作用。个人通过与相关资源的接触,得以维持社会身份且获得情绪支持、物质援助和服务、信息与新的社会接触。社会支持理论主张,个人所拥有的社会支持网络越强大,越能更好地应对各种来自环境的挑战。而个人所拥有的资源不仅包括个人资源,而且还有社会资源。在本书中发现,受访对象的社会支持网络包括家庭支持、社区支持、政策和媒体影响以及自助组织支持四个方面。

（一）家庭支持

美国社会学家库利（Codey）提出家庭是最重要的首属群体,通过首属群体,人的自我意识和社会意识得到发展。家庭作为基本的和重要的社会支持资源,对于外国人的社区适应和融入起着重要的缓解压力的作用。在本书中发现,以家庭为单位来华生活的外国人,会在社区生活的过程中经历很多的适应方面的压力和困境,而家庭就成为最主要和重要的解决适应压力和困境的支持资源。

1.配偶的支持

本书中发现,受访对象中已结婚与配偶及子女一同来华生活的受访对象所占比例高达80%,而配偶双方在适应社区生活方面存在着差异。比如,配偶中的一方因公司派遣来华工作,则他们在本国学习过中文的可能性较大,而且来华之后,与中国本土居民交流机会较多,因此在社区生活过程中,因语言等方面交流所带来的适应方面的问题相对较少。而配偶中的另一方,特别是随行丈夫来华生活的全职太太,或者来华自己创业的一部分外国自营业者所遇到的适应困难就会相对较多。而当他们有适应困难的时候,他们谈到配偶是他们最大的支持者。

来中国我当然是想学会中文,与人顺畅交流该有多好。一开始我是一点中文都不懂,现在也是能听懂简单的内容,深的内容就不懂了。我也努力学过,因为社区门口就有一个中文学习班,但是就是学不会,我自己不努力学,经常和韩国人接触不说汉语也有很大关系,后来我也就不再学了。都是压力,让我都没有了生活下去的自信,有的时候去买菜也都心突突的,怕连菜都买不回来还被人笑话。后来我爱人也知道了我有压力,他就主动去解决生活中要使用中文多的一些事情。比如,交物业费、交暖气费、交水费、进货等,买菜的时候我爱人也经常与我一起去买,我爱人是会中文的。我爱人对我来说,是很大的支持者。(案例9)

我基本上是感觉不到有多大的适应上的不方便,因为我爱人在身边,他是中国人,所有的事情都是他来处理。我来中国以后,因为我自己也有工作,而且公司里不需要我使用中文,所以我只要做好自己的事就好了。当然,因为生活在中国还有一些因为听不懂中文、不能很好地跟社区居民交流、不敢自己去买菜逛街、没有中国朋友等的问题,那也是很大的压力,挺孤独的。但是我感到很庆幸的是我爱人一直会在我身边鼓励我,支持我,而且一有时间就教我中文,他给我的帮助是最大的。(案例1)

2.原生家庭的支持

对孤身一人在外留学的人来说,国外的生活不仅有学习上的压力,生活上的不适,而且还有精神上和情感上的孤单和无助。而每当感到寂寞,生活和学习上遇到困难的时候,一部分受访对象就谈到他们首先会想到的是父母、兄弟姐妹或者亲戚等人,在遇到困难和彷徨的时候,是原生家庭成员在精神上和情感上的支持,使他们度过了最艰难的时刻。

来中国有三年了,主要是来留学的,学习方面有压力那是必然的,而且学习方面的压力我也是预想到的,这方面是需要我自己努力克服的。

但是有很多时候我一个人感到孤独寂寞就挺难受的。我父母也知道我一人在国外不容易,所以一到晚间有时间的时候,他们就会与我聊天,问寒问暖,有的时候会给我留语音,发照片发视频,所以虽然我孤身一人在中国,但是情感方面一直有家里人的支持,我也会度过困难时刻。家里人永远是我精神上的最大支柱。(案例16)

也有个别受访对象谈到,刚来中国创业之初,没有经济来源,没有社会支持的时候是父亲为他提供了创业资金,而且为他的事业发展提供了社会资源。受访对象谈到他能够喜欢在中国生活,而且在中国生活13年之久,也是父亲的支持和鼓励让他有了能够继续生活下去,把事业做得更好的信心。

我父亲是20世纪90年代,中韩刚刚建交不久就来中国的,我记得我父亲当时非常坚信他的选择是对的,而且也鼓励我们来中国创业。我当时在韩国是有工作的,但是每天上班早下班晚,而且工资还是固定的,并不富裕,只能够维持一家人基本生活的那种。我也想让我的家人过得舒适幸福,我自己也想做自己喜欢的事情,但是我没有额外的经济来源,所以也不能轻易来中国创业。我父亲知道我的处境,他很慷慨地拿出自己的积蓄在中国给我和我弟弟开了两个眼镜店,让我们过来管理。如果当时没有父亲的经济方面支持,恐怕我现在还一直过着忙忙碌碌,但是生活还不宽裕的生活。但是现在在这里就不一样了,我自己做着老板,而且有较好收入,我自己可以支配我自己的时间,有时间还带着家人一起去旅游。我觉得很幸福。(案例6)

3.子女的支持

因丈夫工作原因举家来华生活的外国人群体中,发现家庭中的子女多数会选择国际学校继续完成自己的学业,而家庭中的母亲则更多承担相夫教子,履行全职太太的责任。由于工作和学习方面的需要,会接触更多的本土居民,因此丈夫和子女在语言、文化、饮食、与人交流、生活环境等方面的适应速度明显快于只承担家务劳动的全职太太。特别是在本书中发现,有一些受访对象在无法理解中国文化,与本土居民无法进行正常的言语交流,或在生活方面出现无法解决的问题时,他们会选择向子女求助,而子女的帮助和支持对受访对象在华生活方面起到了很大的作用。

后来我能有勇气在这个社区开文具店,主要是因为我的孩子给了我很大的鼓励。现在两个孩子都大学毕业了,她们都是在天津高校毕业的,老大毕业后回国工作,老二在青岛工作。他们读大学的时候就看到我一个人在家里很孤独,邻里之间也不来往,而且家里的水没了,电停了,物业费需要交了,我没有办法只能先给孩子们打电话联系,然后他们再找时间给我解决交费的问题。后来他们看我总在家里待着也不是办法,就和他爸爸商量在社区开了韩国文具店让我来经营,一来可以认识更多的从韩国来的朋友,二来也可以学习更多中文,认识更多的中国居民。他们也会花时间教我中文,来店里帮我。我为了经营好文具店,也加倍努力学习中文,后来与本地居民的简单交流没有问题了,我也增加了学习语言的信心,也不再怕与本地居民接触交流了。慢慢地开始喜欢上了这样的有自己工作的生活。孩子们是我勇敢面对生活的动力。(案例7)

(二)社区支持

在社区生活时间较长的外国人,为了更好适应和更快融入社区生活,他们希望从社区中获得尽可能多的支持。而社区作为人们所组成的社会生活共同体,有着很多本地居民和外国人生活所需的资源,当社区居民能够很好利用社区资源的时候,社区资源就会成为居民更方便生活在社区,对社区有较高满意度的社会支持网络,而社会支持网络对外国居民的社区适应压力起着重要的缓解作用。

1.邻里间和睦相处

邻里间和睦相处是中华民族的传统美德。孟子的"乡田同井,出入相友,守望相助,疾病相扶持,则百姓亲睦"就表达了邻里友好相处的重要性。随着城市化进程的加快,这一传统美德正慢慢消失,居住在城市高楼大厦里的居民被一道道防盗门相互隔离,互不认识、互不关心、互不交流是现代都市居民的生活写照。在这种城市结构环境下,生活在社区的外国人不仅有语言、饮食等文化适应方面的压力,而且又有了如何建立邻里关系、获得社区有用资源、如何解决情感方面孤独等方面的适应压力。良好的邻里关系是构建和谐社区,增强社区凝聚力和吸引力,加深社区居民对社区的归属感等的基础。

在本书中发现,有一部分受访对象谈到在社区生活期间与左邻右舍建立了融洽的邻里关系,因此在有困难的时候,邻里为他们提供帮助,而且平日里相互关心,互相来往都让他们感到了温暖,也让他们在异国生活会有的孤独感和被冷落感变少了。

我觉得中国的好人还是很多,而且对外国人也友好,就像我们现在住的这个家,楼上楼下,左邻右舍都很好,出来见面打招呼,而且楼下的人还主动跟我说有什么问题随时可以跟她联系,她会帮我。还有上次我们去韩国回来,邻居还给我们送来辣白菜等食物,挺感谢的。中国人还是很友好的。(案例 8)

2.社区居民的接纳

在外国人居住较多的社区,由于社区居民的异质性较高,社区在形成社区归属感以及有效治理方面存在较大挑战。如果社区居民之间相互接近意愿大于疏离意愿，则表明社区居民之间的融合程度和社区凝聚力高，社区归属感强，族群关系和睦；相反，如果居民之间的疏离意愿大于接近意愿，则表明社区居民之间关系冷漠，社区融合程度和社区归属感低，族群关系紧张。可见，社区的本土居民是否愿意接纳外国人，对于生活在社区的外国人的社区归属感，社区融入等都有着非常重要的影响。在本书中发现，当社区保安、邻里等人认出并主动与受访对象打招呼时，受访对象会感到自己被社区居民接纳，他们也会主动与社区居民打招呼，甚至参与到社区的活动之中，而这些都会促进外国人的社区融入，以及他们社区归属感的提高。

　　我跟保安都认识。进出大门我都会主动跟他们打招呼，他们见了我也会跟我聊几句。问得最多的就是吃饭了没，上班呢，下班了，挺亲切的。刚开始的时候我还是很不好意思主动先跟邻里打招呼的，也许是因为我是外国人，不想让他们知道吧。但是后来发现其实社区的人不会计较我是哪国人，只要是一起生活在这个社区，都是邻里，他们就会把我作为这个社区的一员来看待。汉语说得不好，我也不会觉得害羞，他们也知道我是外国人，但是会很热情地跟我打招呼，就如同对待其他的社区居民一样。(案例 2)

　　虽然刚开始的时候有过很多的困难，但是现在可以说社区的人已经接纳我了。比如说，左邻右舍的见面都打招呼，见到门卫，他们也会和我打招呼，我也会跟他们寒暄几句，而且我还参加了社区的广场舞，每天晚间去跳舞，慢慢地他们知道了我也是社区的人，后来他们见到我了就会主动跟我打招呼。有的时候在社区超市、便利店或者在外面偶尔见到了，我们也互相亲切地打招呼。虽然没有深入交往，但是大家都很热情，都知道

是住在同--个社区的。(案例 14)

3.物业提供服务

物业管理服务的发展是提高居民生活品质的重要载体。物业管理有狭义和广义之分。狭义的物业管理是指业主委托物业服务企业依据委托合同进行的房屋建筑及其设备,市政公用设施、绿化、卫生、交通、生活秩序和环境容貌等管理项目进行维护,修缮活动;广义的物业管理应当包括业主共同管理的过程,和委托物业服务企业或者其他管理人进行的管理过程。物业管理内容包括以下三个;第一,住宅小区物业管理的内容包括对住宅小区居民和住宅小区内的房屋建筑及其设备、市政公用设施、绿化、卫生、交通、治安、环境等的管理。第二,住宅小区物业管理的对象住宅小区的物业管理,管理和服务的对象首先就是住宅小区的居民,管理居民在小区居住时的部分行为。第三,居住环境管理住宅小区物业管理的自然环境管理,是对自然环境的监测与防止自然环境中不良因素的发生。《物业管理条例》第二条本条例所称物业管理,是指业主通过选聘物业服务企业,由业主和物业服务企业按照物业服务合同约定,对房屋及配套的设施设备和相关场地进行维修、养护、管理,维护物业管理区域内的环境卫生和相关秩序的活动。

随着中国房地产开发行业的发展与城市化进程的加快,社区居民对物业管理服务有了更高的要求。越来越多的物业也深知物业管理服务肩负为业主提供公共服务产品的责任,因此物业在提高社区居民的生活质量、提高社区居民对社区物业管理服务的满意度,向业主提供充满人文关怀的服务方面不断作出努力。在本书中,一部分受访对象也谈到,物业虽然在提供专业服务方面仍然存在一定的问题,但是在为社区居民提供生活所需服务方面还是非常及时的,因此在社区生活的外国人可以感觉到作为社区主人的快乐感。

楼道的灯不亮了,黑暗的楼道,大家出入都不方便,只要我看到了,我会马上给物业打电话,让他们派人来修。或者有的时候楼道一看就知道没有清扫,收拾了垃圾但是没有再拿抹布擦的痕迹,我也会给物业打电话,告诉他们今天阿姨没有来清扫,物业就会派人来修灯,清扫楼道。他们还是很及时的,看到灯也修好了,楼道也干净了,我自然感到我是社区的主人的感觉,很快乐。(案例4)

4.管家的关心问候

物业管家,是物业公司为了给业主们提供更有温度的服务而特别设置的。物业管家通常隶属客服部,是根据片区进行几栋楼或几户业主管理的负责人。不同的单位对物业管家的定义不同,比如有的权限比较大,自己负责的区域内的所有事务都由物业管家统一管理,有的仅仅是物业客服员。区别于传统意义上的管家,他们为自己负责区域内的业主提供贴心服务,业主有需求也会第一时间想到寻求他们的帮助。管家和业主之间建立"熟人关系"对于业主方便舒适地生活在社区,积极参与社区活动,发挥社区成员作用,建立和谐社区环境等都有着非常重要的意义。因此,对于居住在社区的外国人来说,管家是使他们更好生活和融入社区的重要资源。

我们这里有管家,有几次她还给我来电话提醒我该交物业费了,有的时候在外面见到了也会问我住得怎么样,有没有什么困难,问我回没回去过,还说有什么事儿可以给她打电话,人还是挺热情的。(案例14)

5.社区中介所提供帮助

目前房地产开发商较少自设售楼经营部自产自销房屋,而是全面委托房屋中介公司策划、代理、宣传、销售、管理等业务,因此中介公司的营销经验较丰富,市场脉络清晰,信息来源快捷而量大。通过中介公司,客户在选择不同等次不同价格房屋的同时,还可以避免因草率决策行事而上当受骗。而且有很多在社区内的中介还持续为日后客户提出的物业管理等方面的需求提供服务。因此,生活在社区的外国人在人生地不熟的异国,首先想到的是通过中介解决最基本的住所问题。而中介在为外国人提供房屋租赁的服务之时,主要是利用外国人可以沟通的语言进行交流,因此,外国人更方便利用中介,也更愿意接受中介提供的房屋租赁服务。另外,在社区生活过程中,如果遇到了交纳物业费、水电费、房屋维修、与业主沟通等方面的问题时,外国人也会通过为他们提供过服务的中介所联系的方式寻求帮助。而中介所的业务外服务,也赢得了外国人对他们的信任。

有朋友来这里生活,我就会介绍他们社区里的世凯中介,这个中介我也是一直在得到他们帮助的。他们那里有会韩文、日文、英文的员工,他们会专门针对外国人提供房屋租赁服务。刚开始来的时候我是通过朋友介绍租的房子,后来在这里时间长了,我也熟悉环境了,也知道这里的中介可以为外国人提供服务,我就不再找别人帮忙了,开始找中介了。没有语言障碍就可以自由地去谈我对房子的条件需求,而且也可以更多地维护我的权利,得到更好的服务。我现在租的这个房子,存在一些与房东沟通解决的问题时,我也会直接找中介,让他们帮忙传达我的想法,如果可以让他们帮助我解决与房东之前的问题,中介也是会帮助我做这些事情的,毕竟他们认识我,帮我找过房,到时候我想租其他房子的时候,我还会找他们帮忙,所以他们还是会为我提供这些服务的。(案例14)

韩国人来这个社区之后,一般都是找门口的世凯房地产,还有就是西园的明星房地产。这两个房地产里面都有朝鲜族员工,韩国人来了之后都可以跟朝鲜族交流,房子都在那里买卖、租赁,而且他们那里都管售后,比如说买水买电,还有住户登录证。因为房地产也知道这个社区韩国人多,所以特意雇用了朝鲜族,而且他们也是专门针对利用他们这个房地产的外国人提供服务,其他的人他们也就不管了。他们还有专门针对日本人、美国人等其他国家的人提供服务的员工。(案例6)

6.社区内银行提供双语服务

改革开放之后虽然有很多外国人来华工作、学习和生活,但是国内在为外国人提供舒适便利设施及服务方面仍然存在不足。比如外国人来华生活离不开办理银行业务,但是有些银行并没有外汇业务,有的银行因语言不通而使外国人与银行柜员之间的交流无法实现。随着来华外国人的不断增多,有些城市的国际化社区在为居住在社区的外国人提供人性化服务方面做着努力。在本书中发现,有一些受访对象选择在外国人居住较多的社区生活,是因为外国人生活在一起不仅可以减少孤独和寂寞感,而且社区针对外国住民提供有其他社区不能提供的双语服务,而这让身在异国的外国人深感亲切,业务办起来也很顺畅,外籍客户也感受到银行人员的真挚服务所带来的温暖。营业员与客户之间不仅建立起了深厚的友谊,而且银行也提高了自身的信誉和地位,国际社区也因此吸引了更多的外国人来办理银行业务。

在这里生活还有什么好处呢,就是去银行办理业务不用担心工作人员能不能听懂我们的话。因为银行专门有会说外文的工作人员,他们会用外文与客户交流。特别是像我们夫妻是自己经营面包店的,所以去银行办业务的时候较多,刚开始的时候我还很担心,而且都是让我丈夫去的。后来听他说有会外文的工作人员的时候,我也就不再担心沟通的问题了,我也经常一个人去银行办业务。(案例9)

(三)政策及媒体影响

1.中国的外交政策

中国的外交政策的基本准则是和平共处五项原则。这五项原则的内容是互相尊重主权和领土完整、互不侵犯、互不干涉内政、平等互利、和平共处。我国已经在这样的外交政策的指导下与许多国家和地区建立和发展了友好合作的外交关系。2019年1月25日,李克强在人民大会堂同在华工作的部分外国专家举行的新春座谈会上还强调,"中国将进一步扩大对外开放,放宽市场准入,打造一视同仁、公平竞争的营商环境,借鉴交流国外先进技术和管理经验。中国将为外国人来华工作生活提供更大便利"[①]。在座谈会上,李克强还强调中国鼓励的发展是包容的(inclusive),而不是排他的(exclusive)。友好、包容、公平、和平的中国外交政策,推动了国际交流与合作,促进了外国人来华生活和工作。

我记得1992年中韩建交了,宣布建交之后,我父亲马上就作出决定来中国做生意。现在看来我父亲还是很有远见的,两国建交之后越来越多的中国朝鲜族开始去韩国找亲戚、旅游、留学、工作。也有一些韩国企业来到中国拓展业务。中间在中韩两国来来去去很多次,但是现在已经习惯了在中国生活,去了韩国反而有了压迫感、不适应感。每个国家的外交政策还是很重要的,如果不是中韩建交,我们也不可能来中国生活,也不可能在这里做生意。(案例6)

据统计,到2019年7月在中国境内工作的外国人已超过95万人。全

---

① 中国网,"李克强:中国将为外国人来华工作生活提供更大便利",https://news.sina.cn/2019-01-26/detail-ihrfqzka1278652.d.html?oid=3790706638608244&pos=3。

球范围内的人才流动和越来越开放的人才政策不仅促进了越来越多的优秀海归人才回国创业,而且还吸引了很多国际人才来华发展。2011年6月颁布的《在中国境内就业的外国人参加社会保险暂行办法》中就规定,将在中国工作的外国人才纳入我国的社保体系,使参保外国人才退休后的待遇与中国公民一致。2015年12月,国务院将外国人入境许可和外国专家来华工作许可整合为外国人来华工作许可。2017年10月,全国统一实施了外国人来华工作许可制度,同年还启动实施了针对国际人才的R签证。①澳大利亚、加拿大、新西兰、美国等都是传统的移民国家,其中,美国一直是净移入国,而中国一直是净移出国,但是随着中国经济的发展,对外开放的不断深入,中国正由移出向移入的角色转换过程之中。我国在海南等地推出的"59国人员免签入境""全国通办"等出入境便利改革措施,促进了更多的外国人来华工作、交流、学习和生活。另外,2018年6月,天津市外国专家局、天津市公安出入境管理局也出台了《天津市在滨海新区及自贸区实行外国人"三证联办"实施办法》,正式启动实施外国人"三证联办"机制。各地政府不断创新人才管理机制,加快吸引海外人才。②

我是1999年以三星公司韩国代表的身份来天津工作的。一开始是我一人在天津生活,后来三星公司的业务进展得并不是很好,我也回到了韩国。过了一年之后天津这边还是需要有业务上的合作和往来,我又一次来到天津生活。那个时候家里人就跟我一起来了天津。当时大儿子初三,小女儿读小学6年级。现在大儿子继续做研究工作,小女儿已经结

① 澎湃新闻,"超95万外国人在华工作,中国开始成为移民目的国",https://www.thepaper.cn/newsDetail_forward_3981722。
② 晏晓娟:《我国城市发展进程中的国际移民治理——基于社会融合的视角》,《上海对外经贸大学学报》,2019年第4期。

婚,去年还生了儿子,也都回国工作了。再后来我也从三星出来做了个人生意,一直到现在,做着化妆品和保健品生意。总的来说我的家人在中国生活这么多年还是挺好的。当时入境条件也不是苛刻,在韩国的时候就担心来中国,因为中韩的政治体制都不一样,所以担心入境出境会很难,没想到第二次带家里人来中国的时候,家里人的签证、孩子们在这里读书还都是很顺利的。现在政策应该更开放了,入境出境已经不是什么大问题了。中国对外国人的工作和生活、学习方面的政策还是很开放的,这是当时我没有想到的。(案例 12)

2.优越的留学政策

据教育部网站 2019 年 4 月公布 2018 年来华留学统计显示,2018 年我国共有来自 196 个国家和地区的各类外国留学人员,在全国 31 个省(区、市)的 1004 所高等院校学习,总人数为 492185 人。此数据比 2017 年增加了 3013 人(增长比例为 0.62%),其中来华韩国留学生人数(50600 人)占据外国留学生总数的首位,比例为 10.3%,而韩国留学生人数在 2014 年为 62923 人,2016 年更是达到 70540 人。[①]2013 年习近平总书记提出建设"新丝绸之路经济带"和"21 世纪海上丝绸之路"的合作倡议。截至 2020 年 11 月,我国已经与 138 个国家,31 个国际组织签署了 201 份共建"一带一路"合作文件。在此战略环境下,泰国、巴基斯坦、印度、老挝等"一带一路"沿线国家来华留学人员将有较大幅度增加的趋势。

另外,2010 年《国家中长期教育改革和发展规划纲要(2010—2020年)》指出,要进一步扩大外国留学生规模,增加中国政府奖学金数量,优化来华留学人员结构,争取到 2020 年全国当年外国留学生数量达到 50

---

①　新浪财经,"2018 年 49 万外国人来华留学　韩国留学生排名第一",http://finance.sina.com.cn/world/gjcj/2019-04-12/doc-ihvhiqax2169403.shtml。

万,使我国成为亚洲最大的国际学生流动目的地国家。在政策推动下,来华留学生总数的12%以上获得了中国政府奖学金,在2018年获得中国政府奖学金的外国留学生人数为63041人,而且连续几年保持增长。①优越的留学政策,以及中国不断加深的开放政策,促进了外国人来华学习和生活。

我觉得中国对外国人来华的留学政策还是非常优厚的,就我认识的几个从非洲来的朋友来看,学校每年都给他们丰厚的奖学金,而且他们的生活条件也特别好,我去过他们住的地方,都是两个人一间屋,有的是一个人一间屋,桌、椅、床都很干净。而且我听说中国学生的奖学金不是每个人都能得的,这跟外国人几乎有90%的人可以拿奖学金,相差太大了。(案例21)

中国已经不再是过去的那个经济落后、人民生活水平也低的国家了,现在世界各国都是有目共睹的,中国的国际地位越来越高,在国际上发挥的作用也越来越强了,中国的发展水平确实是非常快的。所以想来中国读书、生活的外国人越来越多了。之前我也想过去美国读书,但是我周围很多的朋友都选择了来中国,来过中国的朋友回国也告诉我中国的发展情况,我之前有的顾虑一点一点地开始消失了。最重要的是中国对外国留学生的政策非常优厚,有奖学金,生活消费也不高,还没有像美国那样有对外国留学生的歧视问题,而且现在我们国家也非常重视从中国留学回来的留学生,工作待遇都不错。所以我还是选择了来中国读书。(案例18)

---

① 新浪财经,"2018年49万外国人来华留学 韩国留学生排名第一",http://finance.sina.com.cn/world/gjcj/2019-04-12/doc-ihvhiqax2169403.shtml。

3.国外对中国传统文化的重视

从20世纪80年代以来,不少的国家和地区开始研究中国的传统文化。受中国传统文化较深的日本、新加坡、韩国等亚洲国家一直通过建立孔孟思想学会和研究所等的方式,专门研究中国的传统儒家思想对本国文化发展、现代化发展所产生的影响。很多日本思想家和企业家主张用儒家伦理精神激励人们,以便促进经济发展。日本松下电器商学院则把学院的研修目标定为《大学》中的"三纲领",即"在明明德,在亲民,在止于至善"。也就是说是希望竭尽全力实践商业道德,至诚无欺地保持良好的人际关系,为实现尽善尽美的目标而努力。

在新加坡,1988年10月,时任第一副总理吴作栋提议把儒家东方价值观提升为国家意识,并使之成为每个公民的行动指南。1990年2月,新加坡政府发表的充满儒家伦理精神的《共同价值白皮书》中就提出了国家至上,社会为先;家庭为根,社会为本;关怀扶持,同舟共济;求同存异,协商共识;种族和谐,宗教宽容的五大共同价值观。

在韩国,受儒家思想的影响就更大,早在汉唐时代儒家思想就传入朝鲜半岛。韩国的成均馆大学仍然以"仁义礼智"为校训,另外有很多的中小学生利用寒暑假接受儒家修身和忠孝仁爱的道德教育和行为规范教育。2004年11月21日,全球第一所孔子学院在韩国首都首尔挂牌。孔子学院作为中国政府主导的国家项目之一,是在世界各地设立的社会公益教育机构,本部设在中国。为了增进各国对中国文化和汉语的了解和向汉语学习者提供方便与丰富的学习资料,中国政府给予了各种必要的支援。截至2007年9月,全球已启动孔子学院(包括孔子学校、孔子课堂)175所,分布在156个国家和地区。国内61所高校和机构参与孔子学院的合作办学,主要提供到国外教授中文的教师和招募志愿者。据统计,截至2006年9月,亚洲已有16个国家建有31所孔子学院,位列世界第二。欧洲所建孔子学院最多,共有41所,分布在19个国家。美洲已建立孔子学院27所,分布在3个国家。非洲已建立孔子学院6所,大洋洲已建立孔子学院3所。[1]而截至2013年底,全球已在120个国家和地区建立440所孔子学院和646个孔子课堂。[2]到2017年,共建"一带一路"国家中,有51国设立134所孔子学院和130个孔子课堂,欧盟28国,中东欧16国实现全覆盖。[3]而截至2018年12月,中国已在154个国家和地区建立548所孔子学院和1193个中小学孔子课堂。

在国际上的综合实力越来越强大的现实环境下,中国的传统文化在国外越来越被重视,越来越多的外国人也开始对中国文化感兴趣,更愿意到中国来体验中华文化。有很多留学生通过在中国学习生活,还饱览了中华大地的壮美神奇,感受到了文明古国的悠久历史,而这些体验也进一步增强了来华留学生对我国社会文化的文化体验和文化认同。

企业有很多员工是要求学中文的,因为我们跟中国方面有很多的合作,中国这里也有我们的企业,企业员工有很多来中国学习或生活的机会,所以学习中文就成了很多员工的重要任务。我们企业还经常会专门找一位中国老师来企业教中文,企业员工们就利用这个机会学习中文。有的领导有很多时候还单独多花一些时间学习中文,因为他们有很大的可能会被派遣到中国这边的企业来工作几年,就需要提前在国内把基本的日常用语学会,否则来到中国就马上投入工作了,也没有多余的时间学习,即使有那也是利用周末休息时间,或是其他不工作的时间,挺累的。还好,韩国还是很重视与中国的国际关系,而且很多中国的传统文化,韩

---

① "在韩国有多少孔子学院",https://wenda.so.com/q/1356283469064638。

② 肖煌辉:《中国民族传统体育在韩国孔子学院传播的现状和对策研究》,北京体育大学研究生毕业论文,2015年,第3页。

③ 参考消息,"海外孔子学院已达511所",2017年7月19日,http://www.cankaoxi-aoxi.com/edu/20170719/2200166.shtml。

国人还是很接受的,很多企业也是利用中国的传统文化来激励员工的工作积极性,达到有效管理员工,促进经济发展的目的。"天时不如地利,地利不如人和""和而不同"等的儒家思想对倡导人们敬业乐群精神,创造良好道德风气还是起着很重要的作用。(案例12)

在韩国还是非常重视儒教的道德伦理方面的教育的,从小学到大学的教育科目中都会有与道德伦理教育相关的科目设置。学的内容深度不同,但是基本思想都是离不开儒家思想的。比如小学的时候可能会向学生们进行爱国家、爱民族、爱人类的三爱教育,进行公益精神、责任意识、团结合作等方面教育。在中学的时候就会有与人际关系和各种礼节相关的教育,比如尊敬长辈、互敬互爱、协作精神、尊重生命等教育。然后在大学就会有儒学相关的科目设置,希望学生们能够通过学习,把近代科学技术和自立自强意识相结合,为国家发展做贡献。因为从小就接触了儒家思想教育,所以有很多的韩国人了解很多儒家文化,也对此文化感兴趣,希望到中国来继续学习和体验。(案例21)

4.中国人的出国旅游热

西班牙《国家报》2015年8月9日刊登了《新的长征》一文,作者胡利娅在文中称,到2020年将有2亿中国人到海外旅游,专家指出,日本人的旅游改变了日本,而中国人的旅游则会改变世界。[①]随着时代的发展,中国的发展速度变得越来越快,中国人民的富裕程度也越来越高,中国人民的思想观念也开始发生了变化,出国看一看、到国外旅游成为很多中国人假期家庭规划中的活动内容之一。随着中国旅客的数量增多,中国游客成

---

① 参考消息,"外媒解读中国人出境旅游热:他们会改变世界",2015年8月11日,https://www.cankaoxiaoxi.com/china/20150811/899025.shtml。

为世界旅游业收入的主要来源之一。据调查,中国作为全世界最大的出境旅游市场,2018年我国出境旅游人数达到1.49亿人次,出境游客境外消费超过1300亿美元。2018年,国内旅游总人数55.39亿人次,全年旅游总收入5.97万亿。①2020年受新冠病毒疫情影响,去国外旅游的中国游客突然中断,整个世界的旅游行业进入了寒冬。很多国家的免税店、著名旅游景点的店铺等因中国游客的减少而被迫停业,旅游业从业人员遭遇失业。南太平洋旅游组织首席执行官克里斯·科克尔还表示,中国游客对世界旅游业至关重要,也是南太平洋岛国旅游业未来可持续发展的关键。②

当然,因文化上的差异,外国人对中国游客的行为存在偏见、歧视和不理解,但是很多外国人在看到每年持续增长的中国游客对自己本国旅游业的发展所起的推动作用,当中国游客购买一些奢侈品,而且还不亏待自己的身体,甚至在国外也因自己是中国人而感到自豪,说话有底气的时候,他们认为中国人活得很酷,很豪爽,甚至他们也非常羡慕中国人能够活得自由自在。而中国人的尊老爱幼、待客热情、性情豪放等的文化氛围也对外国人想来中国生活,更多了解中国文化起到了一定的作用。

在国内我就经常能够看到中国人来旅游。其实一开始接触中国人的时候,我是被吓到的,因为他们在公共场合说话声音很大,购买力惊人,消费大,所以我是有过对中国人的偏见的。但是后来我有机会在免税店工作,在那里遇到最多的顾客应该就是中国游客了。当我给他们介绍商品,换算价格,提供服务的时候,我就发现很多的中国人还是很有礼貌,很谦虚地了解商品的功能,当家庭中有老人一起旅游购物的时候,他们还是很

---

① "2020年,全世界对中国游客的归来望眼欲穿,你会出国旅游吗?",https://xw.qq.com/cmsid/20200801A0QKJZ00。

② "2020年,全世界对中国游客的归来望眼欲穿,你会出国旅游吗?",https://xw.qq.com/cmsid/20200801A0QKJZ00。

尊重老人,不断地为老人解释这个,说明那个,而且为老人选购商品,很孝顺的样子。当孩子们打闹的时候,家长们还是会很严厉地制止孩子们的行为,要求他们乖乖的。所以我对中国人的观念也开始发生了变化。中国游客的增多,使我的收入有了很大的提高,这是我很高兴的一件事情,毕竟我不会为没有工作发愁了。然后就是中国人挣了钱舍得为自己、为家人花钱的气度,尊老爱幼,但是不失严厉教子的教育理念,让我觉得有还很多需要我来中国学习的,进一步了解的必要。现在我在这里生活,邻里之间关系也很好,大家也都相互关心,我觉得挺好的。(案例4)

有一年我跟家人去济州岛旅游。在那里我头一次见到有那么多的中国人来韩国旅游。外国旅游者中我感觉中国人应该是占到了三分之二那样,真的很多,因为我到处听到的都是中文。中国人说话很大声,饭店、免税店、游乐园等地方,真的都是中国人。最近一两年我也会在首尔东大门、明洞等地方看到好多中国人来购物。我想这几年中国游客应该为我国的旅游业的发展作了很大贡献。接触中国人多了,也认识了几个来我国读书的中国留学生,我也就没有对来中国担心焦虑的感觉,来这里读书我也认识了很多中国朋友。(案例16)

5.跨国婚姻家庭的增多

随着我国对外开放脚步的加快,对外交流日益频繁,随着世界经济、科技和文化的发展,在全球一体化的浪潮中,婚姻也明显地出现了全球化,中国当前的跨国婚姻日益增多,跨国婚姻的登记数量逐年增多,并已涉及53个国家和地区。特别是上海、北京等大城市,跨国婚姻逐年增加。据调查,在上海,每100对新增夫妇中平均有3对是跨国婚姻,在中国各省市区中名列第一。而跨国婚姻家庭中,中国女性与韩、美国、日本等男性结婚的比例相对较高。据统计,韩国的跨国婚姻总人数已由2006年的

9万3千多人增加到2008年的14万4千多人,多文化家庭的子女规模也已达到10万5千多。①2009年,韩国男性与外国女性的跨国婚姻人数占跨国婚姻总人数的72%。②2014年,中国女性与韩国男性的跨国婚姻件数占当年总跨国婚姻件数的23.5%,仍然位居首位,而此比例在2006年曾达到37.6%。③2018年,韩国的跨国婚姻达到22698件,跨国婚姻增长率为8.9%,是2005年以后的最高增长率。④跨国婚姻夫妇的国籍变得多样起来。比起西方国家,韩国的男性更加强调自己一家之长的地位,因此,他们对儒教文化圈和东南亚等国的女性的好感度也在呈不断上升的趋势。在中国上海的跨国婚姻中,日本人最受上海人的青睐,其数量占境外人员总数的39.6%,其他相对集中的国家和地区是美国(9.1%)、澳大利亚(6.1%)、加拿大(3.9%)。⑤

张欣(2015)指出,全球化的迅速蔓延、对异国文化的向往以及物质的诱惑、婚姻的政治功能弱化、个人品质的吸引突出、文化交流平台和择偶途径增多等是跨国婚姻增加的主要原因。另外,自主婚姻和女性地位的提高,为跨国婚姻的形成提供了良好的基础。⑥除了经济和文化层面的因素之外,思想层面上的变化也对跨国婚姻的增加起到了推动作用。思想方面的变化可以概括为三个方面,第一,受世界一体化因素的影响,人们的思想从保守、传统逐渐走向开放,过去难以接受的事情也能够试着接受。在婚姻观上,父母一代不再那么保守,儿女嫁娶外国人也不会刻意反对。第二,各种开放的西方思想通过电视、电影进入中国市场,很大程度

---

① 《2008年国籍别跨国婚姻移民者》,韩国行政安全部,2008。
② 崔金海:《多文化背景下的天津市跨国婚姻研究》,延边大学出版社,2013年。
③ 韩国统计局:《国家别跨国婚姻件数》,《统计局人口动态统计年报》,2015年。
④ 이성규,"작년 혼인 건수 1000명당 5건…통계 작성 후 '최저'",국민일보,http://news.kmib.co.kr/article/view.asp?arcid=0924068423&code=11151100&cp=nv。
⑤ "跨国婚姻",https://baike.so.com/doc/5897922-6110818.html。
⑥ 张欣:《近代以来中外跨国婚姻初步研究》,中原工学院硕士学位论文,2015年。

影响着中国人,特别是年轻一代的中国人。第三,近年中国人婚姻家庭观念从传统向现代的转变,从封闭向开放的转变,从一元向多元的转变。①

　　跨国婚姻的增多,必然会对中国人以及在华外国人的思想观念的改变带来影响,有一些外国人也会因此选择与中国人的跨国婚姻,以及选择在中国长期生活。方明(2018)提出了跨国婚姻移民融入适应的"四维"模型,在跨国婚姻移民融入适应中,心理认同是起点,文化适应是基础,行为调适是拓展,政治经济融入是深化。而且融入并非完全单向流动,而是彼此互有关联,并相互影响。②

　　我周围的一些朋友也有选择跨国婚姻的,跨国婚姻现在应该不是什么个案了,时代变了,人们的思想观念变了,很多人还是接受跨国婚姻的。而且现在的人都注重个人的感情,重视个人主义,而不是过多地去考虑他人的想法和看他人的眼光,大家对爱情也都持着只要当事人之间相亲相爱就好了,爱情和婚姻与他人无关。中国大城市的一些女性还是喜欢选择日本和韩国男性为配偶的,特别是上海女性和日本男性结婚的较多,我有几个朋友现在在上海工作生活,他们的妻子也都是上海人。可能日本人、韩国人还有中国人在外表上长得有些相似,不像欧美国家的,明显跟亚洲人不一样的长相。还有日本、韩国和中国的文化还有很多共同的特征,所以日本人和中国人选择跨国婚姻的较多一些。我的一些同事看到我在中国生活得很好,他们也有考虑想找中国女性作为伴侣。(案例2)

　　如果我们家儿子选择中国女孩结婚,或者中国的朝鲜族女孩,我想我

　　①　上海法律咨询,"中国当前的跨国婚姻现象",http://www.maxlaw.cn/p-shjcjflaw-om/artview/810662302454。
　　②　方明:《中国跨国婚姻移民的融入适应研究—以浙江省庆元县为例》,《世界民族》,2018年第3期。

不会反对。我在中国已经生活了这么长时间,我们家的两个孩子也都是从初中开始就在中国学习和生活的,儿子现在也在青岛工作,他好像完全成了中国人,比回韩国他好像更适应在中国生活和工作,所以也是看他缘分吧。我觉得中国人也挺好相处的,而且也挺实在的。(案例7)

(四)外国人社团的支持

在华外国人为了更好地适应环境、更好地生活,会通过与商会、教会、外国人自助组织等形成紧密的社会支持网络的方式解决适应上遇到的困难,牛冬(2015)将这样的组织称之为"过客社团",并指出这类过客社团对于非洲人在广州的生存和适应提供了很有力的支持。国际学界上一般使用"移民社团"(immigrant association)表述外国人在他国自发形成的社会组织。[①]牛冬还提出,广州的非洲人社团对内发挥着向成员提供心理和物质互助、提供指引的功能,对外发挥着代表本国人群与其他组织或人群互动的功能。[②]这样的社团具有发育的单层次性、运作的非正式性、功能的不完善性和规模的不稳定性,与移民国家的非洲人社团有重要的区别。[③]

1.天津韩国人商会等组织的支持

外国人在中国的社会支持网络并不发达,而且因为文化、语言、生活习惯等方面的差异,他们更倾向于选择与自己同语言、同肤色的外国人生活在一起。随着社区内外国人的不断增多,聚居的外国人就会因为内部互动的增加而逐渐形成相互之间的认同感。因此,在遇到困难的时候,他们也会更多地选择外国人的商会、宗教团体、家庭和朋友等资源寻求帮助。商会的宗旨是以维护会员合法利益、促进商业交往为宗旨的社会团体,是市场经济中重要的自律性组织,是市场各主体相互联系的重要纽

---

① 牛冬:《"过客社团":广州非洲人的社会组织》,《社会学研究》,2015年第2期。
② 牛冬:《"过客社团":广州非洲人的社会组织》,《社会学研究》,2015年第2期。
③ 牛冬:《"过客社团":广州非洲人的社会组织》,《社会学研究》,2015年第2期。

带。社区可根据实际情况,与外国人的商会组织建立良好的合作关系。可以看出,这些外国人的自助组织在帮助同族群及参与社区治理方面表现出了更为积极主动的态度。这些商会为社区外国人在咨询相关问题、解决生活困难、送去人文关怀等方面起了非常重要的作用。因此,通过合作关系,利用商会组织的资源,可以为社区外国人提供更好的服务。

我们主要是为在天津的韩国人提供一些服务的。我们会通过在各社区的商会负责人对生活在自己责任范围内的韩国人提供必要的帮助。比如说,我们商会为他们提供物资,还有每日的问候。另外,他们有需求的时候,我们会通过与每个社区的居委会联系,居委会安排志愿者,通过志愿者为需要帮助的人提供服务。(案例12)

2.外国朋友的情感支持

对初到中国的外国人来说,由于生活在完全不同的环境中,因此会有很多的生活不适应,尤其是语言上的障碍,导致无法与中国本土居民很好交流,以及卖外国商品的地方较少而买不到想买的商品时,外国人会觉得非常的失落。他们希望使用英文与中国人交流,但是在日常生活中,遇到与外国人流畅地用英文交流的中国人并不是很多,而且主动去关心身边的来华外国人,有很大的需求想与外国人成为朋友的中国人也并不多见,因此外国人就会更多选择先于自己来中国的同一国籍的同族群的帮助。而语言相通、基本需求得以解决、情感得以慰藉是来华外国人找同族群的主要原因。

我爱人是会说中文的,一般的日常用语,跟本地居民的简单交流都是没有问题的。我在这里还是像在韩国一样,大多数时间是使用韩国语的,而且我的朋友也都是韩国人,刚开始我还有一些努力学习中文的想法,但是后来发现了我周围有很多韩国人，她们在这里已经生活了很长时间，我有什么问题她们都会第一时间帮助我解决，有什么苦恼我也可以与她们没有任何语言障碍的进行倾诉，我们也经常见面，所以来到中国之后我没有觉得孤单，也没有因为不会中文而遇到困难，身边总是有这些韩国朋友，心里还是很踏实的。(案例9)

3. 外国人宗教组织提供精神支持

随着改革开放程度的不断扩大，我国与外国政治、经济、文化等领域的交流日益频繁和加深，在华外国人在我国境内进行的宗教活动日渐频繁化与多样化。为了保障中外文化的交流，尊重和保障我国境内外国人的宗教信仰自由和正常的宗教活动，同时为了防止一部分别有企图的外国人通过宗教活动进行文化入侵，进行非法宗教活动，我国政府也通过相关法律对在华外国人的宗教活动进行正确的引导和严格的规范和限制。

《中华人民共和国境内外国人宗教活动管理规定实施细则》第三条规定，外国人在中国境内可以按照其宗教信仰举行或者参加宗教仪式，以及与中国宗教团体、宗教院校、宗教活动场所和宗教教职人员进行宗教方面交往等活动。第五条规定，境内外国人进行宗教活动，应当遵守中国的法律法规、规章，尊重中国宗教独立自主自办原则，接受中国政府依法管理；不得利用宗教损害中国国家利益、社会公共利益和公民合法权益，不得违背中国的公序良俗。第二十九条规定，境内外国人不得进行下列涉宗教的活动：（一）干涉和支配中国宗教团体、宗教院校、宗教活动场所的事务，干涉宗教教职人员的认定和管理；（二）成立宗教团体，设立宗教办事机构、宗教活动场所或者宗教院校；（三）宣扬极端宗教思想，支持、资助宗教极端主义和非法宗教活动，利用宗教破坏中国国家统一、民族团结宗教和睦与社会稳定恐怖活动；（四）在中国公民中非法传教、发展信徒或者接受中国公民宗教性的捐赠；（五）开展宗教教育培训；（六）其他涉宗教的违法活动。

第三十一条规定,境内外国人有下列行为之一的,由宗教事务部门和其他有关部门依法予以处理:违反《中华人民共和国出境入境管理法》《中华人民共和国治安管理处罚法》等法律法规的,由公安机关依法予以处理;违反《中华人民共和国反间谍法》的,由国家安全机关依法予以处理;构成犯罪的,依法追究刑事责任:(一)违反本实施细则第五条规定的;(二)违反本实施细则第二十一条规定的;(三)未经全国性宗教团体或者省、自治区、直辖市宗教团体邀请,擅自在寺观教堂讲经、讲道的;(四)未经批准将超出本人自用数量的宗教印刷品、宗教音像制品和其他宗教用品携带入境或者通过其他手段运入境内的,或者入境的宗教印刷品、宗教音像制品和其他宗教用品有危害中国国家安全、社会公共利益或者违背中国宗教独立自主自办原则内容的;(五)在中国境内擅自招收以培养宗教教职人员为目的的留学人员的。境内外国人违反本实施细则第二十一条第二项的规定设立宗教活动场所、宗教院校的,依据《宗教事务条例》第六十九条第一款予以处理;违反第二十一条第四项的规定接受中国公民宗教性捐赠的,依据《宗教事务条例》第六十九条第二款予以处理;违反第二十一条第五项的规定开展宗教教育培训的,依据《宗教事务条例》第七十条第一款予以处理。

宗教信仰是促进在华外国人参加宗教活动的主要原因,但是本书中也发现除了宗教活动之外,有一些在华外国人在遇到适应新环境时的困难时,他们会通过利用宗教组织中的有用资源的方式来解决面临的适应问题,而宗教组织也成为在华外国人精神方面的强有力的支持。

我也去教会,但是我并不是因为有信仰去教会,只是在教会可以与韩国人交流,而且孩子在教会可以交友,学习中国语,我也可以学习中国语,所以参加教会活动。另外,在这里生活主要得到的也是韩国人的帮助。

找房子也好,问孩子学校情况以及生活方面的一些问题也好,基本上都是韩国姐妹们帮助得多。每周来教会,这些韩国朋友们也会来,她们很虔诚,有信仰,所以她们也会共享这些方面的信息,她们也会跟我们交流来天津生活的种种经验,这些对我精神层面都起到了很重要的支持作用。所以我来天津,在生活方面并没有遇到太大麻烦。还是相对顺利的。(案例8)

4. 公司员工的心理支持

改革开放和经济全球化推动了中外人员之间的交往。特别是随着1990年中期以来,中国经济的高速持续增长和不断出台的投资优惠政策,吸引了众多跨国公司到中国投资办厂,也吸引了想来中国就业和发展的外国人。目前由于职业原因在中国生活的外籍就业人员包括来自外国的被中方机构聘用的外国人,就职于外方公司的外国人以及外国驻华使馆工作人员。另外,还有一部分是在华从事贸易的外国人。在华外国工作人员无论是来自发达国家还是发展中国家,他们都会伴随外商投资而来,以强势进入中国社会。而这强势主要体现在作为外国人身份,他们相对于其他类型的外来人群乃至当地居民,在经济、文化、资金技术、心理素质等方面处于优势地位。

在本书发现33.3%的受访对象属于跨国公司中的高层管理者,4.8%是高级文化教育工作者,而这样的职业呈现出不可替代性强,社会声望高等特点。另外本书中有28.6%是自由职业者,14.3%是留学生,19%是全职太太,而这些全职太太也都是跟随派遣到中国工作的丈夫前来中国生活的,可见由于公司派遣来华工作的外籍工作人员所占的比例还是相对较大。而自由职业者在人力资本方面具有较强的优势,另外,自由职业者大多数表现出了在中国生活区域的相对自由,当地居民对他们的认同程度较高,有一定的社区资源,因此解决问题的能力较强、可利用资源相对较多的特点。

来华初期,在跨国公司工作的外籍工作人员因语言方面的障碍,以及中外文化之间的差异等原因出现适应上的困难时,公司同事的帮助为其解决心理方面的焦虑、紧张、孤单等问题起到了很大的支持作用。另外举家来华工作的外籍工作人员较多,而且在华生活的时间也相对较长,因此,这样的来华外国人家庭不仅在工作方面加强与公司同事之间的交往,而且他们也会在休闲时间加强与同事之间的生活方面的交往,从而获得适应初期的心理支持,尽快解决适应方面的孤独等问题。换句话说,在来华生活的适应初期,在跨国公司工作的外籍工作人员遇到困难的时候,他们会在居留地建立以公司为背景的社会网络,无论是外国同事还是中国同事,他们与同事之间的关系网络会迅速应运而生。以跨国公司为背景建立起来的网络关系对于在华外籍工作人员来华初期适应中起到非常重要的作用。

我的同事比我早来中国,我来这里就和他一起住了,有什么事情同事就会帮助我。现在最大的困难还是语言方面的问题,我只会简单的中文,所以有些事情做起来还是不方便。有的时候我会用手机翻译,但是更多的时候我还是找中国同事帮忙。我和一起住的同事也会去外面吃饭,一起活动。有的时候公司也有聚会,我也会经常参加。同事们还是给我很大帮助,这里我的朋友并不多,我也很想念我的朋友们,但是在这里我也不会觉得很孤独,因为与我的同事在一起。(案例19)

我当时是以三星公司韩国代表的身份来天津工作,一开始我来天津的时候,住的地方还有翻译等都是公司给我安排的。在来天津之前在韩国三星学过两个月的中文,当然来中国生活的话,这两个月的中文肯定是起不了太大作用的。跟公司职员,还有当地人谈话的时候就听不懂他们在说什么。一开始用了翻译,另外也经常跟中国职员聊天来提高我的中文听力。公司员工还是帮了我不少忙的,平时看我一个人,他们也会问寒问暖,也会陪我一起吃饭。所以当时我也没有觉得太孤独。(案例12)

(五)压力应对

不论是以何种身份、何种目的来到中国,在华的外国人都会因语言障碍、文化差异、经济收入、学业管理、人际关系等方面的原因而承受不同程度的压力。

本书中发现,在华外国人会通过积极和消极应对方式来解决生活和工作适应,以及社区融入时的压力问题。本书中,受访对象谈到的"遵守中国法律""学习中文""了解中国文化""改变思想观念""尊重中国人的生活方式"等概念整理到积极应对压力的范畴之中,而把"不满""排斥""离开""安于现状""使用母语"等概念整理到消极应对压力的范畴之中。

1.积极应对

(1)遵守中国法律

每个国家都有自己的法律,而且法律面前人人平等的,无论是哪个国家的人来到中国,都应该自觉遵守我国的法律。当然当我们去国外的时候,我们也应该遵守国外的法律。随着来华外国人的数量不断增多,我国也不断地出台和完善在华外国人相关法律法规,这不仅仅是为了规范约束在华外国人的不良行为,彰显中国法治的进步,体现法律面前人人平等原则,而且也是更好地保障在华外国人的切身利益,维护在华外国人的合法权益,促进中国和世界各国之间的友好往来,进而提高我国在国际上的地位。

在中国生活就要遵守中国的法律了。在日本很多日本人也是很自觉地遵守社会秩序,遵守法律的。外国人来到中国以后,不应该觉得不是自己的国家了,或者看到一部分中国本土居民不遵守社会秩序了就跟着一起不遵守,有的时候确实也看到有些外国人明明看到交通信号灯已经是红灯了,但是还没有车辆过来,就闯红灯的,我就觉得很不理解,难道他们在自己的国家也这样闯红灯吗?既然在中国生活了,就应该有自己的判断,有法律意识,尊重中国的法律规定,作为社会成员应该遵守的秩序才可以,这不仅仅是法律规定的问题,而且也是关系到一个国家、一个民族名声和国民文化素质水平的问题,更是我能够很好地生活在中国,保障自身权利的一个问题,想融入这个社会中来就应该先从管理好自己的行为、言行开始。(案例 1)

（2）学习中文

据 2018 年外国人生活和外籍招聘网针对 1049 份的在华外国人的生活满意度相关问卷调查结果显示,有 43% 的调查者认为在华生活面临的最大挑战是语言,而 91% 的受访者至少能说一些简单的中文,11% 的受访者能说流利的中文,84% 的受访者称他们在中国交往的人群中"既有中国人也有外国人"或"主要是中国人",有 10% 的人抱怨在中国的社交生活"贫乏",84% 的人表示和在中国生活的外国人社区联系不成问题。[①]可以看出,语言问题仍然是在华外国人融入城市生活的最大障碍。

本书中也发现,大多数的在华外国人虽然能说一些简单的中文,但是与当地居民之间展开正常的社会交往与进行深入的生活交流仍然存在较大困难。而且虽然很多外国人称在社区生活中并不存在不适应问题,与居委会、物业等社区管理部门联系没有问题,但是在华外国人谈到的适应

---

①　"调查显示多数外国人满意在华生活", https://www.douban.com/group/topic/116282679/。

概念与我们对此概念的理解是存在差异的。在很大程度上,在华外国人谈到的适应和融入只是此概念字面浅表性的内容,即基本生活解决上并不存在太大问题而已。因此,在中国生活较长时间,而且希望能够更好地融入中国社会,更想了解中国文化的在华外国人会下决心努力学习中文。

在中国你是不是想融入当地社会,是不是有兴趣学习中文是很重要的,因为这些会影响你在中国生活的质量。如果你不会说中文,或者不想学中文的话,那生活就很困难了,甚至去超市买东西或者坐公交车这样小的事情,也都会成为你的麻烦,所以学习中文还是非常重要的,也是融入社会的很重要的一个部分。(案例18)

(3)了解中国文化

很多在华外国人在工作、学习之余,会游览中国的名山大川,品尝中国的美食精华,体验中国文化的博大精深。长期居留在中国的外国人,会把中国当成自己的第二故乡,随着时间的推移和了解的加深,他们逐渐对丰富多彩的中国文化产生浓厚的兴趣。因此,每逢中国的传统节日,很多在华外国人也会学着包饺子、包粽子和挂红灯笼,与中国人一起欢度佳节。学书法、唱京剧、泡工夫茶等也成为许多在华外国人的休闲方式。孙伟等(2018)的研究结果显示,75%的留学生表示喜欢游览中国历史古迹以及学习中国文化和历史,63.46%的留学生对中国民俗文化感兴趣并且喜欢参加传统中国节日活动,比如端午节吃粽子活动,还有75%的留学生喜欢中国的饮食文化,有73%的留学生对中国文化感兴趣并且愿意了解更多。[1]

---

[1] 孙伟、汪景、陈琪、赵东立:《在华外国留学生对中国文化的认同度研究——以江汉大学为例》,《长江丛刊》,2018年第4期。

我知道很有趣的一件事情。那就是我也问过一些外国朋友,也看过一些报道,知道在中国不同城市生活的外国人的生活、工作、学习、还有外国人的处事方式和态度都是不一样的,即使是同一个国家来的人,一个在北京,一个在上海,那他们对中国社会的适应程度,还有生活方式都会是不一样。这当然跟中国不同地方的不同文化也有关系。比如,生活在北京的外国人有些"瞧不上"生活在上海的外国人。北京是中国首都,相对于外企,国有企业所占比例更大,而且在北京的外国人须通过自身努力学习中文,才能更好地与北京当地人交流相处,留学生们也能更好地钻研中国的历史和文化,所以北京的外国人相对来说是一些爱吃苦、付出努力的人。但是在上海的外国人相对来说就轻松一些,这也许是因为上海有较多的跨国公司,有较多的外国员工,也有很多短期(一般六个月到一年时间)来中国留学的留学生,也有很多餐厅可以利用英文进行交流,因此外国人较多的环境下,他们不需要说中文,可以住在外国人聚集生活的社区或宾馆,不需要因语言或生活方面的不便而苦恼,因此上海的外国人就没有像北京的外国人一样想融入中国社会,了解中国文化的欲望。从外国人的不同生活态度上也可以看出中国北京和上海的文化和经济差异。(案例2)

(4)改变思想观念

由于政治、经济和文化等方面的原因,外国人在来中国之前并不是很了解中国的文化,也并不知道现代中国人的生活现状。他们对中国以及对中国人的认知大多是通过书本、媒体宣传报道,以及来过中国的周围亲戚、朋友等人的介绍而已。因此外国人难免对中国存在某种偏见和种种疑问。而当大多数的外国人来到中国生活,亲身接触中国人,了解中国人的生活现状之后,才发现很多的疑问不解自破,很多的偏见不攻自破。不仅如此,在华外国人也对现实中的实际问题产生了疑问,比如他们会对

"中国为什么有那么多没有手纸的厕所?""中国人为什么那么多饭局?""中国的家长为什么那么溺爱孩子?""中国人为什么在孩子小的时候不进行性教育?""中国有那么多下岗的人,但是为什么每天都过得很好?"等现实问题产生好奇。而且在不同地方生活的外国人对中国的评价就会有不同。来到北京、上海、广州、深圳等地方的外国人,会被眼前豪华的宾馆、完善的基础设施、较高的生活水平的现代化城市所惊讶,他们的认知也由中国是贫穷落后的国家转变成了中国实际上是一个发达国家的思想转变。而到过甘肃、贵州、青海等地,吃住在乡镇,体验了村庄生活的外国人认为中国还是一个较落后的发展中国家。

中国在发展,越来越多的外国人来到中国体验了中国生活之后,不再仅仅从经济方面概括中国的经济有了很大的提高,中国的发展是全面的,而且是超前的。如今让来华外国人感到新奇和向往的,不仅是自然风光和传统文化,而且还有许多出人意料的互联网创新。在数字支付领域,中国已经领先世界,网络约车、网络直播、网络音乐、旅游预订等互联网应用发展迅猛。很多中国人出门已不再带现金,微信支付和支付宝让很多外国人惊叹不已,而当在华外国人也可以使用支付宝和微信支付的时候,很多外国人无不为支付宝的创新而震惊。在中国方便利用外卖软件,利用假期回国的外国人竟抱怨没有中国的外卖软件生活变得很不方便。另外,中国人在婚姻、子女教育、消费、生活方式上发生改变,人们的思想观念也在发生变化,在华外国人也在通过接受新思想,改变观念的方式来适应中国的环境。

刚开始我的观念还是很传统的。一到晚间我就能看到社区广场有很多人跳广场舞,刚开始我看到大家都不认识,但是音乐声一响,纷纷排成三四排,然后有一两个领队在那里跳,后面的人都跟着前面的跳,有时像体操,有时跳的舞步,像是 16 步那样,有时又像是僵尸舞,我当时还笑了呢,觉得中国人很有意思,为什么大家都这么喜欢像舞又不像舞的广场舞,而且是每天都坚持跳。有年老的,也有年轻的,甚至还有孩子,有女人,也有男人,而且还很用心地跳。后来我被这广场舞的魅力吸引了,广场舞并不只是人们饭后活动筋骨的简单运动,跳广场舞能够解决老年人的社交、健身、娱乐需求,而且还是零成本。在国外很多老人的晚年生活很孤独寂寞的,但是中国的广场舞让我大开眼界,健康、快乐,还可以交朋友。我觉得来到中国,我的很多想法也发生了改变,我想既然在中国生活,而且还想很好地融入这个社会中来,那就需要适应这里的环境,而且试着改变自己的固有观念,试着接受这里的文化。(案例 14)

来中国之前我是既紧张又期待的。我不知道在中国生活会不会有饮食方面的问题,我还特意从家里带来了一些吃的,现在看来是根本不需要的。这里应有尽有,而且比我想象中的还要多。当时我还担心没有人民币了,可能还得去银行换钱,现在我都使用微信、支付宝了,换钱根本就不需要了。我想象中的中国比我们国家在各个方面还是落后一些,而且生活方面并不是很便利的国家,但是我想错了,来了以后我才发现中国在很多方面比我们国家还方便,早饭在外面买早点就可以解决,在国内我们一般都是家里做了才能吃上饭的,很早买早点并不一定能买到的,但是这里一大早就可以吃上热乎乎的早点。而且地铁、公交、出租也很多,费用还比我们那里便宜,我对中国的想法也变了。这里非常安全,这个假期我也不打算回国了,我要在中国好好旅游一下。(案例 21)

(5)尊重中国人的生活方式

生活在不同国家的人们,有追求不同生活模式的权利。而想了解一个国家的人民真实的生活现状,就有必要亲自来到这个国家,体验他们的生活。有些外国人没有来过中国,对中国以及对中国人是戴着有色眼镜看待的,在他们的眼里只要是与西方国家不一样的生活模式就是不好的,他们根本没有来过中国,而且也根本不愿意了解中国的特色。而当一些外国人来到中国,在这里生活了一段时间之后,他们就会发现中国人民丰衣足食,真实淳朴,不遗余力扶贫扶志,生活便利友好热情,饮食文化丰富,追求美好生活。他们看到了曾经没有道路的村庄,在政府的帮助下铺好了路,而这些建设为边远的村庄带去了许多机遇。慢慢地,一些外国人开始欣赏中国不同地方原本的样子,而不是想象他们该变成什么样子。他们知道世界上没有一个国家是完美的,生活在每一个国家的人民都有着努力过上美好生活的愿望,而对于每个人来说,最重要的是尊重他人的生活方式和文化。

我认为应该了解一些中国的习惯,去学习和尊重这些习惯,也要主动一些和物业工作人员交流。中国有一些保守的传统习惯,尤其是生活习惯是不会改变的,如果你总想说"在我们国家就怎么怎么样"的话,那你最好就不要来中国了,因为你说的那一套在这里行不通。如果你不会说中文,而且还不是很想学习和理解中国的文化,但是你还必须在中国生活,那可以去上海、广州、深圳等地方短期工作和生活,因为这些大城市有很多的外国企业,也有很多的外国留学生,你可以在不需要认识太多中国人、懂很多中文的情况下就可以找到大多数你想吃的、用的东西,也可以与当地很多的外国人互动。但是如果你想快乐地在中国生活较长时间,那么就有必要适应这里的生活节奏,尊重这里的文化,那样生活就会变得越来越轻松和快乐。(案例19)

2.消极应对

(1)愤怒

生活在中国的外国人也并不都是对中国的生活、学习或工作感到满意和幸福,他们对中国人的一些生活习惯,或者中国人对外国人的歧视和不公平行为等表示不满。在公共场合大声讲话、喜欢热闹可以被很多中国人接受,但是却不能让大多数的外国人接纳。跳广场舞健身,装修房子为更好的生活质量可以被中国人理解,但大多数的外国人就不能接受噪声过大对自己的生活带来的不快。评论他人的行为,中国人把它当作没礼貌,没素质的人无须跟他们一般见识,视而不见听而不闻,漠视即可,但是对外国人来说这就是对他们的侮辱和歧视,是对基本人权的不尊重,不可接受。如此因中外文化方面的差异,会导致在华外国人与中国本土居民之间的矛盾和不愉快事情的发生。

而在本书中也发现,一部分在华外国人在社区生活的过程中,由于邻居装修房子不分白昼,不分平日和休假日,而且也没有任何的表示谅解和歉意的告知,或是由于社区保洁人员区分中国人和外国人,对外国人不提供正常的保洁服务的时候,他们表示受到了不公平待遇,受到了歧视,而且对此表示了他们很大的不满。对某一件不公平不合理的事情表示不满情绪是很正常的情感发泄,当不满情绪上升到愤怒,进而采取拒绝沟通、以偏概全的方式对某一件事情或某些人下结论的时候,就是一种消极应对压力问题,也是一种不健康不积极、不开放的表现。而这样的处理问题方式对在华外国人的社区融入起着一定的负面影响。

一直以来社区的物业问题很多,我听说有的本地人不交物业费,他们也不会说什么,而且他们也不去找本地人。但是我们外国人如果忘了交物业费,他们就会找上门来要钱。所以之前也有一些外国人说,物业能够维持到现在,可能就是因为在这里生活的外国人多,物业费几乎都是由外国人定期交纳。只是与交纳的较高的管理费相比,社区的福利、设施以及管理等方面很不足。在这里为什么物业不负责社区改善方面的工作,我真的不理解。很多外国人不断地离开这个社区,不就是因为这个社区设施、卫生等方面存在很多问题吗。有的时候真的不是不满的问题,而是愤怒了,太过分了。但是我也只是外国人而已。这里的人还能替我们外国人着想吗?所以我去物业只办理简单的交物业费、停车管理费、换门禁卡等的业务,因为在这里生活了这么多年,我也知道到物业怎么办理这些业务,也不需要太多的说明。剩下的就不管了,放弃了。(案例7)

(2)排斥

经常会听到一些在华的外国人和在外的中国人谈到自己在国外生活有一种被排外的感觉,甚至断定就是被排外。排外的概念,作为一种群体之间的互动,描述的是"当地人"和"外地人"之间的对抗。其实,当地人的认同的确取决于多种要素,而中国和欧美之间,在地区性认同的机制上确实是存在差异的。在中国,地区性身份认同与户籍制度决定文档上的合法性有着密切关系。当然这是法律意义上对"当地人"的概念界定,"当地人"还有社会意义上的特征。一个地区的"当地人",一方面是这个地区内部的居民相互的标签,是本地人心目中自身的印象,比如"我们老北京""我们老上海";另一方面,当地人也是其他地区对某个地区的标签,也就是我们俗称的"某地人",比如有人觉得"上海人"等于文明,有人觉得"上海人"意味着排外,有人觉得"北京人"等于胡同里的老大爷,有人觉得"北京人"在政治和经济上代表着国家。总而言之,"当地人"意味着一系列的社会特征。这些特征可以是本地人的归纳,也可以是外地人的归纳。而这些特征既包括阶级,也包括文化和相貌。

人们的社会交往是依据社会特征的,中国人往往喜欢依据类似的身份起源而进行交往,一个人一旦被认为具备了某些必要的特征,比如"中国人"或"美国人"的特征,就会得到跟"中国人"或"美国人"进行社会交往的机会。而一个"中国人"或"美国人"的群体,也更容易吸纳具备"中国人"或"美国人"特征的人进入他们的群体。换言之,当地人这个身份应该意味着某种社会交往的机会。一个人跟"当地人"的社会交往的多少，也就反映着这个人在多大程度上被接纳为"当地人"。

另外，"当地人"还意味着获得"当地服务"的权力。而当地服务中的私有服务存在不同人群之间的差异，因此更能彰显群体的差距。私有服务中的权力是指当外地人享受与本地人一样的私有服务（比如下馆子吃饭、去网吧上网、去酒吧等）时，服务员的对外来者的态度是否与对待大多数的"本地人"的态度是一样的，如果一边受到的是服务员的冷眼相待，另一边的"本地人"却得到的是笑脸相迎，那么外来者就很难将自己说成是"当地人"。

对待外国人，中国人一般称他们为"老外"，"老外"一词对中国人来说一般并没有歧视之意，而且在更多时候是倾向于用来形容欧美人里面的白人，因为当一个白人出现在我们面前的时候，我们可以很直接地分辨出他是外国人，并称他为"老外"。而当一个东亚地区的人出现在我们面前的时候，不通过交流我们很难辨别出他是外国人，而当我们通过其他途径知道了他是日本人或韩国人的时候，我们会称呼他为日本人或韩国人。这样的称呼并不会让他们感到不舒服，或者感到被排外。但是当被称为"小日本""高丽棒子"的时候，他们就会觉得这是对他们的一种歧视和侮辱，是对他们的不友好和不尊重。而当在华外国人在社区生活的过程中，遇到过类似的被中国本地人称呼，或遭遇过与中国本地人的不同待遇的时候，在华外国人中的大多数就会通过选择逃避、拒绝，或者以同样的排斥本地人的方式解决面对的适应问题。

有的时候跟朋友一起走，我们开开心心地用母语聊天，本来我们不说话周围人也不会对我们关注，但是我发现只要我们用母语聊天，很多时候就会感受到周围的中国人用好奇的眼光看我们一眼，有的人还会再上下打量我们一番，有的时候如果他们是群体，而不是个人的话，那肯定就会听到他们中有些人就会说，看是"高丽"，或者有的时候还会听到他们在评论我们的外貌，比如我听到的是"韩剧里出来的韩国女人应该都是做美容了，实际见到的韩国女的没看见一个漂亮的"，而且在我们那栋楼电梯旁边的白墙上还能看到"高丽棒子，回你们国家去"的字样，真的挺伤心的。有些中国人对韩国人还是很敌视的样子，所以我也很排斥本地人的，既然当地人不喜欢我们，我也没有必要跟他们深交吧。(案例9)

(3)离开

改革开放以后来华留学、工作、生活的外国人，有很多目前已经陆续成为帮助中外国家建立关系的记者、商界领袖和政要。他们已经搭建起了语言、政治和文化桥梁，帮助拉进中国语世界的距离。

除此之外，对于一些外国企业以及外国自营业者来讲，来中国意味着获得发展的机会和财富。而当世界经济的增长倾向于发达国家，中国和许多发展中国家的预期经济并不是很乐观的时候，外资离开中国的趋势也会加剧。换句话说，这种经济活动和资本的逆转，会对一个国家的外来人口的流动产生直接的影响。当资本回流至发达国家，与之相关的工作和交流机会就自然会随之变化，来华工作和来华公干的外国人减少也是常理。当然，从2010年12月1日起，中国内外资企业税制实现了全面统一，外资企业在税收政策上享受的"超国民待遇"被彻底终结，而随着中国经济发展速度的放缓，且中国市场竞争的日益激烈，在华外国人生存也越来越难，甚至不少人都产生了一种"幻灭感"。再加上目前中国还没有正常化外国人申请中国国籍的程序，而关于外国移民融入的政策性内容也尚未形成正常通行的成型法律制度，对于外国人来说，绿卡难拿，移民到中国更不易，部分外国人只好选择离开中国。

除了以上各种情况之外，还有的外国人因环境污染、食品质量、交通拥堵、子女教育等方面的原因选择离开中国。在外国人看来，虽然中国人的物质生活水平大大提高了,但是精神生活却很贫乏。学校的质量和教育方式也使很多外国家长对孩子的教育前景担忧,有很多外国人认为中国的中小学教育只是为了拼命考高考。因此,为了孩子教育他们选择去国外。

　　是的,老大今年 14 了,老二今年 11。我是希望学校老师能适当地照顾一下我们家孩子的。但是他们的老师好像并不是那种对外国孩子就特别关心或者有耐心的人。两个孩子还是不太适应中国的学校生活,老二总是出现学习方面,还有交友方面的问题。所以我们打算 9 月份去新西兰生活了。我本人已经很适应这里的环境了,而且这里还有我的眼镜店,但是为了孩子,我们夫妻俩打算去新西兰生活,那里有朋友在,我们也去过,孩子上学可以免学费,而且生活条件也好,物价方面相比这里也便宜。有的中国的孩子活得还是挺累的,天天除了上课就是补课,要么就是上很多的课外兴趣班。好多孩子都戴眼镜,也看不到孩子们放学了在广场跑呀,跳呀,追呀,打闹呀,像我们小的时候那样有快乐的童年。(案例6)

　　(4)安于现状

　　优美的自然风光、悠久的文化以及诱人的舌尖美食,中国人的生活方式、社会的治安管理、百姓的文明素质,以及国家的创新发展,正受到越来越多的在华外国人的关注。在微信朋友圈中,海外社交网站上,人们可以看到很多外国人对中国的好评。而外国人毫不吝啬地给予中国好评的原因在于中国生活的便利。他们称网购、外卖、微信支付、阿里支付、共享单车、滴滴打车、高铁等使他们的生活变得方便,快乐和充满自信。习惯了中国便利生活的外国人出国后反而因生活没有在中国方便,自称有些不适应外国的生活。除舒适便利的生活之外,对于外国人来说,中国的发展带给中国最大的变化就是"人情味儿变淡了"。外国人来华不论是为了工作、生活还是为了学习,都需要先与中国人打交道,人与人之间的交流、互动和接触对于一个外国人更好地了解中国文化,更快适应和融入中国社会是非常重要的。然而信息化时代,繁忙的日常生活,网络的使用却使很多外国人减少了与中国人面对面深入聊天和谈话的机会。另外,网络翻译工具的发达也让很多的外国人不再要求自己更上进,视现状为满意的生活目标,或处于反复去做着自己熟悉的或者需要做的事情,而不是更多思考行为背后的真正意义到底是什么。因此,学习和工作以及生活总是处于某种常态化状态,而不是寻求更高的目标。

中国发展得很快,很好,很便利,这是让我们非常惊喜的,也是让我们的生活非常便利的原因。但是生活方面的便利不是生活的全部,我觉得科技的进步、工具的发达,带来的还有一个不好的问题就是人们开始满足于现在的便利生活,而不再积极努力获得新知识,不去好好读纸质版书籍,不去建立有人情味儿的人际关系,人和人之间的关系变得越来越疏远。这是很不好的。另外,我也很担心我的孩子们的教育问题。中国的教育就是让你努力去记住每一件事情,也就是死记硬背,但是不告诉你为什么是这样,孩子们不去花时间好好想想为什么是这样。我的女儿在班级里每一次考试都是不错的,90分以上,这在美国都是 A,相当不错的成绩。但是一到周末一家人要出去玩儿的时候,她就总是不想出去,或者出去了也总是说想回家写作业,因为作业没写完,说第二天有考试。这样的学习生活来中国以后一直是反复的,几乎孩子已经习惯于这种生活了,学校,回家,写作业,然后又是上学。我跟她说过很多次,我说不要总是处于现在的这种学习状态,你要学会交朋友,学会看看书本之外的美景,学会多关心社会问题,参加公益活动,但是没有用的,没写完作业,孩子自己会焦虑。(案例 11)

（5）使用母语

在华外国人都是因生活、工作或学习等方面与中国有着一定的关系，或者想与中国方面建立某种关系，或者对中国文化等有关心，想更好地了解中国，所以来中国生活、工作和学习。因此，大多数的外国人在来中国之前，会多多少少为来华生活做一些准备，比如学习一些中文，了解一些中国文化，与在华的同族朋友了解在华生活经验，等等。但是来到中国以后，一部分外国人因各种原因觉得没有必要学习中文，也没有必要深入了解中国文化，或与邻里保持友好亲密关系，没有必要扩大自己的社交圈，因此仍然按照在自己国家的生活方式进行生活。而这些外国人表现更多的也是与来中国的外国人交流，而且使用的是他们自己交流方便的语言。而坚持使用自己语言的一部分外国人发现，有时没有必要学习中文。他们认为世界通用的语言是英语，只要自己会说英语，与他人交流没有太大问题，就没有必要再学习一门外语。还有一部分外国人则是不反对学习外语，但是他们认为人们应该在觉得对自己的未来发展有利的地方进行时间和金钱等方面的投入，而他们只是暂时来中国，中文对他们来说并没有太大的帮助，不会提供更多的机会，因此他们选择放弃学习中文。而还有一部分外国人对学习外语没有自信，觉得中文很难学，汉字看起来也很陌生，认为自己没有能力学习，也没有必要给自己找事儿干，所以他们会尽量逃避使用中文的场合，不会去学习中文。

我没有中国朋友，我现在的朋友也都是韩国朋友。我觉得也没有必要交中国朋友，在这里日常生活都没有任何影响，我也没有一定要学会中文，了解中国文化的必要，现在这样过挺好的。刚开始来中国，我想我的周围应该都是中国人，我不懂中文的话，我的生活会有影响，所以也是想努力学习中文，但是后来我也放弃了学习中文，因为这个社区外国人很多，我们自己在一起的时候根本不需要说中文，而且也不是在这里读书或工作,一定要会中文,所以后来干脆就不学了。现在开面包店也是一样的,来的很多都是韩国顾客,我也是直接用韩国语跟她们打招呼,或者有的时候来外国人或中国人,那他们也知道我们是韩国人,所以只是挑了面包,结算走就结束了。不懂中文没有什么障碍。(案例9)

(六)影响自我发展的因素

在华外国人在中国是否很快很好适应,在社区是否满意融入,工作、生活或学习等各方面是否有发展等都会受到各方面因素的影响。经历了文化差异、认同感混乱、遭受差别对待、缺乏对社区认识等经历的在华外国人会采用各种方式解决在社区融入过程中所遇到的问题,进而促进自身在中国的发展和社区融入。而对自我发展起着重要影响作用的因素中既有"自信""会中文""归属感""有中国朋友""有中国家人"等对在华外国人的自我发展起正面影响的因素,也有"社区支援不足""低自尊""自助组织支援不足""社区环境差"等对在华外国人的自我发展起负面影响的因素。

1.正面因素

(1)自信

国际救援中心发布的《2018旅行风险地图》显示,中国已被视为全球最安全的旅游国家之一。近年来,随着"平安中国""法治中国"建设不断推进,中国人民的幸福感、安全感不断提升。在中国生活、学习和生活的外国人也纷纷为中国的社会治安和社会管理点赞,他们认为,中国治安状况的良好与中国社会经济发展良好,中国政府高度重视强化民众的安全意识和中国出台了一系列具体安保措施,为人民群众提供了安全保障等

有着一定的关系。①另据外国人生活和外籍招聘网的一份回收1049份的
问卷调查结果显示,有97%的外国人对在华生活表示"基本满意"或"很满
意",在回答他们最喜欢在中国生活的原因调查中,选择"安全"选项的最
多,为58%。其次是"旅行机会"(48%)、"文化"(44%)和"人民"(44%)
等。②安全感是幸福感和获得感的重要前提,感受到安全感的在华外国人
对在中国生活充满了自信。

　　除了安全感,随着在华生活的外国人对中国本地生活环境以及社区
居民的生活习惯、文化等的逐渐熟悉,使他们慢慢解除了刚来中国,对
中国不了解、不熟悉而具有的防备心理、拘谨和约束感,生活变得越来越
坦然自若,游刃有余。特别是外卖、电子商务、手机支付、寄快递、看病通
过手机APP或者微信挂号付款等各种软件的使用,给不会说流利中文的
外国人能够舒适、便利地生活在中国带来了自信。

　　刚来的时候我的家人还是很担心的,我自己心里也是没底的,因为毕
竟对中国并不熟悉。虽然在国内学了一些中文,但是并不是很流利。但
是我现在却完全没有了当时来中国时的那份焦虑和担忧,因为我发现这
里的一切并不是我来中国之前我想象中的样子,这里的生活太方便了,可
以说比我生活在我自己的国家还方便。上次打疫苗是去医院打的,我不
需要去医院排队,而是在手机上预约之后,在预定的时间去打的针,我在
国内的时候听说过在中国看病排队就得一两个小时,还挺担心来着,结果
我发现这里太方便了。而且我非常喜欢的是这里的外卖、网购都非常好,
特别是手机支付最方便了,这在我们国家现在还是没有的。坐公交、坐地

---

①　中国新闻报,"在华外国人:在中国生活,我们最有安全感",https://www.chi-nanews.com/sh/2018/02−09/8445030.shtml。

②　外国人网外籍招聘网,"调查显示多数外国人满意在华生活",2018年4月28日,https://www.douban.com/group/topic/116282679/。

铁、去旅游也是手机买的票,订的酒店,太方便了。我越来越喜欢这里,对我以后的学习和生活充满了自信。(案例21)

中国人热情、爱热闹、也喜欢帮人,喜欢保健,喜欢买菜砍价,天津的老年男性白天喜欢聚在一起看几个人下象棋,全国各地的老年人甚至年轻人到了晚间喜欢跳广场舞,老人们退休了照看孩子,有条件的开始旅游,做自己喜欢的事情,中国人喜欢去饭店,喜欢一起喝酒、交朋友、谈事儿……我在这里生活了这么多年,我也了解了很多中国人的文化,所以在中国生活无论去哪个地方,我觉得我都能很好地处理好面对的问题。我挺有自信的。(案例7)

(2)会中文

对于在华的外国人来说,对中文的了解和掌握程度,对他们在中国的生活和工作都有着重要的影响。可以说语言是外国人在一个国家融入当地社会的重要工具。人不同于动物的最重要标志就是会使用语言进行交流,而当交流的双方能够对同一种语言进行理解和使用的时候,双方才能进行较为满意的沟通,否则会出现双方沟通不通畅,甚至产生误会。而对于生活在一个国家的外国人来说,本地的语言是他们与本地居民沟通交流,建立人际关系,适应社会生活的前提。而语言又是提高一个人的知识水平,提高其在劳动力市场中的竞争能力,促进其与移民地文化产生认同,甚至是身份认同等方面起着重要功能的工具。若一个人使用自己本国的语言,那么说明他对自己国家或故乡的情感较深,如果一个外国人相对主动地使用移民地的语言与他人交流,而且平时也会为积极使用移民地语言做着努力,那么从某种程度上说,他对于移民地的文化认同、心理认同感较强,对自己在移民地的成员身份也较为明确。

当在华外国人努力学习中文的时候,我们可以看作外国人对于融入中国社会的一种需求,也是他们更好地与社区居民进行沟通,满足在社区生活需求,以及心理层面与中国社会融合的一种表现。因此,当在华外国人会使用中文与中国本土居民,或与在华的其他外国人进行交流的时候,我们可以把他的这种行为看作对中文有自信,而且是适应社会生活较好,学习能力和实践能力也较强的一种表现。

最早我是通过留学来中国的,而且在哈尔滨还生活过3年,到今年我在中国已经生活了21年了。所以中文已经很熟悉了,有的时候出去买菜、办事儿,有一些人就把我当中国人看待,我在超市买菜也学会了跟老板讨价还价。在这里生活会中文就会让人产生自信,而且不怕任何事情,因为你都可以通过沟通、询问、交流得到解决。语言的力量还是很大的。而且我的孩子们也都在这里读书,当一种语言很难很好地描述一件事情的时候,他们就会掺杂两种语言和我们交流,我们也会看中国的电视连续剧、新闻、朋友圈。也认识管家,生活也很平平淡淡,和这里的中国人一样的。(案例5)

来中国之前,我在韩国学习了一段时间的中文,所以日常交流是没有任何问题的。会中文的一个好处就是学术方面有不懂的,可以随时问老师、问同学,中国的老师和同学都是非常好的,他们会耐心地给你讲解,也许是因为我是留学生,他们平时会更关心我的生活和学习,问寒问暖,也跟我互相交流文化,我也喜欢跟他们问一些我不懂的中国文化,比如上次因为清明节休息了三天,我就问我的同学今天是什么日子,为什么要休息呢,他们就很耐心地给我讲。后来我也上网去查了一下这方面的资料。既然来留学了,我想对于留学生来说,语言应该是最先过关才可以,没有语言基础想深入学习和探究学术方面的知识是很难的,除非有一些人就是以留学的名义来中国混日子的,否则我觉得就应该好好学习中文才好。

（案例 21）

（3）归属感

美国心理学家 Abraham Maslow 提出来归属感概念，此概念用来指一个个体或集体对一件事物或现象的认同程度和发生关联的密切程度。①归属感是人情感的基本需求，是介于外界环境与人的行为之间的一个中间变量。而社区归属感是指社区居民把自己归入某一地域人群集合体的心理状态。这种心理包括对自己社区身份的确认，对社区的投入、喜爱和依恋。西方社会学家在研究社区居民归属感的时候发现，居民在社区内的社会关系越好，对社区环境的满意程度越高，在社区内居住的时间越长，参与社区的活动越多，对社区的归属感也就越强；人口密度低的社区的居民比人口密度高的社区的居民，社区归属感相对较强。而对华人社区的研究结果表明，它与西方社区有所不同。在中国大陆一些社区居民归属感的研究结果发现，影响居民社区归属感最重要的因素是社会关系，其次是对社区环境的满意程度及社区活动的参与程度，而居民居住年限的影响则不明显。本书中也发现，居住在中国的年限与社区归属感并没有明显关系，对社区归属感有影响作用的是人际关系、邻里友好相处、社区环境舒适方便和安全、文化认同、经济认同、社会支持资源多等社会环境。另外，感召外国友人的，在于中国发展所蕴含的中国思想、中国价值、中国智慧带给他们的不一样的启示与思考。

我爱人是中国人，我在中国已生活了 18 年，也有了我们的孩子。我觉得这里就是我的家，我很喜欢在中国生活。我觉得我就是中国人了，我

---

① 张旭：《城市居民社区认同感和社区满意度对社区归属感的影响研究》，宁夏大学硕士学位论文，2010 年，第 7 页。

喜欢北京的四合院,喜欢中国的京剧,喜欢天津的相声,喜欢这里的广场舞,喜欢老人们聚在一起下象棋,玩麻将,喜欢跟社区里的邻居聊天,更喜欢的是他们已经不把我当外国人了。(案例2)

(4)有中国朋友

对于在华外国人来说,有中国本土的朋友是一件值得非常高兴的事情。因为在中文并不是很流利,而生活还要继续下去的情况下,中国朋友将是在华外国人在中国较好适应中国环境,帮助自己解决遇到的困难问题,且更好发展自我的社会支持系统。特别是对在华留学的外国留学生来说,在学习和生活上有中国朋友的帮助是其更好地获得文化知识,喜欢并适应学校生活,促进其学业有成的有力支持。据中国人民大学的一项调查发现,86%以上的在华留学生有进一步与中国本土学生交往的需求,其中46.1%的人认为这种意愿非常强烈。但事实上,近四成的来华留学生很少与中国学生交流互动。[1]这说明在华外国留学生大多数是希望在中国有中国朋友,有交中国朋友的需求,但是由于各种方面的原因并没有与中国学生交上真正的朋友。

在本书中也发现,有中国朋友的在华外国人生活更积极,对学习、生活或工作更有自信,而且通过被邀请到中国朋友家里做客,更多地了解了中国家庭的生活模式,以及中国的饮食文化等。在本书中有的受访对象谈到,来到中国知道因语言方面的障碍自己很难马上适应中国环境的时候,他想到了雇用会说韩国语的朝鲜族人,可以通过这位朝鲜族人解决很多他在生活中遇到的问题。还有的受访对象谈到因工作原因被派遣到中国工作,因此在公司有一定职位和权利,当他生活上或工作上有困难的时候,可以很容易地得到公司员工这一有用资源为他解决生活或工作上

---

① 杨军红:《中国大学生对在华外国人的印象调查》,《高教管理》,2013年第6期。

的种种困难。

也算是朋友,是我爱人的同事,她是我爱人学校的老师。就住在我们家楼上,而且她的丈夫是去过日本留学的,所以看我是日本人,而且来这里也没有亲人在身边,他们就邀请我们去他们家吃饭。那一次是我第一次去中国人家吃饭,还是挺激动的。他们夫妻俩很好,给我们准备了日本牛肉火锅,也炒了中国菜,还包了饺子,拌了凉菜什么的,挺多的。我也是第一次去中国家庭看了中国家庭房里的摆设,挺干净的,也挺有书香气的,屋子里都是书。我们交流的时候,基本上我是使用日语的,她的丈夫就用日语跟我交流,而我丈夫和她是同事,他们之间用中文聊,一起聊一个共同话题的时候,他爱人就给她翻译,我爱人给我翻译,挺有意思的一次聚会。后来他们也来我们家做客,有时我们回日本,我们家鱼缸里的鱼需要照顾,那我们也会把鱼送到他们家,请他们帮忙照顾一段时间。在中国有个中国朋友真的挺好的,对于我来说就像是亲人一样,突然就觉得有什么事情都不需要担心,因为有中国朋友。(案例1)

小金帮了我不少忙,我到天津生活已经13年了,小金从我来天津那一年就跟着我一直到现在。他是朝鲜族,会中文也会韩文,所以刚开始的时候他不论是在我的事业上还是在我的生活上都有很大帮助,毕竟一开始我的中文不好。后来我的中文好了,能够与本地人交流了,我也没有让小金走,因为他已经很熟悉我的事业、我的性格、我的生活。我们现在就像一家人一样,等我去了新西兰,他会跟我父亲一起做生意,我父亲不会说中文,而小金知道如何做,所以我当然是放心让他帮助我父亲管理我的生意了。(案例6)

（5）有中国家人

在中国生活的外国人中，除了一部分是留学生、跨国公司派遣外籍工作人员、自营业者、非法居留者之外，还有一部分是因选择了跨国婚姻而选择生活在中国的外国人。过去，发达国家的男性选择发展中或落后国家女性的跨国婚姻所占比例较多，因此发展中国家或落后国家的女性选择去发达国家生活的情况较为普遍。随着中国经济、政治、文化等方面的迅速发展，中国在国际上的影响力越来越大，综合国力越来越强，很多发达国家的男性选择来中国与中国女性结婚，并选择定居在中国。因此，选择跨国婚姻的外国人虽然在国籍、长相、文化、生活习惯等方面与其他外国人没有差异，但是却拥有家庭这一非常重要的支持体系。中国家庭这一支持体系不同于来华工作的外籍人员携带家属一起来华生活的家庭，跨国婚姻家庭中的一方因是中国公民，而且拥有中国的亲人、朋友、同事、单位等的社会支持体系，因此生活中遇到问题，或有困难的时候，相对容易地利用身边的社会支持体系解决问题。跨国婚姻家庭中的外籍家庭成员在适应社区生活、融入社会等方面也相对容易和迅速，因为中国配偶在自己熟悉的本土环境中建立起来的邻里关系、人际关系，以及处人处事模式等为外籍配偶的社区适应和融入提供了非常方便和有力的无障碍通道。而且长期生活在中国家庭中，习惯和熟悉了中国家庭文化的外国人已没有了环境适应方面的焦虑、不安和紧张，因为中国家人始终是他们可以依靠的强大后盾。

我有中国家人，这就是我最大的支持体系了。按国籍来看我是外国人，而且如果是我一个人作为外国人来中国生活，我肯定会跟现在在中国生活的外国人一样，会有语言方面的障碍，会有生活方面的不适应，会有邻里之间的不熟悉，会有工作方面的不理解，也会有我个人在适应环境方面的孤独感、寂寞感，等等。但是我有家人，我就一点也没有觉得我是孤独的,或者有困难就不知道该怎么办好,而是随时与我的爱人沟通交流,然后她也会告诉我出现这样问题的时候一般中国人是这样的一个想法的,那解决这个问题的时候用这样的方式解决就可以,她会告诉我如何解决,本来我一个人的话也许就会产生误会的事情,或者解决的不一定是很满意的事情,经我爱人一聊,知道了中国人的解决问题方法,问题就好解决多了。有中国家人,社区里的人也根本不把我当外国人,邻里之间还挺友好的,所以还是适应得很好。(案例2)

2.负面因素

(1)社区支持不足

社会学学术上的社会支持指的是一定社会网络运用一定的物质和精神手段对社会弱势群体进行无偿帮助的行为的总和。社会支持网络指通过个人之间的接触,个人得以维持社会身份并且获得情绪支持、物质援助和服务、信息与新的社会接触。依据社会支持理论的观点,一个人所拥有的社会支持网络越强大,就能够越好地应对各种来自环境的挑战。个人所拥有的资源又可以分为个人资源和社会资源。个人资源包括个人的自我功能和应对能力,后者是指个人在社会网络中的广度和网络中的人所能提供的社会支持功能的程度。以社会支持理论取向的社会工作,强调通过干预个人的社会网络来改变其在个人生活中的作用。特别对那些社会网络资源不足或者利用社会网络的能力不足的个体,社会工作者致力于给他们以必要的帮助,帮助他们扩大社会网络资源,提高其利用社会网络的能力。[1]

从社会支持理论的观点,我们可以看到社会支持是强调社会互动和联系,强调行为或过程,以及强调社会资源作用的一个概念。而支持又可

---

[1] 社会支持,https://baike.so.com/doc/857615-906739.html。

以分为客观支持、主观体验到的支持和对支持的利用度。客观支持也称实际社会支持，包括物质上的直接援助和社会网络、团体关系的直接存在和参与，是客观存在的现实，这是人们赖以满足他们社会、生理和心理需求的重要资源；主观体验到的支持也称领悟社会支持，即个体所体验到的情感上的支持，也就是个体在社会中受尊重、被支持、被理解因而产生的情感体验和满意程度，与个体的主观感受密切相关；对支持的利用度是个体对社会支持的利用情况，有些人虽然可以获得支持，却拒绝别人的帮助。然而，人与人之间的支持是相互的，支持别人的同时，也为别人提供帮助打下了基础。①

社区支持可以理解为若干社会群体或社会组织因生活、学习或工作而聚集在某一个领域里所形成的生活上相互关联，提供支持、获得支持、利用支持的行为的总和。当生活在社区里的在华外国人在生活过程中遇到困难，或者需要帮助的时候，如果能够从社区获得支持，那么在华外国人就会获得情绪方面的支持，物质方面的帮助，个体会感受到被社区尊重和支持，他们对社区的满意程度就会提高，那么他们就会对社区产生归属感，会更好地适应社区生活。但是本书中也发现，在华外国人在社区获得的支持非常少，甚至一部分在华外国人认为没有获得过任何社会支持，因此他们与社区几乎没有互动，生活在社区却感受不到社区所发挥的功能，也没有感受到社区的温暖。

我在这里生活，没有得到过社区的任何帮助，社区物业应该都有记录吧，就是这个社区的外国人主要住在哪个门洞，哪一楼层，而且我知道物业都安排每个门楼有个管家的，但是管家从来没有给我来过电话，问我是否有什么适应问题、有什么需求。(案例10)

---

① 社会支持,https://baike.so.com/doc/857615-906739.html。

（疫情）隔离期间，因为不允许出门，所以我们只能点外卖。外卖到了，也只能个人到社区正门去取。我们出不去，只能与物业和居委会联系。有的时候，他们会让我们自己出去，但只能取外卖，取了就马上回来。有的时候就支支吾吾地说，他们也不知道该怎么办。没有办法，我们就只能自己出去取餐，但是等我们出来了，门卫又会大声呵斥说："不让你出门的，怎么擅自出门了？"这也不是，那也不是，我们该怎么办呢？（案例13）

（2）社区治理缺乏服务性功能

社区是聚集在一定地域内的人们所组成的社会生活的共同体，社区居民对社区的认同感、归属感、荣誉感、信赖感等是产生社区共同体意识的心理基础，它与社区居民的价值观、人生观、审美情趣、生活乐趣和生活方式等共同构成了社区文化。社区文化是形成社区凝聚力的重要方面，因此，社区应当提供必要的文化活动场所、设施，建立一系列的规章制度，保障社区文化的开展，使中外居民在文化活动中增加了解、增进友谊。

本书发现，在社区活动中，中外居民的互动很少，对外国居民的管理与服务跟不上。社区的物业管理是专业性较强的工作，但是其技术含量较低，在提供专业服务方面表现出很多不足。

很多的社区治理是需要交纳物业费来开展的。只是与交纳的高额治理费相比，社区的福利、社区设施以及治理等方面的不足是个大问题。（案例7）

物业管理部门一般要提供常规性的公共服务、针对性的专项服务、委托性的特约服务以及经营性的商业服务等，然而，在社区生活的外国人把物业部门简单地看作是只提供常规性公共服务的单位，认为他们的职责就是收取管理费、进行房屋和电梯维修、楼道清洁以及管理停车位等。一

位受访者说:"交管理费,楼道的灯不亮的时候让他们换。下水道堵了,往外冒水的时候找过物业。"(案例5)

本书还发现,因社区缺乏具有跨文化能力的管理人员,他们不能用外国语进行交流,也不会书面翻译。因此,针对一些不熟悉中文的外国居民,很难将社区的重要通知传达下去,影响到社区的有效管理。

社区没有外文的通知,像我这样在中国生活时间较长,而且还知道一点中文的人还好一些,可以从认识的中文中大概地猜出通知里的内容是什么。如果是完全不懂中文的人,那通知楼里要停水了、停电了,也都是不知道的。这方面做得不好。他们还没有能做翻译的工作人员。(案例12)

因此,大多数外国人主要通过租房时认识的房产中介机构为其提供双语服务。

本书发现,社区派出所主要对外国人的住宿登记进行管理,而不会主动为其提供签证延期通知、法治宣传教育、社区安全教育等服务。因此,外国人与派出所的交流甚少,这有可能导致外国人触犯中国法律和危害社会治安事件的发生。可见,我们的社区管理手段还没有跟上现实的需求,现代治理理念还没有完全树立起来。

外国人来到社区,到我们这里,一般都是办理住宿登记业务,其他的也没什么需要提供帮助的。有什么问题,他们自己就解决了,在我们这里除了登记住宿,其他的基本也不打交道了。(社区民警)

(3)低自尊

在过去,很多西方发达国家的人通过炫耀消费来体现自身的价值和地位,而现在很多西方的年轻人则通过体验不同生活方式来凸显自身价值。来中国工作、学习或生活对他们来说是一个新奇而富有挑战的旅程。这个旅程对于一部分外国人来说并不好走。对于在华外籍就业人员来说,由于工作方面的原因,他们更多地与有工作关系的同事或事业上的伙伴建立同事关系或合作伙伴关系。在社区融入或社区活动参与方面,他们中的大多数并没有参与社区活动,并且也没有融入社区的意愿。因为他们经济方面较为富裕,文化方面不需要认同中国文化,生活方面也无须与很多中国人交往,他们更多地在中国与工作有关的人员进行工作方面的交流活动,进入一些高级的社交场所,因此社区只是他们工作之余暂时休息的地方而已,并没有真正意义上的融入和认同之意。

而对于一部分外国人来说,比如留学生、自营业者、与来华工作的配偶一同携带子女来华生活的全职太太及他们的子女,以及跨国婚姻家庭中的外籍配偶等,他们生活在社区,与社区居民接触的频率较多,与社区的居委会、物业、民警等互动的机会较多,因此他们更希望多学习中文以减少语言障碍所带来的交流方面的问题,他们更渴望与社区居民建立友好的邻里关系以便在有困难的时候能够获得本地居民的支持和帮助,他们也更希望多参与社区活动,以便通过活动增强个人作为社区一员的身份认同,提高生活的幸福感和满意度。但是当他们由于语言障碍、文化差异等方面的原因,不能很好地进入主流社会,只能处于社区的边缘地带的时候,他们就会对社区适应和融入产生焦虑和不自信。低自尊因此成为影响在华外国人适应和融入社会的负面因素。

我一直就是汉语说得不好,来中国也去家附近的学习班学习过,但是不是持续地学习、中间总是断断续续的,有时一学就是四个小时,汉语还难,所以总是没有进步,汉语说得不好,跟别人就不能很深入的交流,所以语言障碍是个问题。有时也想邀请孩子的朋友来家里玩儿,但是他们来了我也不能跟他们很好地交流,所以也不敢让他们来家里。我是全职太太,爱人上班了,孩子上学了,我就一个人,有时一人在家,有时去见见从韩国来的朋友,就这样度过一天。(案例8)

有时我还是挺不自信的,因为我的中文不好。出去办事情几乎都是由跟我住在一起的朋友陪着,我们俩都不是很懂的时候就会用手机翻译,或者找中国同事帮忙。在国内的时候我做什么事情还是都很自信的,但是来到中国,我突然变得很不自信,怕这个理解错了,怕那个误解了,而且工作起来,不能很好地交流,所以挺无助的。(案例19)

(4)自助组织支援不足

中国的改革开放和全球化进程的迅速发展,吸引了很多外资企业来华投资和贸易,外籍务工人员来华工作。而随着外企数量和外籍务工人员的增多,他们有了想表达和维护他们的合法权益,又能很好地适应中国社会,与中国相关部门进行沟通的组织或团体的需求。而外国人商会、外国人社区自助组织、外国人教会等就是一些在中国政府监督管理下主要由外国人所组成,进行各种活动的组织。这些组织代表着外国人的权利,而且当他们有某种困难或需求的时候,他们会通过互相的鼓励和支持,发挥自助和互助能力,为在华外国人提供多元化的互助支援。虽然外国人商会等组织在扩大与中国的交流和沟通,更好地发展与我国之间的友好关系,为在中国的外国人能够更好地适应中国环境,更好地满足自身的生活满意度等方面发挥着重要的桥梁作用,但是在华外国人商会也因我国政府实行的"一国一会"的注册原则,而面临无法取得合法身份,无法开展活动,且很多境外商会组织处于游离于政府监管之外的处境。另外,商会作为非营利组织虽然不进行营利活动,但是仍然需要经费维持其组织运转,部分商会虽有会费支撑,但除掉成本外的利润若需缴税,则会限制组织自身发展。[①]

而外国人自助组织也有着在个人层面能够建立社会联系,发展成员之间的友谊和新的行为模式,增强成员自信,认识新知识;在组织层面有助于成员们能够分享资讯、形成面对和解决相应问题的策略、原则和程序,组织活动可以增进社会对组织的了解和认同,建立和谐的人际关系;在社会层面有助于链接有价值的社会服务,发展群体性的社会服务及治疗模式,要求服务的专业化发展等的优点,但是同时也存在有组织成员感到孤独感,因成员有可能满足于自身群体的交往,而相对孤立在社会之外,这样容易带来组织成员的孤独感的问题。另外,这种相对分离的作用有可能进一步导致对自助组织参与者的标签化。[②]

我在韩国人商会也做一些事情,我们在天津各个地区都有一些商会成员,当大家有什么事情的时候可以互相帮助。那我们也希望与每个社区的管理部分搞好关系,但是很多社区对外国人的态度是拒绝的。我们主要是为在天津的韩国人提供一些服务的。我还是很想积极参与社区活动的,而且我也努力参与其中,虽然很多情况下社区并不喜欢我们这些外国人参与的。因为他们觉得外国人就是外国人,不是本地人,很多事情与我们无关。(案例 12)

我们社区里有一些韩国全职太太们经常会聚在一起,一起吃饭,也一起喝咖啡、交流做活动。孩子们有校车来门口接送,每天这些妈妈们都能在门口见面,边聊天边等校车,等校车走了,孩子们都上学了,有的时候她

---

① 陈晓春、袁雨晴:《多元治理视角下在华外国商会制度研究》,《桂海论丛》,2014年第6期。

② 何欣、王晓慧:《关于自助组织的研究发展及主要视角》,《社会学评论》2013年第5期。

们就会聚在一起喝咖啡。这个社区有个口喜咖啡店,那里的老板娘也是韩国人,而且那个咖啡店有个好处,就是不需要你担心是不是待的时间太长了是不是得看老板脸色,也不用担心不点饭是不是不好,在那里大家几乎天天都聚,而且也很舒服,可以随便谈家务事,也可以谈孩子的教育问题,感情问题也可以得到安慰,挺好的。但是这样的小群体活动也不一定就好,因为全职妈妈们除了这个群体活动,几乎就没有其他的活动了,其实要想在中国生活得更好,我们需要和这里的居民处理好关系,我们自己也努力学习中文,平时可以去看看历史古迹,这样对我们自己、孩子们更好地学习语言和适应环境都是有好处的。但是因为有这样的一个自助组织,这些全职太太们好像更封闭她们自己了,而且更没有学中文的想法,因为她们自己在一起可以说韩文。但是让她们自己出去办事,她们就有担心,因为几乎没有离开过这个团体自己去办理过什么事情,所以有时觉得也挺不好的。(案例 20)

(5)社区服务态度差

社区服务是指政府、社区居委会以及数字社区等其他各方面力量直接为社区成员提供的公共服务和其他物质、文化、生活等方面的服务。社会学上社区服务是指一个社区为满足其成员物质生活与精神生活需要而进行的社会性福利服务活动。社区服务具有推动社区物质文明与精神文明建设;使社区成员拥有更多的公共服务、社会福利和闲暇时间,让人们从沉重的家务劳动中解放出来,提高人们的生活质量;使人们更集中精力从事生产劳动和其他社会活动,创造出更多社会财富;通过广泛群众参与,培养出一种高尚的社会道德与社会风气;有利于早期人们的主体意识、协作意识、法纪意识和文化意识,有利于提高人的素质等的作用。在西方发达国家,会通过政府、市场、个人及第三部门多元主体的引入,政府既可以将有限资源用于社会核心公共服务及设施的供给,也可以形成社区服务供给的竞争机制,为居民提供更优质、更充足的社区服务。另外,多元服务供给主体的新形势下,政府不再是公共服务及设施的垄断提供者,而是多方利益的协调者,因此会通过提高监管水平和利益分配的协调能力,形成激励机制,促进多方合作链最优运作。目前我国在社区层面,一些福利性公益性的社区公共服务项目存在较大的资金缺口,这加剧了社区基本公共服务需求和供给之间的矛盾。[①]

天津市南开区××社区曾经在 2010 年 8 月 25 日,为来自不同国家的 10 名外籍人员挂上了"社区外籍志愿者"的胸牌,这也标志着天津市首个外国人参与社区管理服务示范点正式运行。而这 10 名外籍志援者期待与社区居委会工作人员一道,参与和组织义务巡逻、社区文体活动、调解社区邻里纠纷等工作。该社区的做法正是我国公安机关出入境管理部门积极开展社会管理创新、改进外国人管理服务工作的缩影。[②]到目前为止,全国有一些地方为推进社区外国人服务管理做着努力。比如,成都市委办公厅、市政府办公厅正式发布《成都市国际化社区建设规划(2018—2022 年)》和《成都市国际化社区建设政策措施》,成为全国首个以市级层面系统编制国际化社区建设规划的城市。[③]

但是外国人居住较多的社区到目前为止仍然存在着管理上的问题。比如,社区居委会当前仍然没有改变办理政府行政事务为主、办理社区事务为辅的现状,即社区居委会自治功能尚未到位。社区事务繁多,社区居委会面对众多复杂人口,工作强度较大。另外,由于经费紧张,社区用于业务上的经费严重不足,导致社区专职人员待遇较低,直接影响工作积极

---

① 社区服务,https://baike.so.com/doc/5402361-5640047.html。

② 公安部网站,"涉外管理服务:让外国人融入社区共享和谐",2010 年 9 月 17 日,https://www.163.com/news/article/6GP70V7000014JB5.html。

③ 人民网,"推进社区外国人服务管理 助力成都国家中心城市建设",2019 年 1 月 16 日,https://www.sohu.com/a/289393370_114731。

性,影响社区管理工作的成效等问题。外国人很难参与到社区服务和管理之中,使在华外国人的需求很难得到满足,他们的社区生活适应和融入出现较大问题。另外,当社区居住外国人有一些问题需要得到社区居委会或物业等相关部门提供服务的时候,社区相关部门的服务态度有的时候并没有表现出很友好,有的需求甚至被忽视不予理睬,有的需求则一拖再拖,不给予及时提供,因此在华生活的外国人很难得到满意的服务。而社区服务态度的好坏在一定程度上影响了在华外国人作为社区一员参与社区活动的积极性,使得在华外国人对中国人的服务态度评价较低,对社区满意度较低,对中国人存在偏见,而这些对于在华外国人在社区的适应和融入,以及社区对社区外国人的管理等方面存在一定的困难。

之前有很多生活在这里的韩国人现在已经搬到别的地方去住了,原因很简单,就是没有停车的地方,即使地下有一些临时停车的地方,但是一个是停车费特高,另外一个就是停车场设计得不好,很难找到出口和进口,标识不明确……物业只顾着收物业费,这怎么可以呢。有一些朋友在国外生活一段时间,过几年再回中国的时候,他们总会说这个社区一点变化都没有,而且管理方面确实很差,楼道脏乱不说,设施也很陈旧……每个社区都有业主委员会,业主会参与社区建设,在这里为什么物业不负责社区改善方面工作的,我真的不理解。我甚至跟在正门那里做生意的朋友说,让他去一趟物业反映这些方面的情况,告诉物业我们都交了物业费的,为什么不进行社区规划,改善社区环境,每家的室内情况我们没有权力管,但是最起码楼道、电梯、出入口、绿化等方面应该由物业来管理,很多外国人不断地离开这个社区,不就是因为这个社区设施、卫生等方面存在很多问题吗。(案例7)

物业根本不给外国人提供任何服务,态度还特别不好。物业好像就是做自己的分内事儿,比如说收物业费,做一些楼道、电梯的卫生,还有外面的花草树木的管理,剩下的就没有了。作为服务部门,最起码态度和蔼一些,友好一些吧,但是没有,态度很强硬。而且社区没有外文的通知,像我这样在中国生活时间稍微长的而且还知道一些中文的人还好一些,可以大概从认识的中文中知道通知里的内容是什么,如果是完全不懂中文的人,通知楼里要停水、停电了,就完全看不懂了。这方面做得真的不好。很多社区对外国人的态度是拒绝的。之前我们去五台村小区,那个小区从大门口开始就不让我们进,非常蛮横,我们怎么解释我们的友好,我们来的意图都没用,他们就是说不行,然后不再听我们解释真的很伤人感情。(案例12)

以上笔者就在华外国人在社区生活融入过程中,对在华外国人为融入社区生活而采取的行动起影响作用的因素进行了深入探讨和分析。此部分内容属于扎根理论分析模式中的中介条件部分。扎根理论中的中介条件是一种结构性条件,它会在某一特定脉络之中,针对某一现象而采取有助的或抑制的行动或互动上的策略。

笔者在本书中发现"社会支持""压力应对""影响自我发展的因素"是对"建立关系""自我发展需求"这一作用/相互作用策略起重要作用的中介条件。对于生活在社区的在华外国人来讲,在社区融入过程中能够获得的家庭、社区及外国人社团等组织的支持是多还是少,中外相关政策以及媒体对于在华外国人在中国的生活、学习和工作以及社区融入的影响是多还是少,都会对在华外国人的边缘式"嵌入"上出现不同。另外,在华外国人在应对社区融入压力时,是积极应对还是消极应对,影响自我发展的因素是正面因素还是负面因素,都会对在华外国人的社区融入的边缘式"嵌入"经验存在差异。本书中中介条件的范畴、属性和维度如下表4-7所示。

表4-7　中介条件的范畴、属性和维度

主范畴	对应范畴	概念	属性	维度
社会支持	家庭支持	配偶的支持	程度	多—少
		原生家庭的支持		
		子女的支持		
	社区支持	邻里间和睦相处		
		社区居民的接纳		
		物业提供服务		
		管家的关心问候		
		社区中介所提供帮助		
		社区内银行提供双语服务		
	政策及媒体影响	中国的外交政策	程度	多—少
		优越的留学政策		
		国外对中国传统文化的重视		
		中国人的出国旅游热		
		跨国婚姻家庭增多		
	外国人社团的支持	天津韩国人商会等组织的支持	程度	多—小
		外国朋友		
		外国人宗教组织提供精神支持		
		公司员工的心理支持		
压力应对	积极应对	遵守中国法律	态度	积极—消极
		学习中文		
		了解中国文化		
		改变思想观念		
		尊重中国人的生活方式		
	消极应对	愤怒		
		排斥		
		离开		
		安于现状		
		使用母语		

主范畴	对应范畴	概念	属性	维度
影响自我发展的因素	正面因素	自信	类型	正面—负面
		会中文		
		归属感		
		有中国朋友		
		有中国家人		
	负面因素	社区支持不足		
		社区治理缺乏服务性功能		
		低自尊		
		自助组织支援不足		
		社区服务态度差		

六、在华外国人社区融入的意义

来中国生活、学习和工作的外国人不可避免会遇到文化适应方面的问题。而经历了语言障碍、认同感混乱、认识方面的差异之后,在华外国人为适应中国的环境做着努力。当采取各种行动和方法解决自己承受的压力之后,在华外国人发现在中国的社区适应是与本土文化、本土居民之间进行的边缘式的接触和互动。因此,在明确了自我实现需求之后,在华外国人决定在中国作为非同化的客居者生活、学习和工作。本书中发现,在华外国人社区融入的意义是成为非同化的客居者。研究对象把社区融入理解为居民之间见面打招呼,互不干涉,没有深入交往,短暂居留,本人日常生活不存在太大困难,遵守社区秩序,且保持持续成长的过程。在这样的过程中,在华外国人并不会同化于中国文化之中,而是通过各自的方式生活,最终成为非同化的客居者。

是否融入社区这个问题每个人的理解都不一样。我现在对社区还是较满意的,虽然居民之间没有深入交往,但是大家都很热情,都知道是住在同一个社区的,所以互相打招呼,平时见面还寒暄几句。有时在超市,在便利店,在跳广场舞的时候,一般见到了就打个招呼,我想这个社区应该接纳我了,我也算融入这个社区里了吧。我觉得来到中国,我的很多想法也发生了改变,我想既然在中国生活,而且还想很好地融入这个社会中来,那就需要适应这里的环境,而且试着改变自己的固有观念,试着接受这里的文化。当然我说的接受就是要尊重中国的文化,其实我早晚是要回国的。(案例14)

在华外国人社区融入的意义部分属于扎根理论分析模式中的结果部分。结果部分可以理解为在华外国人为应对或解决社区融入过程中所呈现的主要现象,根据他们所采取的作用/相互作用战略而出现的部分。本书中发现,在华外国人的社区融入过程呈现出边缘式"嵌入"特征,而他们会通过与他人之间"建立关系""自我实现需求"的满足等这一作用/相互作用策略,最终作为非同化的客居者身份在中国生活、学习和工作。以上对本书的主范畴和对应范畴进行分析的过程如下图4-1所示。

因果条件

在津生活

脉络条件

文化差异

对社区组织的认识差异

认同感混乱

现　象

边缘式"嵌入"

中介条件

社会支持

压力应对

影响自我发展的因素

作用/相互作用战略

建立关系

自我发展需求

结　果

1. 入乡随俗非同化客居者

2. 望而却步非同化客居者

3. 安于现状非同化客居者

4. 犹豫不决非同化客居者

5. 发展自我非同化客居者

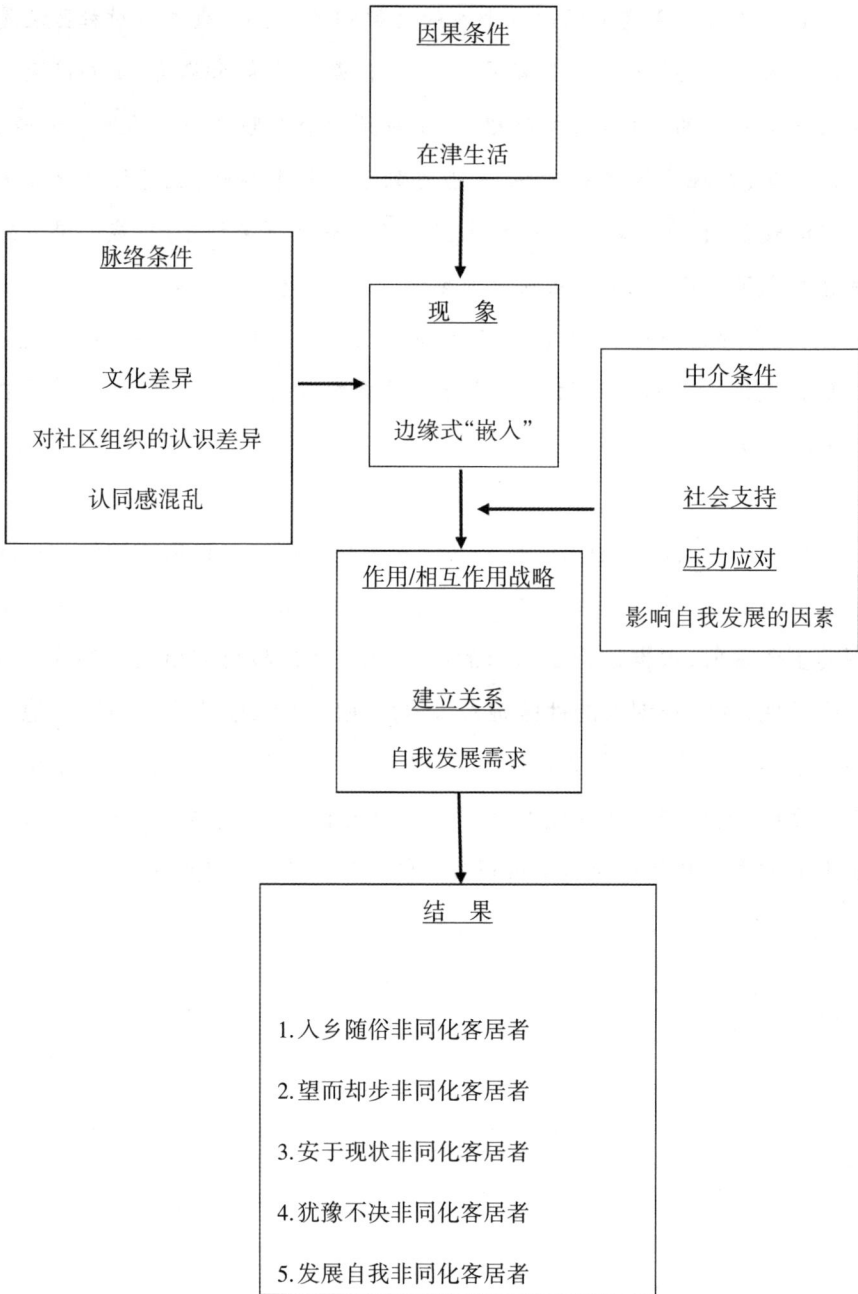

图 4-1　在天津的外国人社区融入分析模式

第三节　在津外国人社区融入的类型分析

类型分析是指为了构建理论,把资料的假设规范化和关系陈述文与依据资料进行持续比较,并对每一个范畴之间反复出现的结果进行规范化的过程。在本书中,笔者以关系陈述为依据,推导出在津外国人社区融入的入乡随俗型、望而却步型、安于现状型、犹豫不决型和发展自我型五种融入类型。本书中也发现,这五种融入类型并不相互排斥,当时间、社区环境及特定条件发生变化的时候,一种社区融入类型会转变成另外一种社区融入类型。比如,当外国人刚来到中国,他会因语言障碍、文化差异、环境陌生等原因,对如何与社区的居民友好相处,如何解决自己的日常饮食等问题,如何使用当地的交通工具,如何交纳物业费、电费和水费,如何购物等表现出不是很清楚,对做决定表现出犹豫不决的态度。但是随着时间的推移,在华外国人开始慢慢地知道了社区的物业部门在哪里,知道了每个月的物业费应该交纳多少,知道了如何在超市使用简单的中文购买商品,知道了即使不懂中文也可以轻松地利用手机微信、支付宝、网购等方式购买自己想要的物品的时候,犹豫不决型的在华外国人会逐渐地转变成入乡随俗型的非同化客居者。而有一定的需求,但是由于各种原因不敢或不能满足这些需求的望而却步型在华外国人,会随着社区支持的不足、与本土居民的摩擦、族群力量的依赖性增强等原因转变成安于现状型的非同化客居者。因此,来华生活、学习、工作的外国人的社区融入类型并不是非常明确的,也不是固定不变的,而是会根据各种主观和客观条件的因素影响,有时会从持续一段时间的某一种融入类型在某一时刻突然转变成另外一种融入类型,有的则以混合型的形式存在。而这样的在华外国人的不同社区融入类型的非固定性特点,对于学界在相关理论方面做进一步深入研究并完善理论,对于实务领域社区及相关部门更好地了解在华外国人的适应及融入困难,以便更好地有针对性地为在华外国人的社区融入提供服务,并进行社区管理,进行多元化的社区制度改革等都是很重要的一件事情。

本书针对五种在华外国人社区融入的类型进行了分析。首先,在本书中发现有 7 位研究对象是入乡随俗型的非同化客居者的社区融入类型。入乡随俗型的在华外国人虽然在来津的目的,以及目前在天津的工作情况上都有所不同,但是他们普遍对天津这一新环境的认识,即对新环境的适应态度上表现出了相对积极的接受和认同的态度。不仅如此,他们对天津社区环境的改善,与社区本地居民之间的关系,对自己作为社区一员需要履行的义务,以及应该享有的权利等都有着一定的需求,而且他们也为满足这些需求而做着努力。但是相对于在华外国人在中国可以享有的权利,入乡随俗型的在津外国人更多地强调自己作为外国人在天津本地应该履行的义务和违反法律和规定之后有可能需要承担的责任。他们普遍持有来到中国就应该遵守中国的法律,在中国生活有必要学习中文,而且在社区生活就有必要与本地居民处理好关系等的认识,但是最终是否能够满足这些需求还不是很明确。

入乡随俗型的在津外国人来华时间为 7—20 年不等,平均 15 年。其中两名为大学生,来华时间最短,均为 7 年;2 名全职太太,2 名在外企工作,还有 1 名自营业者。虽然研究对象中有 2 名是全职太太,但是因为她们来华时间较长,而且他们的子女都在天津读过书,她们的配偶在天津的外企工作,平时也需要接触很多中国员工,因此整个家庭所有成员对于应该学习中文的认同度较高,研究对象本身也认为来到中国就应该体验和了解中国文化,学习中国历史,参与社区多种多样的活动。而且入乡随俗型的在津外国人认为生活总会有慢慢变好的过程,很多问题会随着制度的完善、管理的改善、人们的共同努力得到解决。

本书中,望而却步型的在津外国人共有四人。其中一名女性,无工作,在家做全职太太,另外三名为男性,两名在韩企工作,一名在国际学校工作。望而却步型的在津外国人表现为对中文的学习有一定的认同,与社区居民之间的友好相处也有一定的关心,而且也为做好社区好居民,好邻居做努力。但是由于语言方面的障碍、文化方面的差异及生活习惯上的不同,他们与社区在互动的过程中总是小心谨慎,尽量少说话,独自处理一些社区事务。另外,虽然对社区环境的改善有一定的需求,对社区居民的某些过激行为表示不满,对中国昂贵的学习班费用感到无奈,在社区对待外国人服务方面有一定的需求,但是望而却步型的在津外国人却表现出没有勇气正面提出他们的需求和意见,也没有勇气敢于面对周围环境给他们带来的压力。在遇到问题的时候,望而却步型的在津外国人要么后退、隐藏,要么沉默无语,表现出不敢前行。案例11谈到,当他多次尝试与社区居民用英文打招呼的时候,发现社区居民总是选择回避他或不理睬的态度,因此他也慢慢地感觉到与中国本土居民相处并不是一件容易的事情,特别是因语言方面的障碍给他带来交流受阻的时候,他也默默地选择了回避。有一名望而却步型研究对象也因中文说的不好,因此虽然很希望自己的孩子能够有更多的中国朋友,也很想招待孩子的朋友们来家里玩儿,但是又担心自己因为中文不好,不能很好地与孩子的朋友们交流互动,招待不好反而给自己的孩子带来不悦,所以又不敢邀请孩子的朋友们来家里做客。总之,在本书中,望而却步型的在津韩国人有一定的为适应好社区生活而付出努力,且有着改善社区以及自身生活质量的需求,只是目前因个人性格、语言障碍、文化差异、社区环境等方面的原因而没有勇气采取积极主动的方式满足需求,表现沉默和忍受。但是当条件成熟之后,望而却步型的在津韩国人也有可能转变成其他的社区融入类型。

在本书中发现,安于现状型的在津韩国人在中国生活时间相对于其他社区融入类型的韩国人都要长,其在华生活时间平均达到19.6年。他们不同程度上都经历了刚来中国在生活适应方面的困难,而且目前虽然有的安于现状型的在津外国人还存在语言、文化、沟通等方面的障碍,但是已经熟悉并习惯了自己生活的环境、周边的人,因此他们选择接受目前的一切,不再有其他新需求,自身也没有改变现状的想法。本书中安于现状型的研究对象有5人,而且这5个研究对象都有配偶在身边,有的研究对象还有子女陪伴在身边,而有的研究对象的子女则因成家立业或回国而不在身边,相对来说安于现状型的研究对象有着家庭的归属感,研究对象在遇到困难的时候都会得到家人的支持和帮助,而且有些困难甚至不需要研究对象本人出面解决,因此安于现状型的在津外国人处于遇事不慌,遇事有人帮,自己不出面问题自然也会得到解决,即使无人帮,问题得不到解决也会采取接受或放弃的状态生活。因此,本书中的安于现状型的研究对象也自然分成了两种类型。一种类型是通过跨国婚姻选择在中国生活的外国人因自己的配偶是中国人,配偶有着自己的工作,有自己从小建立起来的坚实的社会支持体系,而且熟悉生活环境中可利用的有用资源,因此这一类在华外国人到目前为止还没有遇到过像其他的初次来到陌生的中国环境,在几乎没有社会支持,还存在语言障碍的情况下所遇到的各种社区适应方面存在的问题发生。因此这一类在华外国人在遇到问题的时候,都会有中国的配偶以及配偶的亲戚等出面解决,他们无需担忧自己的语言障碍是否会影响社区融入,也无须为生活琐事而焦虑操心,他们始终有着一颗满足于现实生活,不急不躁地处理自己的事务,且慢慢地学着去适应社区生活的安于现状的心态。这一类安于现状型的在华外国人对社区融入持有积极、肯定的态度,而且对中国的文化有认同,对目前的生活也很满足。

还有另一种类型的安于现状型的在华外国人则表现为对日常生活已经习以为常。他们曾经在适应初期也通过多种方法努力解决在适应方面存在的问题,但是当他们发现问题不能得以很好地解决,而且有些需求并不能得到满足,文化差异并不能因时间的推移而发生改变,语言障碍仍然是影响良好沟通和交流的重要因素,而本人发现自己与同族群建立了更为信任的依赖关系之后,他们就开始选择在中国按照他们自己原有的生活方式生活。虽然他们也认为学习中文在中国会生活得更方便,但是他们也强调社区应该为外国人提供双语服务,特别是社区在为居民们下发的重要通知中应该有外文翻译的通知内容,而不是只提供中文通知,这对于不懂中文的外国人来说很不公平。因此,这一类安于现状型的在华外国人选择放弃努力融入社区生活,而是以自己为中心,按照自己的生活方式适应着社区生活。这一类在华外国人几乎不参加社区活动,也不积极与社区居民建立关系,社区对于他们来说仅仅是为他们提供住宿的地方,而他们更多的是与自己的同族群或其他外国人进行更深的交流和互动。他们满足于目前的生活,他们把自己作为在社区生活的住民,而且是与本地居民并不需要有太多联系的过客来看待。

本书中,发展自我型的非同化客居者社区融入类型的研究对象共有5人。发展自我型的在津外国人不仅会面对在中国适应期间遇到的困难,而且也会采取积极的行动来解决。对于自我发展型的在津外国人来说,社区融入并不意味着在华外国人一定要完全同化于中国本土社区环境,也并不意味着永久居住在中国。不论生活在什么样的环境里,发展自我型的在华外国人始终以自我的发展为人生目标,他们会通过利用社区环境中可利用的有用资源解决适应方面的问题。另外,他们也会通过自身的不断努力、与社区相关人员的互动、积极参与社区活动、与中国本土居民建立良好关系以及与同族群外国人建立相互依赖的支持体系等的方式适应自己生活的社区环境,然后最后达到既满足自身在异文化环境中适应方面的需求,又达到自身也不断进步和发展,实现自我理想的目标达成。因此,发展自我型的在津外国人表现出在异文化适应方面有一定的适应需求,而且还有不断努力,最终实现自我的特点。

本书中,发展自我型的在津外国人普遍认为既然来到中国生活,学习中文是在中国更好生活的非常重要的一部分,因此他们会努力学习中文,当然本书中发展自我型的在津外国人更多的是在来中国之前就已经在本国学习了中文,而且来到中国之后还会通过自学、去学校学习、向中国职员请教、与社区本土居民互动等的方式不断提高中文水平。笔者发现,案例6的发展自我型研究对象为了子女接受更好教育,也为了实现自己更远大的理想,暂时离开中国去国外生活一段时间。他的眼镜店仍然由亲人和中国朋友继续经营,而他也打算在孩子上了大学之后就回到中国继续生活。还有一位案例22的发展自我型研究对象在中国不仅经营糕点店来提高自身的经济生活水平,而且还通过积极参与社区公益活动,为社区在管理外国人方面贡献自己的一份力量。

本书中,犹豫不决型的非同化客居者社区融入类型的研究对象并不多,只有一人。犹豫不决型的在津外国人主要表现为在华生活并不清楚具体有何需求,也不知道具体要做什么,如何去做,做事拿不定主意等特点。一般来华时间较短的外国人会因语言、文化差异、风俗习惯等方面的不同而在生活适应方面出现一段时间的不适应,甚至出现遇事不知所措的现象发生。但是当了解了中国文化,理解了不同地方的风俗习惯之后,很多的在华外国人会渐渐地对中国文化、中国人,以及中国风俗习惯等表现出接纳、否定、尊重、认同等的不同态度。换句话说,大多数的在华外国人会随着时间的推移,慢慢地形成各自适应中国生活环境的模式,然后会以各自认为最为合适的方式在中国生活,而这些适应方式因人而异,不尽相同。因此,本书中的犹豫不决型的研究对象目前仍然处于没有完全适应中国环境,有很多事情还需要外国朋友的帮忙得以解决,甚至平日的娱乐生活等也与外国朋友共度的时间较多,相对生活比较单调,而且没有试着与社区本土居民多互动和交流,甚至没有与公司的中国同事有更深接触和了解等的特点。因此在不熟悉的中国环境中生活,没有中国朋友,语言有障碍的情况下,目前对于自己未来的工作方向,生活目标,以及目前需要去做的一些事情等都很茫然,犹豫不决。但是随着时间的推移,经过自己的努力,犹豫不决型的在华外国人也会慢慢地适应中国环境,而且找到适应社区环境的方式,那么犹豫不决型的在华外国人也会向其他类型的社区融入类型发生转变。

　　通过以上的在津外国人社区融入类型分析,本书中得出了"非同化客居者"的研究结果,以上五种社区融入类型整理如下表4-8所示。

表4-8　"非同化客居者"的社区融入类型

分析模式/类型		入乡随俗型	望而却步型	安于现状型	发展自我型	犹豫不决型
因果条件	在津生活	一致	冲突	一致	一致	一致
现象	边缘式"嵌入"	浅	深	浅	浅	深
脉络条件	文化差异	小	大	小	小	大
	对社区组织的认识差异	小	大	小	小	大
	认同感混乱	弱	强	弱	弱	强
作用/相互作用策略	建立关系	多	少	少	多	少
	自我发展需求	强	强	弱	强	弱
中介条件	社会支持	少	少	少	多	少
	压力应对	消极	消极	消极	积极	消极
	影响自我发展的因素	负面	负面	负面	正面	负面

第四节　在津外国人社区融入过程分析

本书中,笔者通过对以工作、学习或组建家庭为目的来华生活的在津外国人的生活适应、社区融入、适应困难、压力应对以及社区融入等整个社区生活融入过程的分析发现,在津外国人的社区生活融入过程主要呈现"边缘式'嵌入'"形态。笔者认为,边缘一词具有边沿、角落,非主流、非中心之意,而"嵌入"一词具有牢固地或深深地固定或树立,紧紧地埋入之意。因此,在本书中,"边缘式'嵌入'"更多指的是在津外国人的社区融入在精神层面,心理层面以及社会层面都没有完全达到与中国本土文化的融合和接纳。对在华外国人来说,异文化的适应和融入主要指外国人对中国这一异文化、移民地风俗习惯、中国本土居民的为人处事方式以及日常生活模式等的接纳、尊重和认同程度。而随着在津生活时间的推移,在津外国人的"边缘式'嵌入'"的社区融入过程主要分成了"边缘式'嵌入'""压力应对""自我身份确立"三个阶段。

外国人在来津初期会因语言障碍、文化差异、社区居民的冷淡、社区居委会和物业等相关部门的不关心和服务不到位等原因,在社区文化适应和社区融入过程中遇到较多的困难,也因此承受较大的压力。面对适应压力和被排外的社区融入困难,在津外国人也努力想通过与社区本土居民,特别是左邻右舍先打招呼,主动学习中文、回避、求助于提供双语服务的中介机构,以及求助于中国朋友、在津自助组织等的方式解决。而当社区适应和社区融入的压力得到某种程度的解决,或者即使没有得到解决,但是研究对象已获得该如何去解决这些压力的办法时,他们就会考虑如何在移民环境下更好地生活和发展自我,并且为今后更好的在津生活和发展自我而努力。而这个过程贯穿"边缘式'嵌入'"之初一直到自我身份确立为"非同化的客居者"的整个过程。

一、"边缘式'嵌入'"过程

外国人来到中国之后遇到的最大的问题就是语言方面的障碍。在陌生环境,遇到陌生的中国本地人,外国人不知道该如何建立人际关系。有一些外国人会采取主动的方式先与本地人打招呼,而一些中国人在遇到外国人的时候一般并没有主动打招呼的习惯。大多数的中国人,特别是中老年人因同样存在语言方面的沟通障碍,因此主要采取回避的方式来回应。在社区生活的外国人在电梯、楼道及社区公共场域遇到需要一起利用公共资源,一起朝夕相处的左邻右舍的时候,他们中的大多数还是希望能够尽快融入社区居民之中,也希望建立好邻里之间的关系。而本土居民在遇到社区外国人的时候,并不是把他们当作在中国永久居留的本地人来看待,因此与他们自然保持了一定的距离。另外,随着改革开放以来,中国现代化的不断推进,人际关系变得越来越疏远,换句话说,现代化使得熟人社会向现代陌生人社会转变,人们变得越来越沉默。在社区,在公交车、地铁等处,我们很少能够看到陌生人能愉快地进行交流。城市现代化使得外国人的社区生活增加了人际交往方面的困难。

也有一些外国人自身就有保持自由,不喜欢主动与他人交流的习惯。我们养成了一套中国人自己内部习惯了的话语方式和人际交往模式,因此,我们在对待外国人的时候用对内的方式对外,显然对方接受起来会有困难,难以增进双方的理解。一个人在社区生活就要了解社区文化,而社区文化作为社区内物质、制度及心理文化的综合体,不仅影响一个人的社区生活适应,而且也会给个人的价值观、认同感及生活满意度等带来影响。因此,当外国人在中国社区生活的过程中遇到语言、文化方面的差异而很难融入社区的时候,他们就会在认同感方面出现混乱的现象,而这也会影响外国人对社区生活的满意程度。在本书中发现,大多数的在津外国人在经历了一段较长时间的社区生活之后,会逐渐发现即使他们能够与本地人进行很好的沟通交流,也已经适应了当地的文化,但是在社区,社区居民始终把他们作为外人来看待,他们的社区融入是一种"边缘式'嵌入'"过程,而不是被社区同化,被社区居民接受后的完全融入。语言障碍、文化差异、人际关系冷淡、社区文化差异等都会带给在津外国人在社区适应及融入方面的压力。而在面对压力方面问题的时候,外国人也会试图通过各自的方式来解决。

二、压力应对过程

很多的在津外国人都是以某种特殊的身份生活在天津。比如,在津某企业总管、在津某国际学校外语教师、在津某国际学校外国学生、在津某高校外国留学生、在津某外国人协会(或商会)负责人、在津外国人个体经营业者等。因此,他们在中国生活、学习和工作都是有着一定的目标和理想,而且这些外国人不同于短期来中国旅游的外国人,他们需要较长时间生活在中国。更为重要的是他们中的大多数人都会在中国的本土居民生活的社区居住,因此,在社区生活的外国人就需要付出比本土的从异地来津生活的中国居民更多的努力,并且需要主动去了解社区文化,这样才能更好地适应社区生活。而目前我国的社会工作还没有发展到发达国家水平,为社区外国人提供服务的机构还不是很完善,社会工作者等专业人员还不是很充足,社区专业化水平并不是很高的社区环境下,很多外国人就会遇到生活适应方面的较大困难。他们会试着去理解中国的社区文化,也努力学习中文,以便能够与社区居民沟通交流,建立人际关系。但是适应社区生活,理解社区文化,与社区本土居民建立良好关系并不是一件容易的事情。文化与社区联系密切,社区结构的形成依赖于文化的制约,文化的孕育和传承又存在于社区的社会活动和生活工作之中。对社区文化的了解,对本社区和人群集合的认同、参与社区活动等都会对一个人的社区适应及融入起着非常重要的作用。而外国人来到中国之后,从不理解社区文化开始,到不知道如何参与社区活动,甚至不知道如何处理社区生活方面的最基本需求等问题的解决,都会带给外国人不同程度的困境,而这些困境都会带给外国人在社区适应方面的问题及压力。

笔者在本书中发现,很多研究对象采取了与邻里友好相处、与社区相关工作人员积极互动、自我认知变化等的方式为解决社区适应方面的压力问题而作出了努力。在本书的压力应对过程中,研究对象通过选择"建立关系""自我发展需求"的作用/相互作用战略解决了压力问题。

三、自我身份确立过程

自我身份确立过程是研究对象在中国已生活一段时间,而且在某种程度上习得适应中国社区生活的方法,研究对象经历了某些事件与社区居民,社区居委会、物业等部门的工作人员以及社区管理员等有过互动之后,开始完全确立自我认同感和归属感的过程。

笔者在本书中发现,不同的研究对象在自我身份认同方面存在着差异。有的研究对象在克服了语言和文化方面的差异、采用各种办法为融入社区生活而付出努力之后,发现虽然作为非同化客居者的外国人身份生活在天津,但是在天津的生活仍然充满了快乐和希望,甚至因子女们也在中国开始工作或继续学习,因此计划仍长期生活在中国。他们并非以被天津本土居民认同他们为社区居民,或者被本土居民认同为被中国文化同化的外国人身份为在社区的生活目的,他们更多的是主张外国人来到异国之后,通过自身积极主动的努力了解和适应中国的本土文化。因此,他们对待社区生活以及适应和融入社区生活的态度就相对积极和主动,他们虽然也有过适应压力,但是在经历了较长时间的生活之后,他们发现是否是本土居民还是外国人居民并不是最重要的,对于生活在异国的外国人来说,让自己在社区里生活得快乐舒适,且能够做自己想做的事情,能够以善良和友好之心与社区居民建立良好关系,而且不是抱怨,而是满足于当前生活是最为重要的。本书中,案例1、案例4、案例7、案例14、案例16、案例17和案例18的研究对象就属于有一定的需求且通过自身的努力满足需求的入乡随俗型的非同化客居者。这一类型的研究对象具有自我身份认同已明确确立的特征。

在本书中,笔者发现还有一些研究对象是属于对社区生活暂时因语言和文化方面的障碍而存在一定的困难,他们对社区在外国人服务方面虽然抱有一定的需求,但是他们却表现出没有勇气正面提出自己的需求和意见,也不能很好地解决好因某些人或某些环境带给他们的压力问题。本书中,案例8、案例10、案例11和案例13的研究对象就属于作为社区居民的认同感缺失的望而却步型的非同化客居者。在遇到问题的时候,望而却步型的在津外国人要么后退、隐藏,要么沉默不语,表现出不敢也不知如何前行的特征。

本书中的案例2、案例3、案例5、案例9和案例15的研究对象则属于已在中国生活了较长一段时间,已适应了社区生活,与社区居民也建立起来了较好的居民关系,社区环境和社区文化也已较熟悉,因此他们安于现状地满足于社区生活,与中国本土居民一样根据社区的生活步调一起行动,而无其他特殊需求的群体。另有一些安于现状型研究对象则表现为放弃了继续努力并试图融入社区生活的决心,而是以外国人的身份,且以自己的生活方式在中国生活下去。他们选择的是与在津外国人协会或外国人组成的自助组织建立更为密切的关系,他们在大多数情况下仍然使用自己的语言,且生活中的大部分时间主要与自己的同胞交流和互动。不论是哪一种类型的安于现状型的研究对象,他们对自己是外国人身份的认同是非常明确的。

本书中的案例6、案例12、案例20、案例21和案例22则是发展自我型的研究对象。这一类型的研究对象不仅适应社区环境,有一定的与自身生活和发展相关的需求,而且还不断为发展自我而努力。这一类型的研究对象有积极努力的态度,认为来到中国就应该努力学习和适应中国的文化。虽然以外国人身份生活在中国,但是他们却把自己看作与其他中国本土社区居民一样的社区居民,并且积极参与到社区的发展之中。他们会与社区居民一起交流互动,会与社区居民一起跳广场舞,会作为志愿者与社区居委会建立良好关系,为社区生活外国人提供服务,等等。他们对自己是在中国生活的外国人,但同时也是在中国社区生活的社区居民的身份有非常明确的认同感。

本书中仅有一人,即案例19是犹豫不决型的研究对象。此类型的研究对象仍然需要他人帮助解决社区生活中的　些实际问题,平日里与外国朋友接触较多,而与社区居民和社区相关部门联系较少,还没有很好适应中国环境,也没有想更多了解中国文化的需求,对自己未来的工作方向和生活目标并不明确,对自己需要处理的事情不知所措,犹豫不决的特点。犹豫不决型的研究对象对社区认同感较低,作为社区居民存在较大的认同感混乱问题,此类型的研究对象目前只是以明确的外国人的身份生活在天津。而此类型的研究对象也会在改变思想,更多地了解中国文化,很好适应了社区环境之后也会转变成其他类型的非同化客居者。

在本书中,无论是何种社区适应及融入类型的研究对象都会在不同程度上经历社区融入过程中被边缘化,被排斥的过程。因语言、饮食、文化等方面的差异,很多外国人会遇到适应方面的问题,而这些问题得不到解决的时候无疑会给外国人带来适应方面的压力。当然,在社区生活的过程中,外国人也会通过各种方式解决适应方面的压力问题,比如,努力学习中文,更多了解中国文化,努力与社区本土居民建立良好的人际关系,或者与外国人组成的自助组织成员接触和互动等。不同的研究对象在中国生活的时间长短不同,因此承受压力的时间也不同。而最终所有的研究对象从承受压力到应对压力,再到自我身份确立的过程。以上相关内容如下图4-2所示。

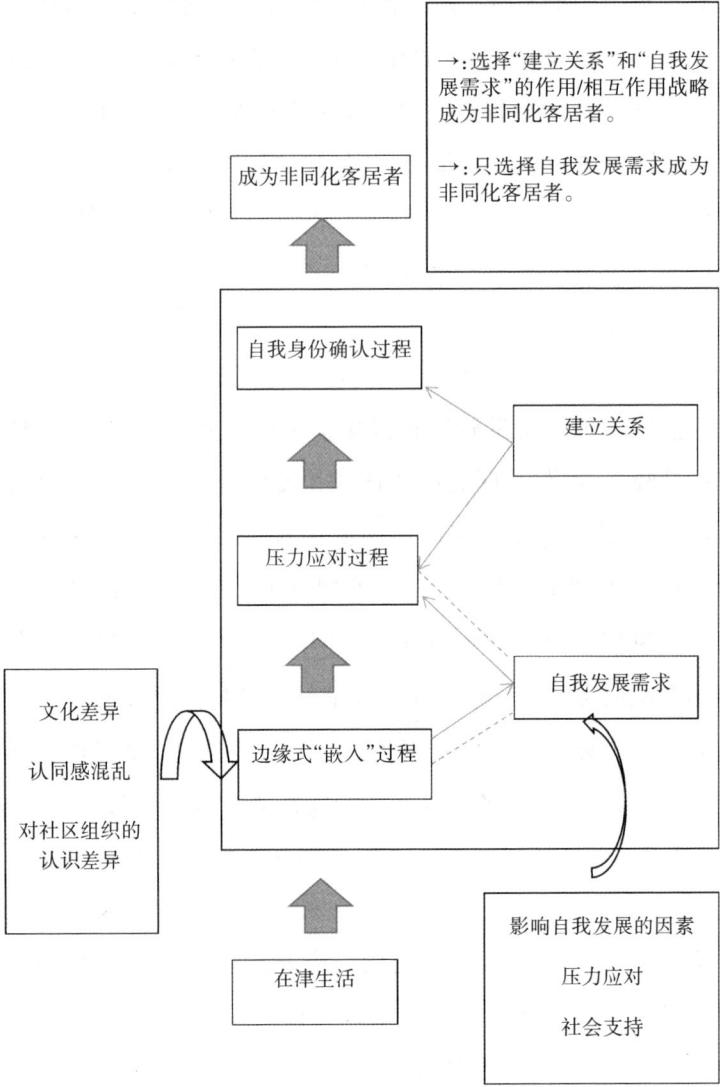

图 4-2　在津外国人社区融入阶段

第五节　选择式编码

　　Strauss 和 Corbin(1998)指出选择式编码是明确核心范畴,且以核心范畴为中心,整合所有范畴,并对此进行详细陈述的过程。在选择式编码中,研究者需要确定一个"故事的摘要",并通过整合轴心式编码中的范畴叙述故事。在这一编码过程中,研究者一般会提出条件式命题(或者假设)(Creswell,1998)。选择式编码一般包括记录叙述性文章的故事轮廓过程、核心范畴,以及整合并详细阐述所有范畴之间的假设关系类型等过程。

　　本书中,在天津社区生活的外国人在社区融入过程中的核心范畴可以概括为以下的过程,即研究对象虽然因语言、文化差异等方面的原因承受过社区融入方面的压力,但是他们会努力寻求应对压力问题的方法,而且在进行了自我身份确认之后,最终以非同化客居者的身份生活在社区。笔者把这个过程命名为"成为非同化客居者",在选择式编码中以此核心范畴为基础展开故事轮廓,并提出假设规范化和假设关系陈述。

一、故事轮廓的展开

　　故事轮廓的展开过程是提出研究的本质,并把研究的核心范畴与其他概念、范畴进行系统地连接,确定它们之间的相关关系,并在叙述中进行概念化的过程(Strauss & Corbin,1998)。本书中,在天津社区生活的外国人在社区融入过程中的核心范畴为"成为非同化客居者",下面就此核心范畴的故事轮廓进行叙述。

　　天津作为国际港口城市,吸引了越来越多的外国人来此生活。外国人选择在中国生活有其各自的目的,有的外国人来中国生活是因为喜欢中国文化,因此来中国是为了更多了解中国文化,并做着中国文化传播相关工作;有的外国人来中国是为了留学;有的外国人来中国是为了工作;还有的外国人是因为选择了跨国婚姻,来中国是为了生活。无论是什么样的原因来到中国生活,因不同的语言、不同的文化、不同的皮肤、不同的环境,外国人在中国的社区生活都会遇到大大小小的适应和社区融入方面的问题。

人与社会是分不开的,外国人来到天津生活必然要面对建立人际关系、处理日常生活琐事、与社区相关部门打交道、与社区居民接触和互动以及适应并融入社区环境等的问题。很多外国人觉得中国人热情好客,对外国人很友好,当外国人遇到困难的时候自然会有很多中国人伸出援助之手,因此在社区生活适应方面应该不会有太大的问题。还有的外国人仍然把中国想象成是缺乏先进科学技术,缺乏现代化交通工具,以及缺少粮食的落后国家。但是当外国人来到中国之后才发现,中国的现代化和城镇化已经改变了人和人之间的关系,城里的人忙于工作、学习和生活,他们无暇顾及身边的人。邻里关系变得冷漠,即使在楼道,在电梯里见了面也互相不打招呼,遇到问题时,保安、物业工作人员等也不是友好对待,因此,他们的社区融入呈现出边缘式的"嵌入"特征。在社区生活的外国人感到他们无法真正融入社区生活之中,无法成为真正的社区居民。因此,外国人承受着来自语言、文化、饮食、人际交往、工作、学习等来自各个方面的压力。作为社区居民的认同感也出现了混乱,他们也开始重新思考"我在社区生活到底是什么身份"的认同感问题。

在津外国人也采取多种方法为解决压力问题而努力。比如,有的研究对象采取尊重中国人的生活方式、改变思想观念、努力学习中文等的积极方式解决压力问题。也有的研究对象则采取愤怒、排斥、离开、安于现状等的消极方式来解决压力问题,还有的研究对象则是通过求助于在津外国人协会、在津外国人自助组织等的方式解决自身的问题和困难。

对于在天津社区生活的外国人来说，在遇到生活上的困难和情感上的问题时，家庭成为其最为首要也是最为强大的支持力量。除此之外，外国人自助组织、外国人商会和协会以及在中国的外国人教会等也会对外国人的生活、工作和学习提供一定的支持和情感上的慰藉。也有很多的在津外国人通过自身的不断努力，改变了思想观念，与社区居民及社区相关部门工作人员等建立了良好的关系，他们也慢慢了解了中国文化以及天津社区居民的社区文化及生活习惯，除此之外，"一带一路"建设促进了中国与各国之间的国际合作，政策上的推动和支持也使很多的外国人在中国得到了前所未有的待遇，因此在多种外界环境和政策的影响下，在津外国人也慢慢建立起了在社区融入过程中对自我身份的认同。无论是以跨国婚姻的形式选择在中国长期生活的外国人，还是以留学、工作、自主创业等的形式来天津生活的外国人，都意识到在中国社区生活并想融入其中并不是一件容易的事情。在社区生活，他们的身份虽然可以说是社区居民，但是因外国人身份，他们却与天津本土社区居民存在着很大的差异。本土社区居民可以参与社会活动，有对社区服务质量进行评价的发言权，有维护自身利益的权利，对社区邻里关系及社区文化有很好的理解，也懂得如何很好地适应社区生活以及与人交流和建立关系。但是作为外国人，他们感到自己并非如此意义上的社区居民，他们仍然被本土居民排斥在社区居民的范围之外，他们也很少能与社区本土居民建立良好的人际关系，且积极主动参与社区活动，而且对于社区文化也并不是很了解，他们认为自己更多的是不能被社区同化的客居者而已。

通过以上的适应及融入过程，在天津社区生活的外国人最终确立了自己为非同化客居者的身份，并以此身份确立各自的理想和目标选择继续在中国生活。

二、假设规范化及关系陈述

(一)假设规范化

假设规范化是分析并规范核心范畴与各范畴之间假设关系类型的过程。本书以核心范畴"成为非同化客居者"为中心,根据形成脉络条件的"文化差异""对社区组织的认识差异""认同感混乱"等范畴的属性和维度的不同,对范畴之间的假设关系进行了规范化,其结果如下表4-9所示。

表4-9　范畴的假设关系规范化

	核心范畴	文化差异	对社区组织的认识差异	认同感混乱
1	成为非同化客居者	大	大	强
2	成为非同化客居者	大	小	强
3	成为非同化客居者	大	大	弱
4	成为非同化客居者	大	小	弱
5	成为非同化客居者	小	大	强
6	成为非同化客居者	小	小	强
7	成为非同化客居者	小	大	弱
8	成为非同化客居者	小	小	弱

以上依据脉络条件所形成的核心概念的假设规范化可完整表述如下:

1.文化差异较大,对社区组织的认识差异较大,认同感混乱较强情况下的"成为非同化客居者"。

2.文化差异较大,对社区组织的认识差异较小,认同感混乱较强情况下的"成为非同化客居者"。

3.文化差异较大,对社区组织的认识差异较大,认同感混乱较弱情况下的"成为非同化客居者"。

4.文化差异较大,对社区组织的认识差异较小,认同感混乱较弱情况下的"成为非同化客居者"。

5.文化差异较小,对社区组织的认识差异较大,认同感混乱较强情况下的"成为非同化客居者"。

6.文化差异较小,对社区组织的认识差异较小,认同感混乱较强情况下的"成为非同化客居者"。

7.文化差异较小,对社区组织的认识差异较大,认同感混乱较弱情况下的"成为非同化客居者"。

8.文化差异较小,对社区组织的认识差异较小,认同感混乱较弱情况下的"成为非同化客居者"。

(二)假设关系陈述

扎根理论分析过程中的假设关系陈述指的是对核心范畴与因果条件、作用/相互作用战略以及结果之间可能出现的各种假设关系进行陈述。在本书中并没有出现研究对象在某些条件下出现共同特征的情况。在本书中研究对象的边缘式"嵌入"的脉络条件为"文化差异""对社区组织的认识差异"和"认同感混乱"。笔者在本书中也发现,即使在相同的脉络条件下,研究对象应对压力、获得社会支持的方式不同,研究对象的自我发展需求的强度不同,因此"成为非同化客居者"的结果也会不同。假设关系具体陈述如下:

1.文化差异、对社区组织的认识差异较小,认同感混乱程度较弱,消极应对压力,而且社会支持较少,自我发展需求较强,在津的外国人会选择入乡随俗的方式融入社区生活。

2.文化差异、对社区组织的认识差异较大,认同感混乱程度较强,消极应对压力,而且社会支持较少,自我发展需求较强,在津的外国人会选择望而却步的方式融入社区生活。

3. 文化差异、对社区组织的认识差异较小,认同感混乱程度较弱,消极应对压力,而且社会支持较少,自我发展需求较弱,在津的外国人会选择安于现状的方式融入社区生活。

4. 文化差异、对社区组织的认识差异较小,认同感混乱程度较弱,积极应对压力,而且社会支持较多,自我发展需求较强,在津的外国人会选择发展自我的方式融入社区生活。

5. 文化差异、对社区组织的认识差异较大,认同感混乱程度较强,消极应对压力,而且社会支持较少,自我发展需求较弱,在津的外国人会选择犹豫不决的方式融入社区生活。

以上笔者根据扎根理论中的选择式编码程序明确了范畴之间的相关性,对"成为非同化客居者"的故事轮廓进行了展开,并且找到了假设关系类型。

第五章

社区融入及压力相关理论的
持续性比较和政策建议

第一节　在津外国人社区融入的
研究结果概述

随着中国改革开放的力度不断加强，经济全球化速度的不断加快，来华生活、学习和旅游的外国人与日俱增。据国际移民管理局的相关统计资料显示，从2018年开始，我国出入境的外国人第一次实现了9000万人，2019年又达到了9767.5万人次的巅峰。国家统计局的第六次全国人口普查汇总数据显示，天津市的外国人总数也占到了全国外籍人员总数的3.54%。日益增多的来自不同文化背景的外国人进入我国的社区环境中来，他们的在华生活虽然丰富了社区的文化，但是也给社区带来了较为复杂的适应及融合问题。对于长期生活在中国，且作为社区居民与中国居民一同生活在社区的外国人来说，适应并融入社区环境并不是一件容易的事情。城市来华外国人的社区融入与社区管理问题一直是学界与社会关注的热点话题。随着在华外国人人数的增加,他们对城市管理服务的需求也不断地发生变化,甚至有很多的外国人积极地参与到所在社区的公共活动之中。目前社区居民的组成也已由完全的中国居民逐渐转变成使用多国语言的外国人在内的由中国人和外国人共同组成的多元文化居民群体。因此,在社区管理和服务方面也面临着巨大的挑战。外国人与本地人之间存在的文化差异,社区自身管理方面的缺陷,政府层面的相关法律制度的不完善等都是导致外国人居住社区存在治理困难的重要原因。外国人居住社区的治理程度直接关系到社区中的外国人对中国文化的歪曲理解,会对社区带来安全方面的问题,更为严重的可能会影响中国与其他国家之间关系的建立。因此,外国人居住社区的社区治理已经成为地方和国家关注和介入的重要问题。

基于以上原因,研究者把研究的重点放在了在华外国人在社区融入的类型及社区融入的意义之上。本书中研究者主要采取目的抽样和滚雪球的抽样方法,以生活在天津的22名外国人为研究对象,通过深入访谈、参与观察、电话、微信等的方法进行了资料的收集。在本书中发现,研究对象的男女比例为13∶9,年龄范围在25岁到67岁之间,平均年龄为50.5岁。研究对象的来津时间从1999年到2021年,平均在津时间为13.63年。研究对象的来津目的分为跨国婚姻、工作、留学、创业和随行家属等。研究对象中与配偶和子女生活在一起的有8人,与配偶二人生活在一起的有6人,独自一人生活的有5人,与朋友生活在一起的有3人。研究对象主要集中在天津市南开区、河西区、西青区、和平区、河北区五个地区生活和工作。

在本书中,笔者依据 Strauss 和 Corbin(1998)提出的扎根理论方法中的分析步骤对访谈资料进行了比较研究。在开放式编码中笔者主要推导出概念及范畴,在轴心式编码中依据分析模式对范畴和过程进行了分析,然后再选择式编码中对社区融入及社区融入类型进行了分类。

笔者在本书的开放式编码中共推导出94个概念,18个对应范畴和10个主范畴。轴心式编码中的因果条件是"在津生活",主要现象是"边缘式'嵌入'"。脉络条件是"文化差异""对社区组织的认识差异"和"认同感混乱",中介条件是"社会支持""压力应对"和"影响自我发展的因素",作用/相互作用战略为"建立关系"和"自我发展变化",在津外国人最终的社区融入是"成为非同化客居者"。也就是说,外国人因为选择了在天津生活,因此他们在天津社区的融入就呈现出"边缘式'嵌入'"的特征。在津外国人为了应对社区融入过程中的压力,他们会使用"自我发展变化"和与社区本土居民"建立关系"的战略,最终以"非同化客居者"的身份融入社区。另外,对"边缘式'嵌入'"产生影响的脉络条件为"文化差异""对社区组织的认识差异"和"认同感混乱"。对在津外国人为融入社区所采取的策略产生影响的中介条件是"社会支持"的有无,"压力应对"的方式和"影响自我发展的因素"。

在津外国人在社区生活适应并融入的过程中,发现主要经历了"边缘式'嵌入'过程""压力应对过程"和"自我身份确认过程"三个过程。另外,笔者在选择式编码中发现,在津外国人的社区融入类型可分为入乡随俗型、望而却步型、安于现状型、发展自我型和犹豫不决型五种类型。社区融入的核心"边缘式'嵌入'"受文化差异、对社区组织的认识差异、认同感混乱的影响,加之范畴的属性和维度的不同,因此呈现出了不同的社区融入类型特点。因此,在本书中,在津生活的外国人发现自己不同于天津本地居民,是以边缘式的"嵌入"形式生活在天津社区,因此承受了很多的压力,而他们又通过利用各种方法应对压力和重新确认自我身份,最终确定了"成为非同化客居者"的身份认同。在本书中发现,在津外国人在社区融入的过程中会经历自己被排外的"边缘式"的"嵌入"过程,而这样的"嵌入"经历主要受文化差异、认同感混乱以及对社区组织的认识不足等方面的因素影响。在努力改变被边缘和"嵌入"现状而采取的作用/相互作用的战略上,由于不同的在津外国人与邻里之间建立的关系不同,与社区管理相关部门的工作人员的互动不同,以及在津外国人自身的发展需求不一样,因此最终的社区融入类型和结果就会有所不同。在津外国人通过"社会支持""压力应对"和"影响自我发展的因素"等中介条件,最后明确了外国人在天津社区生活和融入社区的过程是使自己"成为非同化客居者"的过程。

第二节 适应、融入及压力相关理论的持续性比较分析

一、在津社区生活的外国人的社区融入意义

在本书中,在天津社区生活的外国人在社区的融入过程是通过"建立关系"和"自我发展需求"策略,最终明确"非同化客居者"的身份认同。笔者从以下几个方面探索社区融入的意义。

(一)个人身份认同层面

在津外国人以各种各样的目的来天津生活。因此他们对来天津生活的态度都会不一样。不论是以何种目的来天津生活,对外国人来说都是在那一段时间作出的重要的人生选择。来异国生活,外国人首先考虑的是语言方面的差异和文化方面的差异会带给他们在华生活适应方面的影响。语言和文化方面的差异可以通过自身的努力、学习和尊重得以解决,但是外表上的差异,生活习惯上的差异,以及个人身份认同方面的混乱等是很难通过努力和学习改变的。因此,虽然有的在津外国人在中国长期

居住,而且已经非常熟悉了中国的文化和适应了社区生活,甚至与社区居民也建立起了较好的邻里关系,但是他们发现在认同自我身份方面仍然存在着混乱。偶尔回一次国,他们觉得自己已不再是地道的当地人,而在中国生活他们也没有被同化为中国本土居民。他们很想作为在社区生活的社区居民被社区的本土中国居民接纳,他们也很想与社区管理部门建立良好关系,很想参与到社区的活动之中,但是作为外国人,很少有中国居民主动为他们提供社区相关信息,也很少有人主动与他们打招呼,建立关系。因此,认同感的混乱始终困扰着在津的外国人。

中国本土居民对外国人的不关心,对陌生人的戒备,邻里之间的冷漠,以及外国人自身的不主动,与本土居民的不互动,因语言等方面的障碍而带来的低自信等都对外国人在天津社区的生活适应和融入带来了一定的影响。因此,在津社区生活的外国人甚至开始放弃了在社区作为社区居民的权利主张,明确了自己是社区局外人的身份认同。换句话说,在天津生活的外国人明确了自己只是暂时生活在中国的客居者,而且是不可能被中国文化、社区文化同化的客居者。

(二)社区关系层面

1974年世界卫生组织对适用于社区卫生作用的社区做了界定,认为"社区是指一固定的地理区域范围内的社会团体,其成员有着共同的兴趣,彼此认识且互相来往,行使社会功能,创造社会规范,形成特有的价值体系和社会福利事业。每个成员均经由家庭、近邻、社区而融入更大的社区"[1]。因此,社区的构成包括四个方面的要素,即人、地理疆域、社会互动和社区认同。换句话说,当我们谈到社区的时候,社区应该是由一定数量的人组成,社区内居民相互之间有互动,而且社区居民对自己生活的社区

---

[1]　社区,https://baike.so.com/doc/5299531-5534245.html。

有认同,习惯以社区的名义与其他社区的居民沟通,明确社区归属感以及社区情结。在天津的外国人生活在社区,不可避免地会与社区中的邻居、社区内的便利店、超市、银行、社区居委会、物业、房屋中介所等处的工作人员打交道,也会作为社区成员的身份为享受该享有的权利和履行该尽的义务而努力着。

因文化方面的差异,对社区的理解不同,对社区组织的认识差异,以及本土居民对外国人的排斥,社区管理不到位等原因,外国人与本土居民之间的邻里关系并没能很好地被建立起来。有的外国人虽然与邻居、社区保安、管家等人有过交流,但是这样的交流在外国人看来也只是中国本土居民对外国人的表面上的礼节而已,要建立起真正的相互信任、相互认同且具有社区归属感的社区居民之间的关系并不是一件容易的事情。

另外,在天津的外国人在社区生活却对社区缺乏较为全面的认识。特别是在津外国人对与社区居民的日常生活密切相关的社区管理相关部门的认识存在不足。有一些在津外国人认为物业只是收缴物业费,修理下水道和楼道照明等业务的部门。而对居民委员会的认识则更少,有很多外国人根本不知道社区有居民委员会的存在,还有的外国人虽然在中国已生活了十年有余,但是近期才知道社区有居民委员会这一基层组织的存在,而有的在津外国人甚至认为居民委员会只是中外社区居民出现矛盾的组织而已。对社区组织缺乏认识不仅说明社区组织本身在对社区外国人的生活方面缺乏关心,服务不到位,管理功能不完善等问题,而且也能看出外国人与社区组织之间的互动少,外国人对社区的了解缺乏主动性和积极性,外国人对社区缺乏归属感和认同感。因此,在津外国人被中国文化和社区文化同化,且与社区的中国本土居民一样融入社区生活,成为社区成员,发挥社区居民的力量,参与到社区活动之中等是非常难的事情。而这些社区生活和融入经历,让社区的外国人更加感到自己只是在中国生活的外国人,是随时可以离开中国的客人而已,而并不是真正意义上的社区居民,或者说是被同化的外国居民。因此,他们也慢慢明确了自己是不能被中国文化及社区环境所同化的,是在中国始终作为客居者的外国人的身份认同。

(三)社会支持层面

在应对压力方面,社会支持起着非常重要的缓冲作用,另外,社会支持对维持一般的良好情绪体验具有重要意义。在有关工作压力的许多研究中,社会支持和控制一起被认为是两个最重要的应对策略。[1]

压力是一个从刺激到反应的动态过程,在这个动态过程中,个体的主观认识和评价起着决定性的作用。在有关压力的认知评价理论中,Lazarus把个人对自身情况的认知评价作为从刺激到反应这一动态过程的中介变量,并且把认知评价分为一次评价和二次评价两种。一次评价是指个体对自己身处环境是否存在压力进行判断。二次评价是指个体在压力环境下能够做什么进行评价。换句话说,在压力环境下,个体为了应对压力而对自己所拥有的包括身体、环境、物理、心理等的资源是什么,自己能够做什么等进行判断。[2]

而社会支持从功能性质维度又可以分为信任支持(Esteem Support)、信息支持(Information Support)、社会成员身份(Social Companionship)以及工具性支持(Instrumental Support)四种类型。信任支持是无论遇到什么困难,无论其个人特质如何,个体的价值经验总会得到承认,个体被信任和接受的信息。这种信息将会提高个体的自信心。信息支持是指有利于对

---

[1] Oi-ling Siu, Cary L. Cooper & Ian Donald. Occupational Stress, Job Satisfaction and Mental Health Among Employees of an Acquired TV Company in Hong Kong. *Stress Medicine*, 1997(13).

[2] Lazarus Richard S., The Stress and Coping Paradigm, In C. E. Eisdorfer et al. (Eds.), Models for Clinical Psychopathology, S.P. Medical & Scientific Book, 1981:177-214.

问题事件进行说明,理解和应对的支持,又称为建议、评价支持或认知向导。社会成员身份是能够与他人共度时光,从事消遣或娱乐活动,又称为扩散支持或归属性,这种支持可以满足个体与人接触的需要,转移对压力问题的忧虑或者通过直接带来正面的情绪影响来降低压力反应。工具性支持是提供财力帮助、物质资源或所需服务等。工具性支持通过直接提供解决问题的工具,或者提供个体得以放松或娱乐的时间来帮助减轻压力反应。工具性支持又称帮助、物质支持和实在的支持。社会支持之间往往存在相关,社会支持是一个紧密联系的统一整体。具有较多社会成员身份的个体往往会得到更多的工具性支持和信任支持。

在本书中,在津社区生活的外国人因文化差异、对社区及社区组织的认识上的不足,以及在与社区邻里建立关系上存在的矛盾等方面的问题,他们承受着社区生活适应及融入方面的压力,而在解决压力问题的时候,一部分在津外国人采取了遵守中国法律、学习中文、努力学习了解中国文化、改变思想观念,以及尊重中国人的生活方式等较为积极的压力应对方式;也有一部分在津外国人则采取了愤怒、排斥、离开、安于现状及使用母语等消极的压力应对方式。在本书中也发现,在津外国人的压力应对中,配偶、子女和原生家庭等的家庭支持的有无,邻里间的和睦相处、社区居民的接纳、物业提供服务、管家的关心问候、社区中介所提供帮助以及社区内银行等服务机构提供双语服务等社区支持的有无,还有中国的外交政策、媒体对外国人的报道及宣传影响及在华外国人自助组织等的社会支持的有无,等等,是在津外国人采取不同压力应对方式的最主要影响因素。

同时,在本书中也发现因社区支持的不足、社区治理在提供服务性功能方面的缺乏、在津外国人自身存在的低自尊以及在津外国人自助组织支援的不足等原因,在津外国人的自我发展受到了一定的影响。而社会支持较多的在津外国人则表现出较强的自信感,自我评价较高,而且表现出努力学习中文、结交中国朋友、找到归属感等特点,而这些又对外国人的自我发展起到了非常重要的正面影响。但是在分析社会支持网络的时候也发现,在津外国人的社会支持网络较多集中在外国人的自助组织、外国人的家庭资源以及中国的外交政策等方面,而在为社区适应及融入方面的社区提供的资源及支持就显得非常的少。因此,在津外国人在社区生活过程中,并没有真正感受到自己是社区成员,并对社区有归属感,当他们有困难的时候,他们更多的是依赖能够直接提供帮助或情感慰藉的家庭和自助组织。在他们心里,社区只是他们暂时居住的场所,他们并不是社区的主人,也不可能积极参与到社区的活动之中,社区只是体验中国文化的不同人群的聚集地。

二、与前期研究中的社区融入模式比较分析

(一)入乡随俗型

在本书中,入乡随俗型的研究对象是通过跨国婚姻、留学、公司派遣和创业等的方式来中国生活的在津外国人。他们对中国的社区生活适应方面表现出较为积极和认同的态度。不仅如此,他们对天津社区环境的改善,与社区本地居民之间的关系,对自己作为社区一员需要履行的义务,以及应该享有的权利等都有着一定的需求,而且他们也为满足这些需求而做着努力。入乡随俗型的研究对象虽然也有在社区适应及融入方面的困难,以及与社区居民之间建立良好关系方面的矛盾,也有因此而带来的压力,但是他们更多强调的是在津外国人作为外来居民在天津本地应该履行的义务,以及当他们违反法律之时需要承担的责任和有可能受到的惩罚。因此,他们非常强调外国人对中国法律的遵守,强调在社区生活、适应及融入方面,外国人与本地居民建立好关系方面的努力,以及对中国文化的尊重和接纳。

　　入乡随俗型的研究对象来华目的更多的是在中国长期生活、学习或工作,因此,他们会主动地学习中文,积极去了解和学习中国文化,主动参与社区的各种活动,以便更好更快地适应及融入社区生活,习惯中国生活。而且入乡随俗型的研究对象在遇到困难的时候也会抱有只要制度完善,社区管理不断改善,人们共同努力,问题终会得以解决的信念。

　　但是在本书中也发现,入乡随俗型的研究对象虽然在适应社区生活、学习和生活方面是主动和积极的,但是因文化方面的差异,以及个人拥有的社会支持资源的缺乏,当他们遇到困难的时候,他们有时会采取消极的态度来应对。随遇而安、与世无争,对人和环境都能满足,但是是不是真正意义上的满足,还是随俗浮沉,为了适应而适应则不得而知。因此,入乡随俗型的研究对象能够积极建立人际关系,降低认同感的混乱问题,增强社区生活的适应能力的同时,也会因过于入乡随俗而有忘了自我,忽略个人情感和感受的压力问题存在。因此,对于入乡随俗型的研究对象可以从先前的文化适应理论、压力理论、社区融入理论等进行理论间的持续性的对比分析。本书中的案例1、案例4、案例7、案例14、案例16、案例17和案例18就属于入乡随俗型的社区融入类型。

　　霍阿(Khoa)和范德森(Van Deusen)根据新文化的接纳程度,把文化适应类型分为旧文化类型、同化类型和双文化类型。旧文化类型是完全拒绝接纳新文化的适应类型;同化类型是舍弃自己传统文化,积极接纳新文化的适用类型;而双文化类型是在维持传统文化的同时,有选择性地接受新文化的适应类型。[①]在本书中,入乡随俗型的在津外国人的文化适应类型与双文化类型有着相似之处。此类型的外国人在天津的生活过程中,并没有感受到很大的文化方面的差异,这并不是指入乡随俗型的在津

---

①　Khoa L. X., Van Deusen J. M., Social and Cultural Customs: Their Contribution to Resettlement, *Journal of Refugee Resettlement*, 1981(01):48–51.

外国人无条件的盲目接受或排斥新文化,而是在天津生活的过程中,他们会通过尊重不同文化,以及考虑现实情况,有选择性地接纳天津文化,同时他们也仍然不忘保持自己的传统文化。当然,我国是多民族国家,不同地区又有其不同的文化特点,天津自然也有作为中国四大直辖市的文化特点。虽然邻近北京,天津却又有不同于首都北京的文化特点,因此,在津外国人在天津的生活适应不仅受中国文化的影响,而且还受着天津的地方文化以及自身传统文化等三种文化的影响,而这一特点又是与双文化适应存在不同的差异之处。

贝利(Berry)根据个人是否维持民族认同感、是否关心与主流社会的相互作用,把文化适应类型分为同化、分离、整合与周边化四种类型。[①]在本书中,入乡随俗型的研究对象的文化适应类型与贝利划分的整合类型有着相似之处。贝利的整合类型强调移民者在异文化生活中既维持自己的民族认同感,又关心与主流社会的相互作用。在本书中发现,入乡随俗型的在津外国人在社区生活过程中,关心天津社区的主流文化,而且也积极参与到社区的活动之中,努力与社区互动。另外,入乡随俗型的在津外国人表现出了较为强烈的民族认同感,这与贝利的整合类型中强调移民者维持自己的民族认同感又存在不同。在本书中大多数的在津外国人并不会一直生活在中国,他们在中国生活,参与社区生活是为了更好更快地熟悉和适应天津文化,他们并没有同化于天津文化的想法,因此在针对外国人的社区支持较少的情况下,大多数的在津外国人会与外国人自助组织建立起更为坚实的互助关系,他们的民族认同感表现得更为强烈。

在文化适应过程中的压力应对方面,不同的学者提出了不同的应对策略。迪亚兹(Diaz)将压力应对分为积极应对和消极应对两种。而且指

① Berry J. W. et al., Comparative Studies of Acculturative Stress, *International Migration Review*, 1987(03):491-511.

出积极应对是有计划、主动积极地寻找解决适应压力的途径,而消极应对是指倾向于忍耐和自我调整。①在本书中发现入乡随俗型的研究对象对压力问题主要采取接受,忍耐并期待通过制度的完善以及外国人自身的自我调整和努力得以解决的相对消极的方式来应对。

拉撒路(Lazarus)提出的相互往来应对模式中强调,个人与环境之间的变化过程是一个动态过程,而个人对自身情况的认知水平是这个动态过程中的中介变量。换句话说,当一个人认为自己处于某一种压力情况的时候,他会通过努力改变自己与环境,或者通过调整情绪的方式带给生活和环境某些变化。②在本书中,入乡随俗型的研究对象强调来津外国人个人与环境之间的互动必要性,因此他们也主张个人在适应和融入陌生环境过程中承受压力是不可避免的一件事情。而在解决压力问题上,入乡随俗型的研究对象也主张个人的努力改变,以及制度等环境的改变。

在移民的社会融入问题上,汉恩青格(Han Entzinger)和伦斯克·比泽维尔德(Renske Biezeveld)认为移民的社会融入是一个社会同化的过程,换句话说,是社会中的不同族群在保有自己本族群固有文化的同时,不断地与流入地社会进行融合,从而产生一个新文化的过程。③汉恩青格(Han Entzinger)等人认为,移民的融入不仅仅是移民个体或群体自身对于流入地社会的同化与适应,同时也包含着流入地社会自身在面对移民群体时发生的变化。④在本书中发现,入乡随俗型的研究对象在天津生活并

① Diaz-Guerrero R., The Development of Coping Style, *Human Development*, 1979(22): 320-331.
② 김정희, "지각된 스트레스, 인지세트 및 대처방식의 우울에 대한 작용", 서울대학교 박사학위논문,1987.
③ Han Entzinger, Renske Biezeveld, *Benchmarking in immigrant integration*, Erasmus University Rotterdam, 2003.
④ 梁波、王海英:《国外移民社会融入研究综述》,《甘肃行政学院学报》,2010年第2期。

没有抛弃自己的本族群文化,而是在保有自己文化的同时,还懂得在异文化需要了解和学习天津文化,并且为更好理解天津文化,更好适应社区生活而付出努力。因此,外国人居住的社区,因异文化之间的交织和互动,在社区就自然形成一种非本土文化,又非异文化的新文化。而入乡随俗型的研究对象因表现出更多的通过自身的努力和改变来适应中国文化,生活上较少对外表露自身的文化,因此由入乡随俗型的研究对象形成的文化与本土外来人口适应本地文化的特征有些相似,但是在入乡随俗型的外国人拥有的是较少的中国文化和较少的社会支持,另外还拥有自己的本族群文化,且尊重异地文化,努力适应异地文化环境等方面的特点又是与本土外来人口的城市融入所不同的文化特征。

(二)望而却步型

在本书中,望而却步型的研究对象中除　人以随行家属的身份来天津,且在家做全职太太之外,其余三人均因工作原因来到天津生活。在望而却步型的研究对象的男女性别比为3∶1的分布上,我们也可以看出三位男性研究对象主要是因工作原因来天津生活,而一位女性则随同在天津工作的丈夫来到中国生活。在四名望而却步型的研究对象中,两名在韩企工作,一名在国际学校工作。在本书中发现,望而却步型的研究对象对在中国环境生活的外国人有必要学习中文且有必要与社区居民建立友好关系有着一定的认同,而且他们也会为此而努力。望而却步型的研究对象作为在社区生活的外国住民对社区环境的改善、对社区在对待外国人提供服务方面都有着一定的需求。笔者也发现望而却步型的研究对象有一些在社区生活和适应上的不满,但是他们却没有勇气向相关部门提出这些不满,不能采取积极措施与社区相关部门互动来解决自身的一些需求。望而却步型的研究对象在社区生活中总是表现出一种小心谨慎,沉默不语,独自处理必要的社区相关事务等特征。因此,当他们遇到适应压力的时候,他们会选择消极对待,或者忍受,或者后退。

一名从美国来津生活的研究对象因语言方面的障碍,对中国文化的不了解,社区居民之间的不熟悉和不往来,甚至遇到与社区居民见面主动打招呼也招来拒绝和不理睬态度时,他对社区中国居民感到了失望,因此他也默默选择了回避,同时也感受到了与社区居民建立关系的困难。本书中的案例11就属于这一类型。总的来说,望而却步型的研究对象有一定的独立适应外界环境的能力,他们也会为适应好社区生活而默默付出努力,而且他们也有一定的社区服务相关需求,但是因个人性格、语言障碍、文化差异、社区环境等方面的原因没有勇气采取积极主动的方式满足需求,而是对需求或不满选择沉默和忍受。虽然如此,在本书中也发现当条件成熟之后,望而却步型的研究对象也有可能转变成其他的社区融入类型。比如,本书中的案例8、案例10和案例13。

林(Lin)等把文化适应和压力结合起来,把文化适应类型分为周边神经紧张型(marginal-neurotic type)、周边脱离型(marginal-released type)、传统主义型(traditionalism type)、过度同化型(over-acculturation type)和双文化型(biculturation type)五种类型。周边神经紧张型是指为满足双边文化而付出努力,但是由于承受不了压力而处于神经麻痹状态的类型。周边脱离型是指忽视双边文化的期待标准,但又主张没有办法能够同时满足双边文化的类型。传统主义型是指为了消除文化冲击,固执坚持固有传统文化的类型。过度同化型是指与过去的传统文化完全分离,摒弃传统的支持体系,一心只想拥有新栖身之地文化而生活下去的类型。双文化型是指成功整合双边文化中好的部分,通过相互协调而生活的适应类型。①林等划分的文化适应类型中并没有一种是与望而却步型相符合的,

---

① Lin K. M., Masuda M. & Tazuma., Adaptational Problems of Vietnamese Refugees, Part Ⅲ, Case Studies in Clinic and Field: Adaptive and Maladaptive, *The Psychiatric Journal of University of Ottawa*, 1982(03):173–256.

但是周边神经紧张型和周边脱离型两种文化适应类型整合起来的特点与望而却步型有相近之处。比如,望而却步型的研究对象为满足双边文化而付出努力,但是在没有办法能够同时满足双边文化的时候,他们会面临压力,而当他们承受不了压力的时候,神经就处于紧张,最后达到麻痹状态。望而却步型的研究对象在经历了付出一些努力,没有得到积极回报之后,他们会采取相对消极、忍受或者回避后退等方式上应对不满的结果,而这样的压力应对方式使得他们慢慢开始忽视移民地文化的期待标准,甚至他们会选择为了生活而生活,而不是为了适应和融入移民地文化而继续努力。

　　望而却步型的文化适应类型与先前很多学者的研究中提到的文化适应类型并没有十分相似之处,因此也可以说是本书的创新之处。比如,贝利(Berry)把文化适应与民族认同联系到一起,把适应类型分为了同化、分离、整合和边缘化四种类型。望而却步型则与贝利谈到的分离类型和边缘化类型都有不同之处。贝利的分离类型是指移民者拒绝与主流社会的相互作用,而始终保持自身文化和民族认同的适应类型。边缘化则是指既不与主流社会相互作用,也不想维持自身民族文化和民族认同的态度。在本书中,望而却步型的在津外国人并不拒绝与主流社会的相互作用,也并没有强调和主张只维持自身的文化和民族认同,而是试图通过自身努力,特别是更希望通过周围环境的改变,通过社区居民的主动接纳来获得社区生活的主人公地位和幸福感,但是当理想不能成为美好现实时,望而却步型的研究对象就主动选择知难而退,消极忍受。

　　弗里德里克(Frederic)把压力应对类型分为对压力源直接采取行为、不改变而直接接纳压力源的接纳行为、对压力采取合理化或逃避的行为三种类型。①另外,布朗(Bown)等根据个人回避压力与否,把压力应对类型分为回避应对和非回避应对两种类型。②而望而却步型的研究对象的压力应对方式与弗里德里克的不改变而接受压力的接纳行为和对压力采取逃避的行为,以及布朗的回避应对压力模式有着相似之处。当然,在本书中也发现,望而却步型的研究对象虽然在应对压力的时候更多选择了回避或者沉默,但是他们却有过努力作出适应和融入社区生活的经历,也有着对社区生活服务及参与方面的需求,只是因为与社区居民缺乏良好的关系建立,缺乏社区支持网络的建立,以及缺少对中国社区文化的了解,因此在遇到压力和问题的时候,他们未能选择继续努力和自身方面的改变,而是选择了放弃努力和回避问题。因此,当社区为他们提供关心和帮助,为他们提供所需资源的时候,望而却步型的研究对象也会有转变成其他社区适应及融入类型的可能性。

(三)安于现状型

在本书中,安于现状型的在津外国人来华时间较长,平均来华时间达15.6年。本书中的五位安于现状型的来津外国人中,来津目的分别是跨国婚姻1人,工作2人,留学1人,随行家属1人。在来华之初,安于现状型的研究对象与其他的在华外国人一样有过不同程度的生活适应、语言适应、文化适应等方面的困难,但是随着时间的推移,随着对中国文化的慢慢了解,语言方面的障碍慢慢减少,以及适应环境的能力有所提高,安于现状型的研究对象也已经开始按照自己的方式适应自己生活和工作的环

---

① 박성학, 기독교인의 스트레스 대처능력 조사연구[D], 학교법인석사학위논문, 1992:6.

② Steven D. Brown, Health L., Coping with Critical Life Events: An Integrative Cognitive-Behavioral Model for Research and Practice, In S. D. Brown, R. W. Lent(Eds.), *Handbook of Counseling Psychology*, John Wiley & Sons, 1984:545-576.

境。安于现状型的研究对象目前还是存在语言方面的障碍,他们并未完全精通汉语,而且他们也改变不了自身是外国人的身份,因此他们不会因存在差异和障碍而选择放弃适应和学习,而是承认自身的身份认同,承认文化上的差异之后,不再提出更多改变现状的需求,他们会在强大的家庭成员的支持下,在居民之间相互尊重和维持秩序的前提下,选择适合自己的社区适应和融入模式。因此,安于现状型的研究对象不同于望而却步型的研究对象有着较多的心理压力和适应困难,而且也不同于入乡随俗型的研究对象那样有着较为积极的融入移民地文化之中的热情。

因此,本书也发现,安于现状型的研究对象可以分为两种不同的类型。一种是通过跨国婚姻选择在中国生活的外国人,因为是跨国婚姻而且是定居在中国生活,因此这一类研究对象有着强大的国内社会支持体系,语言障碍、文化差异虽然是个人在异地环境遇到的适应方面的压力源,但是当他们遇到困难的时候,并不会有很大的压力,因为这些压力自然会有家庭成员帮助解决,他们无需担忧自己的语言障碍是否会影响社区融入,也无需为生活琐事而焦虑操心,他们始终有着一颗满足于现实生活,不急不躁地处理自己的事务,且安于现状,有着慢慢学着去适应和融入社区生活的心态。这一类安于现状型的在华外国人对社区融入持有积极和肯定的态度,而且对中国的文化有认同,对目前的生活也很满足。本书中的案例2就属于这一类型。

另有一种安于现状型的在津外国人则表现为对日常生活已经习以为常。当他们通过努力后发现有些社区融入方面的需求,文化方面存在的差异,社会支持资源的缺乏,社区环境特点等仍然是阻碍居民之间形成良好信任关系,阻碍沟通交流,影响外国人社区融入的重要因素时,他们会自然而然地放弃想通过改变环境而解决社区融入压力的想法,他们会选择通过尊重社区的文化和社会秩序,选择不是盲目地为了融入而融入社区,而是以自己的实际需要为先,通过获得同族群建立起来的更为信任的社会支持体系的帮助,选择按照自己的生活方式适应和融入社区生活。这一类在津外国人几乎不参加社区活动,也不积极与社区居民建立关系,对他们来说社区仅仅是为他们提供住宿的地方而已,而他们更多的是与自己的同族群或其他外国人进行更深的交流和互动。他们满足于目前的生活,把自己仅仅看作在社区生活的住民,而且是与本地居民并不需要有太多联系的过客而已。虽然没有更多融入社区的需求,但是这一安于现状型的研究对象也主张学习中文确实会在中国生活带来方便,对外国人的社区融入会更有利,但是他们也同样强调社区在外国人社区融入方面提供的服务很少,特别是社区在为居民下发的重要通知中应考虑社区多元文化特点,为外国人提供外文翻译的通知内容,否则很难形成社区多元文化共存,和谐社会的构建。本书中的案例3、案例5、案例9和案例15就属于这一类型。

柯林(Pearlin)等把压力类型分为情况调节行为、意义控制行为和防御行为三种类型。情况调节行为是指解除或调节引起紧张经验情况的行为。意义控制行为是指在引起紧张经验的压力产生之前提前对紧张经验意义进行控制的行为。防御行为是指把因压力而产生的情绪上的反应控制在自己可以承受的范围之内的行为。[①]压力应对是一个过程,安于现状型的研究对象在应对压力情况的时候也会经历柯林(Pearlin)的三种类型的压力应对过程。当社区融入过程中因语言、文化差异、交流等方面的原因出现了压力问题的时候,一部分安于现状型的研究对象就会通过利用强有力的社会支持体系资源进行解除或调节,而也有一部分的安于现状型的研究对象则通过尊重、接纳社区环境的方式,把因压力可能产生的情绪上的反应控制在自己可以控制和承受的范围之内。因此安于现状型的

---

① Pearlin L. I., Schooler C., The Structure of Coping, *Journal of Health and Social Behavior*, 1978(01):2–21.

研究对象较少承受适应和融入社区的压力，即使遇到压力问题，他们也会选择最少承受压力的方式解决压力。

在文化适应类型方面，安于现状型的研究对象与霍阿（Khoa）和范德森（Van Deusen）提出的双文化类型（bicultural pattern）[①]，林等人的双文化类型（biculturation type）[②]，以及贝利的整合（integration）[③]类型等新文化适应类型有着相似之处。双文化类型强调维持自身传统文化的同时，有选择性地接受新文化的适应类型，而整合类型也强调在维持自身民族认同的同时，还关心与主流社会的相互作用。安于现状型的研究对象承认和尊重文化之间的差异，也有较强的自我民族认同感，强调与主流社会的相互作用和适应新文化环境的重要性。但是在本书中也发现一部分安于现状型的研究对象在新文化适应初期，虽然表现出了积极地与主流社会的相互作用，但是在与新文化环境相互作用而出现适应压力的时候，他们就选择放弃与新环境的持续互动。当然放弃并不代表他们不关心主流社会文化，而是在了解了文化之间的差异，新文化环境中的融入并不是通过相互作用就能够得以很好解决的时候，他们就会在尊重文化差异的前提下，选择更快更好获取资源的同民族群体的社会支持网络，通过尽量较少承受适应压力的方式选择性地接受和适应新文化。

（四）发展自我型

本书中的发展自我型的社区融入类型顾名思义是以自我的不断发展

---

①　Khoa L. X., Van Deusen J. M., Social and Cultural Customs: Their Contribution to Resettlement, *Journal of Refugee Resettlement*, 1981(01):48−51.

②　Lin K. M., Masuda M. & Tazuma L., Adaptational Problems of Vietnamese Refugees, Part Ⅲ, Case Studies in Clinic and Field: Adaptive and Maladaptive, *The Psychiatric Journal of University of Ottawa*, 1982(03):173−256.

③　Berry J. W. et al., Comparative Studies of Acculturative Stress, *International Migration Review*, 1987(03):491−511.

为主要特征,发展自我型的研究对象在面对社区适应和融入问题和压力的时候,会采取积极的压力应对方法来解决。他们的社区融入特征并不表现为完全同化于社区文化和中国本土文化,也并没有想永远居住在一个地方的计划,而是在每日的异文化环境中的生活过程中,他们不断地会通过学习中文、理解社区居民、建立良好邻里关系、尊重和接纳当地的社会秩序、积极参与社区活动、与当地相关部门人员建立良好关系等的方式努力和发展自我,并且在遇到困难的时候,他们也会主动采取利用社区资源的方式解决困难问题。当然他们也会与同族群成员建立良好的信任和互助关系,而且通过建构强有力的同族群的社会支持体系达到更好适应异文化环境,达到更好解决压力和发展自我的目的。

发展自我型的研究对象在异文化环境的生活过程中有着一定的适应和社区融入方面的需求,他们希望社区的相关部门、社区居民或相关自助组织等能够为他们的异文化环境适应提供有用资源和有效帮助,当然他们自身也会为满足这些需求和解决融入方面的问题而努力。发展自我型的在津外国人普遍认为既然来到中国生活,学习中文、尊重中国文化、理解中国人的生活模式等是更好适应中国环境,更好生活在中国的基本前提。因此,发展自我型的研究对象会努力学习中文,甚至大多数的发展自我型的在津外国人在来中国之前就已经在本国学习了一定程度的中文,而且在来到中国生活期间也会不断地通过各种方式学习中文。

在本书中发现,发展自我型的研究对象在适应中国文化的过程中虽然也遇到过适应上的压力问题,但是他们并没有对此表现出过多的不满,也没有因此而放弃与社会接触和相互作用的努力,他们选择的是如何更好地运用较为合适的方式解决压力问题。因此在本书中也可以发现,发展自我型的研究对象具有较强的自信心和自我意识,对生活具有较强的计划性和目标性。

本书中案例6的发展自我型研究对象就是为了子女接受更好地教

育,也为了实现自己更远大的理想,毅然选择暂时把在中国经营了近14年的眼镜店委托给自己的父母和中国职员经营,夫妻二人则计划带着子女去国外生活和发展。另外案例22的发展自我型研究对象在中国不仅经营着糕点店,而且还积极参与社区的公益活动,作为社区一员为社区在管理外国人方面贡献自己的一份力量。不仅如此,案例22的研究对象还为社区在统计社区韩国人信息,了解他们的生活情况以及沟通方面提供了帮助。可以说,案例22研究对象在社区和在津韩国人之间起到了非常重要的桥梁作用。案例6、案例12、案例20、案例21和案例22的研究对象属于发展自我型的社区融入类型。

发展自我型的研究对象的文化适应类型与霍阿(Khoa)和范德森(Van Deusen)提出的双文化类型有着相似之处。双文化类型是指在维持自身传统文化的同时,有选择性地接受新移民地文化的类型。发展自我型的研究对象不仅维持着自己的民族传统文化,在中国生活期间也会不断地为学习、尊重和接纳中国文化而努力。发展自我型研究对象的文化适应类型还与贝利的文化适应类型中的整合类型有着相似之处。换句话说,发展自我型的研究对象在维持自己民族认同感的同时,也关心与主流社会的互动。除此之外,发展自我型的研究对象还具有通过与主流社会的互动发展自我,实现自己生活目标的特点。这与单纯努力适应移民地文化环境,只是为了单纯地与移民地环境互动有着本质上的不同。这也是发展自我型的适应类型与安于现状型的适应类型不同之处。

迪亚兹(Diaz)将压力应对分为积极应对和消极应对两种类型。积极应对主要指有计划地、主动积极地寻找解决适应压力的途径,而消极压力则更倾向于忍耐和自我调整。[1]发展自我型研究对象在面对压力问题的

① Diaz-Guerrero R., The Development of Coping Style, *Human Development*, 1979(22): 320–331.

时候往往采取迪亚兹所提到的积极的方式来应对。在本书中发现,发展自我型的研究对象采取继续学习中文及中国文化,通过与中国居民或社区相关部门工作人员沟通交流,以及与中国居民构建社会支持体系等的方式解决在社区生活适应及融入方面存在的压力问题。而中国相关部门工作人员对在华外国人提供的热心服务,耐心讲解以及平等对待等肯定态度对在津外国人顺利适应天津生活起到了很重要的促进作用。

拉撒路(Lazarus)从认知现象学的视角提出了相互往来的压力应对模式。在相互往来应对模式中,他把个人与环境之间的变化过程看作一个动态的过程,并且提出此动态过程中的中介变量是个人对自身情况的认知评价。他把认知评价分为一次评价和二次评价两种。一次评价是指对环境是否存在压力进行判断,即对何种情况对自己来说是压力进行判断。二次评价是指个人在压力环境下对自己能够做什么进行评价。[1]发展自我型的研究对象在遇到困难和压力时,他们往往表现出较强的对自身能力以及周围环境和资源等的判断和评价能力。在个人与环境之间发展自我型的研究对象表现出很强的改变自身和环境,调节个人情绪及利用可利用的社会资源等的能力,而且通过这样的过程完成自身不断发展的目标。

发展自我型研究对象的压力应对行为又与比林斯(Billings)和莫斯(Moos)的评价指向行为和情绪指向行为类型[2],与柯林的情况调节行为和意义控制行为,布朗的非回避应对等类型都有着相似之处。也就是说,发展自我型的研究对象当面临压力问题的时候并不是选择回避的方式应

---

① Lazarus Richard S., The Stress and Coping Paradigm, In C. E. Eisdorfer et al. (Eds.), *Models for Clinical Psychopathology*, S.P. Medical & Scientific Book, 1981:177-214.

② Andrew G. Billings, Rudolf H. Moos, Coping, Stress, and Social Resources among Adults with Unipolar Depression, *Journal of personality and Social Psychology*, 1984(04): 877-891.

对,而是采取积极的对压力环境及问题进行再界定等的方式,对有可能引起压力或已经引起紧张经验情况的行为进行解除或调节。

在本书中发现,发展自我型的研究对象来华目的并不一样,有的是工作原因来华,有的是为了留学,也有的是为了创业,而且他们来华的时间也都不同,但是他们却存在一个共同的特点,那就是对中国文化的持续学习和关心,有着较好的中国的社会支持体系,有着较强的社会活动参与意愿,以及较强的自信、独立和目标等特点。因此,当他们遇到文化冲突的时候,并不会选择回避或者否定,而是通过尊重、理解和接纳等方式使文化冲突最小化。

(五)犹豫不决型

本书中,犹豫不决型的非同化客居者社区融入类型的研究对象并不多,只有一人,即案例19。案例19研究对象来自法国,在中国已生活有五年之久,在外企工作。与同是从国外来的同事生活在一起。犹豫不决型的研究对象不同于本书中的望而却步型研究对象,望而却步型的研究对象具有一定的适应需求,也有过努力适应环境的经历,但是当遇到困难和适应压力的时候,他们往往表现出胆怯、后退,而犹豫不决型的研究对象则表现出在华生活并不清楚具体有何需求,也不知道具体要做什么,如何去做,做事拿不定主意等特点。犹豫不决型研究对象又不同于安于现状型研究对象。安于现状型的研究对象因有强大的中国家庭等的社会支持体系,或者对社区适应和融入有一定的需求,并且通过一段时间的努力之后,当遇到克服不了的压力之后就会放弃努力,处于安于现状的状态。而犹豫不决型的研究对象则对适应并没有什么特别要求,也不知道应该有何需求,有着并不想努力适应异文化环境的特点。

一般情况下,来华时间较短的外国人会因语言、文化差异、风俗习惯、生活习惯等方面的差异,在初期会出现生活方面的不适应,甚至会出现遇事不知所措的事情发生。但是当了解了中国文化，理解了不同地方的风俗习惯之后，很多的在华外国人会渐渐地对中国文化、中国人及中国风俗习惯等表现出接纳、否定、尊重、认同等的不同态度。换句话说，大多数的在华外国人会随着时间的推移，慢慢地形成适应中国生活环境的不同模式，然后会以各自认为最为合适的方式在中国生活，而这些适应方式因人而异，不尽相同。而来津已有五年之久的犹豫不决型的研究对象目前仍然处于没有完全适应中国环境的状况。他对中文还是非常的陌生，甚至没有学习中文的需求，也不清楚是否应该学习中文，因为平日里生活方面有会说中文的外国朋友为他解决语言方面的障碍，在工作方面则使用法语和英语进行交流，因此他的生活相对单调，除了工作，在周末的休息和娱乐时间他也都是与外国朋友在一起，缺乏与中国本土居民进行互动和建立邻里关系的欲望，甚至也没有与公司的中国同事有更深接触和了解等的特点。因此犹豫不决型的研究对象在不熟悉的中国环境中生活，没有中国朋友，语言有障碍的情况下，目前对于自己未来的工作方向、生活目标及目前需要去做的一些事情等都很茫然，犹豫不决。但是随着时间的推移，经过自己的努力，犹豫不决型的在华外国人也会有可能慢慢地适应中国环境，而且找到自己适应社区环境的方式，那么犹豫不决型的在华外国人也可能会转变成其他类型。

　　犹豫不决型的研究对象的文化适应类型与霍阿（Khoa）和范德森（Van Deusen）提出的旧文化类型、林的传统主义型有着相似之处，但是又有着不同之处。霍阿和范德森（Van Deusen）把文化适应类型分为旧文化类型、同化类型和双文化类型等三种类型。而旧文化类型是指完全拒绝接纳新文化的类型，而林的传统文化型强调为了消除文化冲击，固执坚持固有传统文化的类型。本书中，犹豫不决型的研究对象表现出来的几乎不说中文，主要使用法语和英语与人交流，对中国文化并没有太大的兴趣，也没有具体的在社区适应过程中参与社区活动或关心邻里关系建立等的特征上,可以理解为某种程度的对新文化的拒绝行为,这与学者们强调的完全拒绝接纳新文化的类型又有些不同。因为犹豫不决型的研究对象在需要理解某些中文的时候,他也会学着使用手机翻译软件理解中文的意思,虽然不参与社区活动,但是他对社区环境有着较好的评价,而且有着学习中文会对文化适应有很大的帮助的意识,只是在付诸行动的时候显得不积极,而且不知道该如何行动而已。因此并不能说是完全拒绝新文化,而是为了消除文化差异可能带给自己的压力问题,犹豫不决型的研究对象在决定某件事情的时候,相对优柔寡断,犹豫不决,仍然坚持自己的文化传统而已。

犹豫不决型的适应类型与贝利的分离类型也有着一定的相似之处。分离是指不与主流社会相互作用、继续维持自身文化和民族认同的态度。犹豫不决型的研究对象虽然认识到在中国生活就有必要学习中文,了解中国文化,也谈到因中文并不是很好,因此在中国生活和工作的时候总是会不自信,提到社区应该是人人平等的一个地方,但是在与主流社会的接触过程中,犹豫不决型的研究对象却与主流社会不进行积极的互动,而是更多地维持自身文化和民族认同。但是在本书中也发现,犹豫不决型的研究对象因遇事情总是犹豫不决,对环境适应相对较慢且关心较少,因此与贝利的分离类型又存在一些不同。犹豫不决型的研究对象表现出对中国文化并不反感,也不是不尊重中国人和中国文化,因此当环境发生变化的时候,比如社会支持体系的建立、社区活动中积极动员外国人参加、安排与中国职工一起办理中国国内事务,社区或公司为外国人提供免费中国语学习机会等,那么犹豫不决型的研究对象与主流社会的接触和互动会随着环境的改变而有所变化。而这可以从有些研究中发现的跨文化适应者并不能自由选择适应策略,跨文化适应者采用何种适应策略主要取决于主流文化群体的态度①,即主流文化群体对移民的不同态度迫使其采用不同的使用策略的研究结果中找到依据。

对于移民者的异环境融入一般会经历异环境的文化适应、异环境中产生的压力应对,然后是异环境的融入与否等过程。因此,本书也是按照文化适应、压力应对和社区融入的过程对在异环境生活的外国人进行了融入类型的分析。外国人在异文化环境中的融入与否、融入好坏又与异文化适应以及异文化适应过程中的压力应对等有着密切关系,可以说移民者的社会融入程度是移民者如何适应异文化和如何应对异文化适应压力的结果。因此,在研究在津外国人的社区融入之前,分析他们的文化适应及压力应对模式是理解社区融入的重要部分。

先前的移民者异文化适应相关研究都会根据移民者接纳、维持新文化和对自己民族认同的程度把移民者的文化适应类型分为同化、整合、分离和周边化四种类型。在本书中发现,在津外国人的文化适应类型中有与几种类型相似之处,也有不同之处。本书中既有同化、整合、分离和周边化等的文化适应类型,又出现了先前的很多研究中并没有提到过的望而却步型和犹豫不决型的适应类型,而这两种文化适应类型也可以说是本书的创新所在。另外,在本书中也发现,发展自我型的研究对象几乎都是韩国人,而他们中的大多数能够在中国创业,建立起较好的社会支持体系,以及能够比其他国家的外国人说中文较好,这在很大程度上与他们在中国国内生活时间较长,且与中国会说韩文的朝鲜族建立起较好的人际关系,因此在语言方面的障碍较少有着一定的关系。不仅如此,发展自我型的研究对象与朝鲜族一起共事,因此在适应异文化环境的过程中,利用朝鲜族这一有用资源学习中文,更快了解中国社区文化,在朝鲜族的帮助

①　李萍、孙芳萍:《跨文化适应研究》,《杭州电子科技大学学报(社科版)》,2008年第4期。

下了解与建立与中国居民之间的人际关系,以及获得与政府相关部门工作人员的接触、交流和建立关系,甚至会为自己的更好发展设定目标,且付诸行动等都起到了非常重要的作用。

因此,在本书中发现,朝鲜族在在津韩国人适应社区生活、参与社会活动和发展自我等方面起到了重要的桥梁作用,对在津韩国人来说是很重要的社会支持资源。这与先前很多学者单纯地研究移民者个人适应移民地文化,中间没有研究像朝鲜族这样具有特殊特征的中介变量可以帮助移民者减少语言障碍,或者可以帮助移民者解决适应压力,可以为外国移民者提供社会支持的异文化适应类型有着本质上的差异。这也是本书具有创新的地方。

第三节　研究的理论意义、实践运用及政策建议

在本书中,笔者针对在天津社区生活的外国人的社区融入类型进行了研究。笔者认为社区融入是一个过程,它一般包括适应、压力应对、社区融入与否等的过程。外国人在异文化环境中的社区融入与否,社区融入程度与他们如何适应异文化环境,以及如何处理在适应异文化环境过程中遇到的压力问题有着很重要的关系。可以说在津外国人的社区融入与否及融入程度是他们以各自的方法适应天津及中国文化,解决适应文化过程中的压力的结果。本书是质性研究,而且是利用扎根理论方法尝试理论建构的研究,因此本书具有重要的理论意义。另外,本书的外国人异文化环境适应、适应压力以及社区融入等问题是需要地方政府、社区相关部门、有外国人学习的学校、有外国人工作的企业等需要关注的问题。社区中越来越多的外国居民必然会对社区的人口结构、相关制度制定、社

区管理等方面提出挑战。因此,从实践方面提供适合不同适应类型的在津外国人需求的服务,以及制定完善的社区管理相关规定将有利于多文化社区的稳定发展,本书在这方面具有重要的实践意义。

一、研究的理论意义

在本书中,笔者发现在津生活的外国人在与社区居民、社区居委会、物业、保安、在津外国人自助组织以及地方政府部门工作人员等接触、建立关系、互动的过程中不可避免地因文化方面的差异、语言方面的障碍、社会支持资源的缺乏等原因而出现社区生活方面的不适应问题,而这又会给在津外国人带来不同程度的适应压力,异文化适应以及异文化适应压力应对都会对在津外国人的社区融入与否以及融入程度带来影响。在本书中,在津外国人的社区融入的中心现象为"边缘式'嵌入'"。而社区融入的类型也分为入乡随俗型、望而却步型、安于现状型、发展自我型和犹豫不决型五种类型。

首先,先前的文化适应相关理论中,针对移民者在移民地的文化适应类型分为了同化、分离、整合和边缘化等类型,而针对融入的类型并没有提及很多,很多研究也是把适应和融入整合到一起来谈,对适应和融入的概念并没有做明确的界定。本书发现,适应和融入虽然关系密切,但是两者之间还是存在差异,移民者的异文化适应好坏对他们在异文化的融入与否以及融入程度起着重要的影响,但是社会融入并不仅仅受适应的影响,它同时受到社区居民之间的关系好坏、社区相关部门对外国人工作的管理,地方政府对在津外国人的制度规定,在津外国人自助组织的支持,个人对自我认同感的评价等很多方面的因素影响。虽然以上的因素对移民者的异文化适应同样也起着重要的影响,但是能够融入社区以及社会已经超越了适应的阶段,融入除了文化方面的适应,还更多强调身份认同方面的问题,强调与社会的互动。在本书中发现,在津外国人的社区融入并不一定是强调民族和国家认同感,也不是单纯的以移民者与移民地主流文化,主流社会的关系是否超越了对自身传统文化的维持程度来判断移民者在主流社会中的适应与否,融入的概念相对更加广义。本书中虽然有很多研究对象适应了天津的文化,熟悉了社区的生活以及生活上感到了一定的满足感,但是在涉及是否已融入社区及社会之中的时候却发现几乎没有多少研究对象是真正融入其中的。因此,本书也推导出了在津外国人的社区融入的主要现象是"边缘式'嵌入'"。此研究在对先前的移民者的异文化适应及社会融入相关理论中没有提及的适应及融入类型的进一步探讨具有重要的理论方面的意义。

其次,本书的社区融入问题还涉及移民者在异文化适应方面所面临的压力问题的应对方式的分析。先前的压力相关研究中提到了社会支持与压力之间的关系,而且强调社会支持在缓冲压力方面起着积极的作用。另外,先前的理论中也强调社会支持主要包括了移民者群体组建起来的自助组织、移民者家庭、亲戚、同乡等成员、移民当地居民及相关部门工作人员、移民地的外国人相关制度和规定等资源。在本书中,笔者也发现了社会支持对压力应对方面的积极效果,发现先前的理论中强调的社会支持资源确实对在津外国人的压力应对方面起着非常重要的作用。但是同时笔者在本书中也发现了先前的理论中并没有提及的,针对某些特殊外来群体所具有的特殊的社会支持资源的影响作用。比如,本书中发现在津韩国人的社会支持资源就与其他来津生活的外国人存在明显的不同,甚至可以说是专属于韩国人所拥有的特殊的社会支持资源,这一特殊的社会支持资源就是中国的朝鲜族这一群体。

中国朝鲜族是由朝鲜半岛迁入我国的越境民族,他们迁来时带来了世代相传的传统民族思想和民族风俗,因此生活在中国的朝鲜族保留着自己传统的民族文化,而且朝鲜族通过与中国的其他少数民族共同参与中国的政治、经济、文化生活的发展,他们已经拥有了自己独特的少数民族文化。朝鲜族人与韩国人都保留着传统的民族文化,特别是1992年中韩建交以来,中国朝鲜族往来于中国和韩国,韩国的一些企业也来到中国发展,中韩之间的文化、经济、贸易等很多方面的交流促进了朝鲜族与来津韩国人之间的交流和往来。因此,初来中国工作、学习或生活的韩国人就会认为在他们经历异文化适应语言障碍较大的初期,如果有朝鲜族同事、朝鲜族邻居或者朝鲜族中介等可以为他们提供帮助的话,他们会较为顺利地面对因语言、文化方面的差异而出现的适应方面的压力问题。而在本书中笔者也发现,在天津生活适应较顺利,积极参与社会活动以及能够通过较为积极的方式融入社区的一些韩国籍的研究对象,他们都提到朝鲜族这一社会支持资源在他们遇到文化适应及社区融入方面压力的时候所起到的重要的缓解压力、解决压力等的作用。因此,本书在社会支持与压力相关理论的完善方面可以说提供了重要的参考性资料,对于相关理论的检验及建构都有着重要的理论意义。

最后,本书采用扎根理论的质性研究方法对在津外国人的社区融入类型进行了探索。到目前为止,文化适应相关研究已有很多,而且大多数的研究采用了定量研究方法对文化适应的影响因素、移民者的生活现状等进行了研究,但是笔者认为不论是文化适应还是社会融入都要经历发生、发展、确立身份等的一系列活动过程,因此文化适应和社会融入不是结果,而是一个过程。过程研究则更适合使用定性研究的方法,因此本书在选择方法方面具有一定的创新。另外,在本书中笔者对在津外国人的文化适应及社区融入的过程进行了研究,而且采用的是扎根理论的质性研究方法,目的是想通过此方法推导出在津外国人社区融入的不同类型,分析在津外国人在文化适应和融入过程中存在的具体问题,以及通过与适应、压力及融入相关理论的不断比较,探索能够建构或完善相关理论的重要因素,因此本书在这些方面也具有重要的理论意义。

　　当然,本书也存在着研究对象选取不充分,访谈资料并没有达到完全饱和,社区融入及文化适应相关概念探索及分析不充分,在津外国人社区融入中的所有的中心现象并没能全部展现出来,研究结果缺乏代表性等问题,因此研究还存在一定的局限性。笔者在今后的研究中还将对在津外国人的文化适应、压力问题及社区融入的意义等进行更为深入地探索。另外,本书在探索地方政府有关在津外国人的制度规定,社区在对外国人的管理等方面还存在不具体、不深入的问题,因此在今后的研究中将继续完善这一部分研究。

二、研究的实践运用

　　本书主要就在津外国人的社区融入类型进行了探索,并且发现社区融入的结果是"成为非同化客居者",社区融入的类型也分为了入乡随俗型、望而却步型、安于现状型、发展自我型和犹豫不决型五种类型,社区融入的中心现象为"边缘式'嵌入'"。随着中国的改革开放,越来越多的外国人选择来中国工作、学习和生活。特别是近年来天津经济发展迅速,生态环境也变得越来越好,加上城市自身的文化古韵,吸引了不少来自全世界不同国家、各种肤色的外国人。2019年4月14日,由科技部(国家外国专家局)主办的第十七届中国国际人才交流大会上,天津上榜外籍人才眼中最具吸引力的中国城市,且跻身前十。评选城市由外国专家组成的评选委员会根据外籍人士进行的投票结果选出,评选的四个一级指标分别为工作、生活、政策和政务环境,二级指标有升迁发展机会、工作及创业环境、国际化氛围与多元文化、子女教育环境、在华身份相关政策、引进及评聘政策、政务人员工作质量、相关机构配置等十八个。①

外国人来天津生活、工作和学习也感受到了天津日新月异的发展变化。他们对天津有着深深的情感,甚至把天津看作他们的第二故乡。在本书中也发现很多的在津外国人在天津生活已经超过十年,而且还有长住天津的计划。因此,天津政府以及在津外国人工作及管理相关部门在稳定和发展天津本地居民的生活、工作和学习等各方面环境的同时,也应该为越来越多来天津生活的外国人所形成的多元文化环境的健康稳定发展做好充分的准备,并为此作出努力。而很好了解在津外国人的文化适应及社区融入过程中存在的问题和需求,探索他们的适应及融入类型,就可以为在津外国人进行分类管理和提供个别化服务,对制定外国人管理相关法律和制度都有着非常重要的实践意义。

本书发现,大多数的在津外国人在天津生活期间会经历不同程度的因语言、饮食、风俗习惯等原因而产生的适应方面的压力问题。通过本书也发现,生活在社区中的外国人在适应初期因语言方面的障碍无法很好地处理日常生活中的一些琐事,也无法与人进行很好交流,他们最需要的是能够为他们的基本生活提供帮助的人、团体或机构。社区的中国居民,特别是同在一个楼栋生活的近邻,社区居民委员会、物业、业主委员会等的服务部门能够为他们提供帮助的话,在津外国人的适应压力就会有所缓解,对适应和融入社区生活充满信心。在本书中很多研究对象谈到并不清楚居委会、物业等部门的具体职责是什么,很多在津外国人把物业只是片面地看作维修破坏的楼道、水管、收物业费的部门,大多数的研究对象甚至并不知道居民委员会的存在。因此,通过本书,社区的相关部门工作人员能够很好地了解在社区生活的外国人的生活现状,主动地为他们

---

① 澎湃新闻,"聚焦:天津上榜外籍人才眼中最具吸引力中国城市",2019.4.16,
https://www.thepaper.cn/newsDetail_forward_3300435。

提供他们所需要的服务,甚至可以专门设立为外国人提供语言障碍等服务的外国人服务专区为在津外国人提供服务,那么解决在多元文化环境中可能会发生的各种矛盾或冲突会有更好效果。因此,本书对于建构和完善社区管理服务体系,探索适合不同类型的在津外国人的压力应对方式,以及建构多样化的社会支持网络,促进中外居民之间的友好相处,促进社区向国际化社区发展都具有重要的实践意义。

在本书中发现,很多的在津外国人会通过外国人教会、外国人联谊会、在津外国人自助组织、国际学校、外企等组织的帮助和支持,获得应对压力的方法。在异文化适应初期,在津外国人会因语言障碍、文化差异、缺乏社会支持等方面原因而呈现出适应压力较大的特征,而此时如果以上的类似外国人自助组织等的社会支持资源能够为初到天津的外国人提供社会支持,对于初来天津的外国人来说无疑是最大的安慰,也是他们积极生活的动力。这些也会对外国人的精神上的空虚和孤独,生活上的无助和彷徨等带来希望,使他会变得更加依赖这些组织。因此,天津市的外国人管理相关部门可以与这些组织建立起良好的关系,在管理他们在中国国内安全守法,开展有益于促进合作和发展的工作之外,也可以利用这些资源为来津外国人的文化适应及社会融入等提供帮助,以达到既与国际友人建立友好关系,进而促进国家之间的友好合作往来,又达到很好管理多元文化环境的建构,为天津市能够为中国在国际地位提高及稳固起到重要的中坚力量的目标。

另外,在本书中也发现有一部分外国人是通过跨国婚姻的形式定居在中国。随着改革开放,中国与各国之间的交流和往来的频繁,中外跨国婚姻的件数也有逐年增加趋势。通过跨国婚姻的形式定居在中国的外国人相比以其他形式来中国生活的外国人,虽然有较为稳定和持久的社会支持资源,社区生活适应方面并不会感到有太大的压力,在异文化适应方面也并非觉得存在很大的文化差异,但是他们也会在独自与他人交流和建立人际关系的时候,会出现因文化差异、语言障碍、饮食习惯等方面的不同而遭遇适应方面的障碍。另外,以跨国婚姻的形式来中国定居的外国人有可能长期生活在中国,对他们来说,大多数的社会支持资源是包括他的配偶及配偶的亲戚、朋友等人在内的中国人,他们更多的是希望自己能够融入社区和社会之中,成为中国家庭中的一员。

随着跨国婚姻人数的不断增多,中国的人口结构、家庭模式以及外国人和外国人家庭相关制度内容等都会有一定程度的改变,因此针对以跨国婚姻形式来中国定居的外国人的生活适应问题,我们有必要通过对其中国配偶及配偶家庭提供关心和支持,通过构建和完善跨国婚姻家庭相关制度,通过相关部门建立多元文化家庭服务体系,通过营造包容、和谐和合作的社区多元文化环境,为选择跨国婚姻的外国人能够较为顺利地适应社区文化,融入社区生活,最终能够成为真正的中国公民提供帮助。

在本书中发现了五种在津外国人的社区融入类型。这五种社区融入类型分别是入乡随俗型、望而却步型、安于现状型、发展自我型和犹豫不决型。有的在津外国人虽然经历异文化的适应问题,但是却表现出对异文化的好奇心,他们喜欢主动学习异文化,了解异文化的风俗习惯,表现出对异文化的尊重和接纳,以及愿意与本土居民建立良好的关系而努力。有一些在津外国人则表现出不能很好地适应异文化环境,或者在遇到文化冲突的时候选择了回避、拒绝、放弃等的消极方式来应对。而还有一部分在津外国人在异文化适应方面则表现出不仅采取接纳和肯定的态度接受异文化,而且还通过积极参与社会活动的方式为融入社区而努力。在问到是否认为已经适应并融入社区生活的时候,大多数的受访对象主张已经适应并融入社区生活,但是当继续问到已经适应和融入社区的依据是什么的时候,受访对象谈到他们理解的适应和融入只是目前仍然生活在中国而且生活方面没有大的障碍。因此,在本书中受访对象的社区融入只是呈现出了"边缘式'嵌入'"特征,而意识和认知等方面并没有对融入和适应有很好的理解和改变。

异文化适应且融入异文化环境之中是一个过程,也是一种意识,更是一种个人的价值取向问题。让在华外国人真正融入中国环境并不是一件容易的事情,当多种文化交织在一起的时候,不可避免地会因文化方面的差异、语言方面的不同以及生活习惯、风俗习惯等的不同而产生各文化之间的冲突。解决各文化之间的冲突需要相互之间的理解和接纳,尊重和认可。异文化的理解和接纳更需要社会支持体系的支持和帮助,也需要社会各方力量的合作和努力。因此,针对不同的社区适应及融入类型的在津外国人,包括社区及相关部门制定相关的制度和规定来保护在津外国人的权利的同时,还应该通过利用自助组织的资源,社会支持体系的建构和各方力量的共同努力来为在津外国人的顺利适应提供服务。

三、政策建议

在新时代背景下,社区作为国家和社会最基本的治理单元,不但承担着重要的社会治理职能,而且深刻影响着国家和社会进步的各个方面。为了使外国人更好地融入社区,进一步完善社区治理的问题,我们提出以下几点策略。

第一,树立现代社区治理理念,在国际视野中设计社区治理方案在社区生活中,由于生活、教育及文化背景的不同,社区居民会存在不同的社区融入问题。在21世纪多元文化的大环境下,根据社区自身特点发挥社区优势,解决社区存在的问题成为社区治理中非常重要的课题。特别是在外国人居住较多的国际化社区,外国居民与本地居民之间的人际关系是否和谐、社区是否为外国居民提供关心和有用资源、社区的外国居民是否主动参与社区事务和社区活动,等等,都对外国居民的社区融入带来一定的影响。本书发现,外国人的社区融入呈现出"边缘式'嵌入'"模式,而此模式又会因来华目的不同、文化差异的大小、对社区的认识程度、对压力的应对方式、社区支持体系的有无等，分为入乡随俗型、望而却步型、安于现状型、自我发展型、犹豫不决型等不同的社区融入类型。因此，在多元文化背景下的社区治理方面，我们应改变传统的统一标准、统一管理的方法，根据外国居民的不同特点，建立不同的治理方案。在尊重社区外国居民的生活权、居住权的同时，也要加强对其参与社区活动的管理，提出争做守法居民的义务要求。

第二，充分利用社会组织助力社区治理。商会是以维护会员合法利益、促进商业交往为宗旨的社会团体，是市场经济中重要的自律性组织，是市场各主体相互联系的重要纽带。社区可根据实际情况，与外国人的商会组织建立良好的合作关系。社区的外国人就是大事找使领馆，小事找商会。的确，这些商会为社区外国人在咨询相关问题、解决生活困难、送去人文关怀等方面起了非常重要的作用。因此，通过合作关系，利用商会组织的资源，可以为社区外国人提供更好的服务。这些社区组织是社区治理中重要的社会支持体系，是社区治理机制中与居民生活离得最近的社会资源。

第三，完善社区服务体系，打造和谐社区。从学术角度看，学界有必要就危机介入理论、冲突理论、压力应对理论、文化适应理论、问题解决模式等相关理论进行深入研究，为更好地解释社会现象提供理论依据。在社区工作中，完善社区服务体系是社区治理的重要内容之一。社区除了完善外国居民的登记、注册工作，组织学习和开展文化活动，建立外国人永久居留管理工作的协调机制和信息共享机制外，还有必要通过培养有专业基础的社区工作者利用社会工作的服务技巧，如应对和预防冲突的技巧、行为技巧、谈判技巧、调解技巧等，为社区居民提供温馨的专业服务。另外，从宏观层面看，我国须不断深化医疗卫生体制改革。城市应建立以社区为中心的公共卫生服务体系，将公共卫生服务与医疗服务的职责划分清楚,二者既有联系,又各司其职。这样才能在公共卫生事件突发之时,做到及时防控与治疗,使社区尽量保持稳定有序,达到平时祥和、危时不乱的目的。

第三,本书中的受访对象中韩国人所占比例最大。一直以来韩国是以"单一民族"文化为自豪的国家。但是从20世纪开始,随着入境韩国的外国移民者,特别是通过跨国婚姻的方式选择在韩国定居的移民者的增多,韩国社会对"单一民族"的同一性认同方面发生了变化。据统计,在中国的外国人中韩国人所占的比例是最大的,而且在韩国的跨国婚姻家庭中中韩跨国婚姻所占的比例也是最大的。随着中国选择跨国婚姻人数的增多,中国的人口结构及家庭模式会发生相应变化。为了更好地实现各民族、多文化群体之间的和谐共处,共同发展,我们有必要借鉴国外的针对移民者所制定的相关制度和规定,以便完善我国的多民族多文化相关制度。

比如,为了保障韩国经济的发展和社会的稳定,韩国政府积极采取各种办法来解决外国移民者及其家庭和子女们存在的问题,特别是2002年开始韩国制定了多文化相关法律和政策以保障外国移民者的权利和义务。其中2006年4月制定的"女性结婚移民者社会整合对策"可以说是具有体系化的多文化相关政策,并且以此政策为起点,韩国政府到2008年为止陆续制定并实施了"对违法的国际结婚中介所的管理政策""保护家庭暴力受害者的人权保护政策""早期适应和子女学校生活支援政策""改善社会上的认识及对相关者的教育政策"。2007年,韩国制定了韩国公民与在韩外国人之间相互尊重为前提的,整合社会为目的的《在韩外国人待遇基本法》。[①]韩国政府为了建立移民相关政策,先后把"低熟练人力活用"政策和"管理和统治"政策改成"尊重外国人人权和社会整合"政策和

---

① 《在韩外国人待遇基本法》,2007年5月17日,http://likms.assembly.go.kr/law。

"留置优秀外国人支援"政策。2008年新政府出台以后,韩国的保健福祉家族部多文化家族科和女性部,法务部的出入境外国人政策本部制定并实施了《结婚中介所管理相关法律》①和《多文化家族支援法》②。其中《多文化家族支援法》是以解决结婚移民者及其子女等一起构成的多文化家庭中由于存在语言和文化上的差异而出现的多文化家庭对社会的不适应,家庭成员之间的矛盾及子女教育问题为目的,通过家庭心理咨询,夫妻教育,父母教育,家庭生活教育,翻译,法律咨询和行政上的支援等专业服务方法,促进家庭成员之间的顺利整合,促进安定生活而制定的法律。如为了解决和实现家庭成员之间的平等问题,该法第七条明确规定"为多文化家庭享受民主的,两性平等的家庭关系,国家和地方自治团体应促进家庭心理咨询,夫妇教育,父母教育,家庭生活教育等工作。在此情况下,应努力为多文化家庭提供考虑文化差异等内容的专业服务"。从保护和支援家庭暴力受害者的角度,该法第八条明确规定"一,国家和地方自治团体应努力预防多文化家庭内家庭暴力的发生。二,为保护和支援被家庭暴力受害的结婚移民者,国家和地方自治团体应努力扩大建立具备提供外国语翻译服务的家庭暴力心理咨询所和保护设施。三,对因家庭暴力而要解除婚姻关系的移民者,国家和地方自治团体应在受害者的陈述和确认事实等方面提供语言翻译、法律咨询和行政支援等必要的服务,以免因语言障碍和对法律体系相关信息的认识不足而处于不利的立场"。对于提供多国语服务方面,该法第十一条规定"国家和地方自治团体在促进第五条(增进对多文化的理解)到第十条(儿童保育、教育)规定的支援政策的过程中,为了消除语言障碍,提高服务质量,应努力提供对多国语翻译的服务"。对指定多文化家族支援中心,该法第十二条明确规定"为

---

① 结婚中介所管理相关法律[DB/OL].(2007-12-14)http://likms.assembly.go.kr/law.
② 多文化家族支援法[DB/OL].[2008-03-21]http://likms.assembly.go.kr/law.

实行多文化家族支援政策,保健福祉家族部长官必要时可根据情况,把设置有必要的专业人员和设施的法人及团体指定为多文化家族支援中心。支援中心应履行以下的业务:其一,实施多文化家族的教育,心理咨询等支援工作;其二,提供和宣传多文化家族支援服务信息;其三,联系多文化家族支援相关机关和团体;其四,除此之外,实行支援多文化家族所需的业务"等相关内容。

韩国的多文化家庭相关法律当然也存在多文化家族的概念界定并不是很明确、有些条款内容较含糊、相关服务只集中在移民者的适应初期,而在生活的中长期适应问题上仍存在没有明确具体规定等的一些问题。因此,我们可以在借鉴国外的相关制定的同时,根据我国的实际情况,制定和完善多民族多文化相关规定。

第四,本书发现有案例5、案例16、案例18和案例21四位研究对象是通过留学的方式来到中国生活的。虽然他们来华的目的都是留学,但是在华生活期间所形成的适应和社区融入模式上却出现了不同。比如,在本书中案例5是放弃型的安于现状型,案例16和案例18是相对消极型的入乡随俗型,而案例21是发展自我型。本书中可以看出韩国留学生在华留学期间也会因文化方面的差异,以及个人拥有的社会支持资源的缺乏,很多时候采取消极的压力应对方式解决遇到的问题,而这样的结果就造成了不能让他们实现真正意义上的适应和融入,同时也带来了认同方面的混乱和情感方面的压力问题出现。

附录:访谈大纲

1.个人信息[包括性别、年龄、国籍、工作或学习情况、生活情况(如,一人还是与家人或朋友等)、来华时间、来华目的,生活区域等]。

2.来华之后,您是如何找到住所的?

3.在社区生活期间,您遇到的最大困难是什么? 目前在社区生活中,您还有什么样的困难?

4.在遇到困难了之后,您是如何解决的?

5.您知道社区居委会、物业、业主委员会的存在吗? 您在办理何种业务的时候曾与他们有过交道? 您觉得他们主要是做什么工作的部门?

6.您觉得您已经适应社区生活了吗? 如果是,哪些方面能够证明您已经适应了呢? 如果不是,原因是什么?

7.社区管理部门为外国人提供过何种服务吗?(包括语言学习、组织外国人联谊会、参与社区活动、关心慰问等)

8.您参加过社区的哪些活动?

9.您对社区融入的理解是什么?

10.您觉得您已经融入社区中了吗? 通过哪些方面能够证明您已经融入社区了呢? 如果没有又是什么原因呢? 您觉得社区应该为外国人提供何种服务?

11.为了更好地生活在中国,更好地适应社区生活,您觉得作为一位外国人,应该做些什么?

参考文献

一、中文文献

(一)著作

1.[英]阿布拉姆斯等,社会认同过程[M],高明华译,中国人民大学出版社,2011年。

2.蔡禾,社区概论[M],高等教育出版社,2005年。

3.陈振明,公共管理学[M],中国人民大学出版社,2009年。

4.崔金海,多文化背景下的天津市跨国婚姻研究[M],延边大学出版社,2013年。

5.[美]戴维·波普诺,社会学(第十一版)[M],李强等译,中国人民大学出版社,2007年。

6.费孝通,乡土中国[M],人民出版社,2006年。

7.高宣扬,布迪厄的社会理论[M],同济大学出版社,2004年。

8.孔繁斌,公共性的再生产:多中心治理的何足机制建构[M],江苏人民出版社,2008年。

9.李慧凤,许义萍,社区合作治理实证研究[M],中国社会出版社,2009年。

10.[美]罗素(RUSSELL M L),无缝隙政府:公共部门再造指南[M],

汪大海等译,中国人民大学出版社,2002年。

11.[美]斯蒂芬·戈登斯密斯,威廉·D.埃格斯,网络化治理:公共部门新形态[M],孙迎春译,北京大学出版社,2008年。

12.[美]施特劳斯,科尔宾,质性研究的基础[M],朱光明译,重庆出版社,2015年。

13.田艳,文化聚合与文化推进:在京韩国人组织与文化的人类学解读[M],中央民族大学出版社,2008年。

14.[法]涂尔干著,自杀论[M],冯韵文译,商务印书馆,1996年。

15.王思斌,社区工作[M],高等教育出版社,2004年。

16.文军,蒋逸民,质性研究概论[M],北京大学出版社,2010年。

17.[美]文森特·奥斯特罗姆等,公共服务的制度建构[M],三联书店出版社,2000年。

18.吴鹏森,张友德,城市社区建设与管理[M],上海人民出版社,2007年。

19.[澳]休斯,公共管理导论[M],彭和平等译,中国人民大学出版社,2001年。

20.俞可平,治理与善治[M],社会科学文献出版社,2000年。

21.臧炜彤,崔琦,刘薇,物业管理概论[M],化学工业出版社,2013年。

22.张李玺主编,妇女社会工作[M],高等教育出版社,2008年。

23.郑杭生,社会学概论新修[M],中国人民大学出版社,2003年。

(二)期刊文章

1.蔡玲燕,我国外国人聚居社区警务治理改革刍议[J],辽宁警察学院学报,2020,22(02)。

2.陈成文,孙嘉悦,社会融入:一个概念的社会学意义[J],湖南师范大学社会科学学报,2012,41(06)。

3.陈芳,马云飞,老漂族社区融入及政策应对——以南京市S社区为例[J],老龄科学研究,2023,11(03)。

4.陈国明,余彤,跨文化适应理论构建[J],学术研究,2012(01)。

5.陈慧,车宏生,朱敏,跨文化适应影响因素研究述评[J],心理科学进展,2003(06)。

6.陈建胜,来华外国人"居民化"融入:社区组织的角色担当及行动策略——以义乌市L社区为例[J],浙江社会科学,2022(06)。

7.陈平,"吸纳型治理":社会组织融入城市社区治理的路径选择[J],理论导刊,2019(02)。

8.陈强,林杭锋,社会系统理论视角的农村社区管理[J],重庆社会科学,2017(07)。

9.陈天成,美国大学生在华支教的文化适应策略:调查与分析[I],淮北师范大学学报(哲学社会科学版),2015,36(06)。

10.陈向明,扎根理论的思路和方法[J],教育研究与实验,1999(04)。

11.陈晓春,袁雨晴,多元治理视角下在华外国商会制度研究[J],桂海论丛,2014(6)。

12.陈雨,陈嘉伟,谢文沁,城市化进程的新拼图:近郊失地农民社会融入研究——基于成都市顺江社区的扎根理论分析[J],南方农村,2020,36(05)。

13.陈宇鹏,多元文化背景下"国际社区"管理与服务的创新研究[J],长春师范学院学报,2012,31(02)。

14.程军年,我国跨境人口社会融入类型及生成机制研究[J],云南行政学院学报,2020,22(02)。

15.崔金海,在韩中国留学生学校生活适应研究[J],中国青年政治学院学报,2012(5)。

16. 崔岩, 流动人口心理层面的社会融入和身份认同问题研究[J], 社会学研究, 2012, 27(05)。

17. 丁鹏飞, 迟考勋, 孙大超, 管理创新研究中经典探索性研究方法的操作思路:案例研究与扎根理论研究[J], 科技管理研究, 2012, 32(17)。

18. 樊鹏, 国际化社区治理:专业化社会治理创新的中国方案[J], 新视野, 2018(02)。

19. 方明, 中国跨国婚姻移民的融入适应研究——以浙江省庆元县为例[J], 世界民族, 2018(3)。

20. 方岩, 社区外国人管理问题研究[J]. 辽宁公安司法管理干部学院学报, 2011(02)。

21. 费小冬, 扎根理论研究方法论:要素、研究程序和评判标准[J], 公共行政评论, 2008(03)。

22. 风笑天, 定性研究概念与类型的探讨[J], 社会科学辑刊, 2017(03)。

23. 冯立刚, 苏庆国, 对扎根理论的现象学方法批判[J], 湖南广播电视大学学报, 2020(03)。

24. 复旦大学城市治理比较研究中心创新快报, 国际化的社区融入模式:上海社区委员会[J]. 杭州(我们), 2012(07)。

25. 何欣, 王晓慧, 关于自助组织的研究发展及主要视角[J], 2013(5)。

26. 何雨, 石德生, 社会调查中的"扎根理论"研究方法探讨[J], 调研世界, 2009(05)。

27. 华峰, 国际化社区的出现与应对[J], 学海, 2013(01):44。

28. 黄春荣, 张丽生, 经典扎根理论在中国情境下的应用优势[J], 现代商贸工业, 2019, 40(08)。

29. 黄慧, 转型社会中海南移民的社区融入现状及路径初探——基于三亚市的实证调查[J],法制博览,2017(32)。

30. 黄哲,浅析新公共管理理论对我国社区管理的启示[J],商业文化,2022(02)。

31. 胡锦山,罗伯特·帕克与美国城市移民同化问题研究[J],求是学刊,2008,35(1)。

32. 贾冰,郑馨彤,促进居民社会融入的社区社会工作协同机制分析[J],社会与公益,2020(05)。

33. 贾旭东,衡量.基于"扎根精神"的中国本土管理理论构建范式初探[J],管理学报,2016,13(03)。

34. 贾旭东,谭新辉,经典扎根理论及其精神对中国管理研究的现实价值[J],管理学报,2010(5)。

35. 贾哲敏,扎根理论在公共管理研究中的应用:方法与实践[J],中国行政管埋,2015(03)。

36. 季晓东,季桂起,董开远.基于文化视角的城市社区管理问题分析及改革对策[J].德州学院学报,2022,38(05)。

37. 雷运清,赵继伦.现代城市社区管理的三维分析[J],广州大学学报(社会科学版),2016,15(11)。

38. 李红娟,胡杰成,中国社区分类治理问题研究[J],宏观经济研究,2019(11)。

39. 李蛟龙,浅谈卢曼理论视角下的农村社区管理[J],南方农机,2018,49(11)。

40. 李萍、孙芳萍,跨文化适应研究,杭州电子科技大学学报(社科版)[J],2008,4(4)。

41. 李锐,经典扎根理论方法与传统管理研究方法的融合分析[J],吉林广播电视大学学报,2018(03)。

42. 李瑞良,李燕,城市改革背景下街道办事处职能重构研究[J],

中国管理信息化,2020,23(06)。

43.李腾子,来华留学生跨文化适应策略研究——基于跨文化适应综合理论视角[J],重庆师范大学学报(社会科学版),2022,42(06)。

44.李志刚,扎根理论方法在科学研究中的运用分析[J],东方论坛,2007(04)。

45.李梓宁,从在京外国人社区生活调查谈外籍人员居留治理[J],河北公安警察职业学院学报,2020,20(03)。

46.梁波,王海英,国外移民社会融入研究综述[J],甘肃行政学院学报,2010(2)。

47.刘程,西方移民融合理论的发展轨迹与新动态[J],河海大学学报(哲学社会科学版),2015,17(02)。

48.刘欣,论我国城市社区居民委员会制度的完善[J],法制与经济,2016(01)。

49.刘云刚,周雯婷,黄徐璐,全志英,全球化背景下在华跨国移民社区的空间生产——广州远景路韩国人聚居区的案例研究[J],地理科学,2017,37(07)。

50.刘运红,新疆中亚留学生跨文化适应现状调查[J],民族教育研究,2015,26(03)。

51.卢竑,段宁贵,新时期来华东盟留学生跨文化适应障碍与路径[J],文化创新比较研究,2024,8(08)。

52.卢崴诩,"理论抽样问题"与扎根理论方法解析[J],学理论,2015(34)。

53.卢磊,黄小娟,我国社区社会组织发展的基本议题、发展现状和趋势探讨[J],中国社会组织,2019(09)。

54.马克·康斯特斯,张莉莉,教育定性研究的概念和方法探讨[J],外国教育资料,1997(03)。

55.马晓燕,移民社区的多元文化冲突与和谐——北京市望京"韩国城"研究[J],中国农业大学学报(社会科学版),2008,25(04)。

56.毛学庆,茅海军,陈微微,博琳琳,标准化视角下国际化社区发展对策研究[J],中国标准化,2019(07)。

57.闵兢,场域理论视野下"城市社区管理域"的构成研究[J],科教文汇(中旬刊),2016(07)。

58.聂伟,社会流动与外群体歧视——基于CGSS2005数据的实证研究[J],社会科学辑刊,2017(4)。

59.牛冬,'过客社团':广州非洲人的社会组织[J],社会学研究,2015,30(2)。

60.彭大松,家庭化流动背景下老年流动人口的城市融入研究[J],深圳大学学报(人文社会科学版),2020,37(06)。

61.孙进,义化适应问题研究:西方的理论与模型[J],北京师范大学学报(社会科学版),2010(05)。

62.孙伟,汪景,陈琪,赵东立,在华外国留学生对中国文化的认同度研究——以江汉大学为例[J],长江丛刊,2018(4)。

63.王嘉毅,定性研究及其在教育研究中的应用[J],西北师大学报,1995(02)。

64.王亮,社区认同视角下外国人管理的探讨[J],职业教育(下旬刊),2015(02)。

65.王亮,在华外国人的现状及治理——以广州市非洲裔外国人群体为例[J],团结,2018(04)。

66.王亮,全球化背景下外国人社区的风险及治理[J],湖北民族学院学报(哲学社会科学版),2018,36(03)。

67.王宁,文化认同角度下涉外社区警务的建构对策[J],云南警官学院学报,2015(06)。

68. 王倩,场域理论视角下韧性社区治理逻辑与风险解构策略[J],求索,2022(06)。

69. 王馨笛,无缝隙政府理论视域下城市社区网格化管理问题研究——以沈阳市L社区为例[J],学会,2022(05)。

70. 王延隆.数字化改革促进社区治理的组织优化与功能更新——基于结构功能理论的视角[J],学习论坛,2023(06)。

71. 韦宏喜,社会治理理论视域下多元主体参与社区教育模式的建立[J],广西教育,2022(08)。

72. 文雯,刘金青,胡蝶,陈强,来华留学生跨文化适应及其影响因素的实证研究[J],复旦教育论坛,2014,12(05)。

73. 吴佳珍,梁亚丹,新公共管理理论下社区治理探究[J],中国管理信息化,2024,27(02)。

74. 吴建设,王全淳,加强首都外国人聚居管理工作的思考与对策[J],北京人民警察学院学报,2004(03)。

75. 吴毅,吴刚,马颂歌,扎根理论的起源、流派与应用方法述评——基于工作场所学习的案例分析[J],远程教育杂志,2016,35(03)。

76. 伍慧萍,郑朗,欧洲各国移民融入政策之比较[J],上海商学院学报,2011,12(01)。

77. 夏伦,沈寒蕾,流动人口真的融入社会了吗?——基于结构方程模型的流动人口社会融入研究[J],人口与发展,2022,28(02)。

78. 夏晓丽,公民参与、城市社区治理与民主价值[J],重庆社会科学,2014(02)。

79. 徐丽敏,"社会融入"概念辨析[J],学术界,2014(07)。

80. 徐如明,马佳,社会融入研究综述[J],中共成都市委党校学报,2019(05)。

81. 徐谈谈,徐飞,随迁老人社区融入问题的实务探究[J],山西农经,

2020(16)。

82.严文华,跨文化适应与应激、应激源研究:中国学生、学者在德国[J],心理科学,2007(04)。

83.晏晓娟,我国城市发展进程中的国际移民治理——基于社会融合的视角[J],上海对外经贸大学学报,2019(4)。

84.杨景骞,黄中意,王杰,郑逸,陈子欣,杨懿昕,特大城市新市民社会融入情况及相关因素研究——以上海市为例[J],北京城市学院学报,2024(01)。

85.杨菊华,从隔离、选择融入到融合:流动人口社会融入问题的理论思考[J],人口研究,2009,33(01)。

86.杨军红,中国大学生对在华外国人的印象调查[J],高教管理,2013(06)。

87.杨小柳,在穗经营型少数民族移民聚集区的形成及其社会融入[J],湖北民族大学学报(哲学社会科学版),2020,38(06)。

88.姚宜,城市国际化背景下在华外国人管理研究[J],求索,2016(8)。

89.张博珺,邵琳,基于流动人口社区融入视角的社区公共空间营造策略研究[J],城乡规划,2020(04)。

90.张宏亮,天津国际化社区文化的构建思维透视[J],特区经济,2012(07)。

91.张敬伟,扎根理论研究法在管理学研究中的应用[J],科技管理研究,2010(1)。

92.张凌轲,陆晶,人类命运共同体视域下社区外国人管理新探[J],湖南警察学院学报,2018,30(01)。

93.张荣,对当前在华外国人非法居留问题的思考[J],湖北警官学院学报,2015(12)。

94. 张永谊, 打造国际化社区要处理好三个关系[J], 杭州(周刊), 2016(07)。

95. 张晓鑫, 社区外国人管理问题初探[J]. 湖北警官学院学报, 2014, 27(09)。

96. 张怡宁, 易地扶贫搬迁居民的社会融入路径研究——以会泽县为例[J], 四川省社会主义学院学报, 2020(03)。

97. 张云桥, 来华留学生的跨文化适应问题研究——以天津理工大学为例[J], 亚太教育, 2016(32)。

98. 朱晓, 北京外国人社区生活调查研究[J], 北京社会科学, 2011(02)。

(三)网络资料

1. 爱无界国际交友网, "2020年中国涉外婚姻统计, 是在逐年增加还是减少?", 2022年1月19日, https://www.iouclub.com/news/detailed_6566.html。

2. 北京商报, "政策显效、经济恢复, 在华常住外国人恢复至2019年底的85%", 2024年1月18日, https://baijiahao.baidu.com/s?id=1788425219202831034&wfr=spider&for=pc。

3. 参考消息, "海外孔子学院已达511所", 2017年7月19日, http://www.cankaoxiaoxi.com/edu/20170719/2200166.shtml。

4. 参考消息, "外媒解读中国人出境旅游热:他们会改变世界", 2015年8月11日, https://www.cankaoxiaoxi.com/china/20150811/899025.shtml。

5. "调查显示多数外国人满意在华生活", https://www.douban.com/group/topic/116282679/。

6. 多文化家族支援法, 2008.3.21, http://likms.assembly.go.kr/law。

7. 公安部网站, "涉外管理服务:让外国人融入社区共享和谐", 2010

年 9 月 17 日，https://www.163.com/news/article/6GP70V7000014JB5.html。

8. 结婚中介所管理相关法律，2007.12.14，http://likms.assembly.go.kr/law。

9. 环球网，"近百万外国人在华居留 他们的真实状况究竟如何？"，2020 年 3 月 2 日，https://news.sina.com.cn/c/2020-03-02/doc-iimxxstf5886761.shtml.。

10. 教育部，"2018 年来华留学统计"，2019 年 4 月 13 日，http://www.moe.gov.cn/jyb_xwfb/gzdt_gzdt/s5987/201904/t20190412_377692.html。

11. "跨国婚姻"，https://baike.so.com/doc/5897922-6110818.html。

12. 澎湃新闻，"聚焦：天津上榜外籍人才眼中最具吸引力中国城市"，2019.4.16，https://www.thepaper.cn/newsDetail_forward_3300435。

13. 澎湃新闻，"超 95 万外国人在华工作，中国开始成为移民目的国"，https://www.thepaper.cn/newsDetail_forward_3981722。

14. 人民日报，"推进基层治理现代化的根本遵循和科学指南—学习《习近平关于基层治理论述摘编》"2024 年 1 月 12 日，https://www.forestry.gov.cn/c/www/xxyd/542054.jhtml。

15. 人民网，"推进社区外国人服务管理 助力成都国家中心城市建设"，2019 年 1 月 16 日，https://www.sohu.com/a/289393370_114731。

16. 上海法律咨询，"中国当前的跨国婚姻现象"，http://www.maxlaw.cn/p-shjcjflaw-com/artview/810662302454。

17. 社会支持，https://baike.so.com/doc/857615-906739.html。

18. 社区，https://baike.so.com/doc/5299531-5534245.html。

19. 社区服务，https://baike.so.com/doc/5402361-5640047.html。

20. 外国人网 外籍招聘网，"调查显示多数外国人满意在华生活"，2018 年 4 月 28 日，https://www.douban.com/group/topic/116282679/。

21. 王易，单文鹏，"疫情防控彰显中国文化优势"，人民日报，http://

www.china.com.cn/opinion2020/2021-07/14/content_77627228.shtml。

22. 希望之星，"在中国的外国留学生人数"，2025年1月6日，https://www.gzoutlook.com/p/3387.html。

23. 新浪财经，"2018年49万外国人来华留学 韩国留学生排名第一"，http://finance.sina.com.cn/world/gjcj/2019-04-12/doc-ihvhiqax2169403.shtml。

24. 新浪财经，"国家移民管理局：截至3月31日全国各口岸入境外国人921.5万人次同比增长40.2%"，https://finance.sina.com.cn/stock/bxjj/2025-04-15/doc-inetfhry7975583.shtml。

25. "在韩国有多少孔子学院"，https://wenda.so.com/q/1356283469064638。

26. 在韩外国人待遇基本法，2007.5.17，http://likms.assembly.go.kr/law。

27. 张艳玲，"中国发布|国家移民管理局：疫情防控期间在华外国人停居留期限到期无需再办延期手续，可自动顺延2个月"，http://news.sina.com.cn/o/2020-03-01/doc-imxyqvz6989427.shtml。

28. 中国国情，"2018年中国累计发放外国人才工作许可证33.6万份"，http://guoqing.china.com.cn/2019-04-15/content_74681617.htm.

29. 中国人大网，中华人民共和国地方各级人民代表大会和地方各级人民政府组织法（第四次修正），http://www.npc.gov.cn/wxzl/gongbao/2004-12/26/content_5337537.htm。

30. 中国人大网，中华人民共和国城市居民委员会组织法，http://www.npc.gov.cn/wxzl/gongbao/1989-12/26/content_1481131.htm。

31. 中华人民共和国民政部，民政部关于大力培育发展社区社会组织的意见，http://xxgk.mca.gov.cn:8011/gdnps/pc/content.jsp?id=13167&mtype=1。

32. 中华人民共和国国家统计局，第六次全国人口普查汇总数据，http://www.stats.gov.cn/tjsj/pcsj/rkpc/6rp/indexch.htm.

33. 中国网，"李克强：中国将为外国人来华工作生活提供更大便利"，https://news.sina.cn/2019-01-26/detail-ihrfqzka1278652.d.html？oid=3790706

638608244&pos=3。

34.中国新闻报,"在华外国人:在中国生活,我们最有安全感",https://www.chinanews.com/sh/2018/02-09/8445030.shtml。

35.中国政府网,中华人民共和国建设部令第161号,http://www.gov.cn/gongbao/content/2008/content_956200.htm。

36.中国政府网,中华人民共和国国务院令第504号,http://www.gov.cn/gongbao/content/2007/content_772310.htm。

37."2020年,全世界对中国游客的归来望眼欲穿,你会出国旅游吗?",https://xw.qq.com/cmsid/20200801A0QKJZ00。

(四)学位论文

1.陈莹莹,新公共服务视角下外籍流动人口社区管理工作中的问题与对策研究[D],西北大学,2019。

2.姜郸,中国城市社区互动式治理研究[D],吉林大学,2020。

3.马小杰,云南易地扶贫搬迁群众社区融入研究[D],云南财经大学,2022。

4.宋晓娟,共生理论视角下的中国城市社区治理研究[D],吉林大学,2021。

5.王德隆,河北省流动人口社区融合现状分析及优化思路[D],河北大学,2016。

6.魏涛,城市社区网格化管理模式研究[D],大连理工大学,2011。

7.吴夏元,空间视角下外国人聚居区的问题及社会工作介入研究[D],广州大学,2019。

8.肖煌辉,中国民族传统体育在韩国孔子学院传播的现状和对策研究[D],北京体育大学研究生毕业论文,2015。

9.杨爱琴,多中心治理理论下的农村社区管理实践及创新研究[D],

西南政法大学,2015。

10.杨海涛,城市社区网格化管理研究与展望[D],吉林大学,2014。

11.杨宏让,城市社区管理模式优化研究[D],西北大学,2019。

12.张达,自组织理论视角:城市混合社区管理中的现实问题与路径分析[D],重庆大学,2013。

13.张欣,近代以来中外跨国婚姻初步研究[D],中原工学院研究生毕业论文,2015。

14.张旭,城市居民社区认同感和社区满意度对社区归属感的影响研究[D],宁夏大学研究生毕业论文,2010。

15.朱艳峥,农村社区网格化管理现状、问题与对策研究[D],济南大学,2021。

(五)学术会议资料

1.曹春霞,钱紫华,辜元,基于多元文化背景及不同利益诉求的城市社区整治实践——以重庆市渝中区为例[C],中国城市规划学会、贵阳市人民政府.新常态:传承与变革——2015中国城市规划年会论文集(11规划实施与管理).中国城市规划学会、贵阳市人民政府:中国城市规划学会,2015:469。

2.韩国行政安全部,2008年国籍别跨国婚姻移民者[C],韩国:韩国行政安全部,2008。

二、外文文献

(一)著作

1.BERRY J W. Cross-Cultural Psychology:Research and Applications. 2nd Edition. Cambridge: University Press, 2002:345.

2.Berry, J. W. Cultural relations in plural societies: Alternatives to segregation and their socio-psychological implications. In N. Meller & M. Brewer(Eds.), Groups in Contact: The Psychology of Desegregation. Orlando, FL: Academic Press, 1984.

3.Berry, J. W. et. al. Cross-cultural Psychology: research and application. Cambridge: Cambridge University Press, 1999.

4.B. Glaser & A. Strauss. Awareness of Dying,Chicago:Aldine,1965.

5.Butz, M. R. Chaos and complexity: Implications. Washington, DC: Taylor & Francis, 1997.

6.Corbin, J. M., & Strauss, A. Basics of qualitative research: techniques and procedures for developing grounded theory (3rd ed.). Thousand Oaks, CA: Sage Publications,2008.

7.Crawford, C. Towards a Common Approach to Thinking about and Mea suring Social Inclusion. Toronto:Roeher Institute, 2003.

8.Gordon, Milton M. Assimilation in American Life : The Role of Race, Religion and National Origin. New York: Oxford University Press, 1964.

9.Han Entzinger. The Dynamics of Integration Policies: A Multidimensional Model,in Ruud Koopmans,Paul Statham: Challenging immigration and ethnic relations politics: comparative European Perspectives. Oxford University Press: New York,2000.

10.Han Entzinger, Renske Biezeveld, Benchmarking in immigrant integration, Erasmus University Rotterdam,2003.

11.Henry, I. P.,Amara,M., & Aquilina,D.,Multiculturalism,Interculturalism, Assimilation,and Sports Policy in Europe,In I. P. Henry(Ed.),Transnational and Comparative Research in Sport: Globalisation,Governance and Sport Policy,London: Routledge,2007.

12.Landis D., Bhagat R (Eds.). Handbook of intercultural training (2nd ed.). Thousand Oaks, CA: Sage,1996.

13.Mahoney, M. J. & Patterson, K. M. Changing theories of changes: Recent development in counseling. In S. D. Brwon & R. W. Lent(Eds.), Handbook of counseling psychology(2nd ed.). New York:Wiley, 1992.

14. Rachel Merton & Jenna Bateman. Social Inclusion—Its importance to mental health. Mental Health Coordinating Council Inc,2007.

15.Strauss, A. and J. Corbin., Grounded Theory Methodology — An Overview, in Norman, K. D. and S. L. Y vonnaeds.,Handbook of Qualitative Research, Sage Publications,1994.

16.Sue Goss, Making Local Governance Work: Networks. Relationships and the Management of Change, New York: Palgrave, 2001.

（二）期刊文章

1. Andrew G. Billings, Rudolf H. Moos, Coping, Stress, and Social Resources among Adults with Unipolar Depression, *Journal of personality and Social Psychology*, 1984(04).

2.Berry, J. W., Kim, U., Minde, T., & Mok, D. Comparative studies of acculturative stress. *International Migration Review*, 1987(21).

3.C. A. Dawson. The Social Systems of American Ethnic Groups. W. Lloyd Warner , Leo Srole. 1946, 51(6).

4.Castles, S. The factors that make and unmake migration policies, *International Migration Review*, 2004(38).

5. Diaz-Guerrero R., The Development of Coping Style, *Human Development*, 1979(22).

6. Harry C T & Richard W B. Cross-cultural psychology. *American Psy-*

chologist, 1984,39(9).

7.Hovey, J. D. & King, C. A. Acculturative stress, depression, and suicidal ideation among immigrant and second generation Latino adolescents, *Journal of the American Academy of Child and Adolescent Psychiatry*, 1996(35).

8.Hovey, J. D. & Magana, C. G. Acculturative stress, anxiety and depression among Mexican immigrant farmworkers in the Midwest United States, *Journal of Immigrant Health*, 2000, 2(3).

9.Hussein M E, Hirst S, Salyers V. Using grounded theory as a method of inquiry: Advantages and disadvantages,*Qualitative Report*, 2014(19).

10.John Pitts & Tim Hope,The Local Politics of Inclusion: The State and Community Safety, *Social Policy & Administration*,1997,31(5).

11.Khoa L. X., Van Deusen J. M., Social and Cultural Customs: Their Contribution to Resettlement, *Journal of Refugee Resettlement*, 1981(01).

12.Klaff V Z., Pluralism as an Alternative Model for the Human Ecologist, *Ethnicity*,1980,7 (1).

13.Lin K. M., Masuda M. & Tazuma., Adaptational Problems of Vietnamese Refugees, Part Ⅲ, Case Studies in Clinic and Field: Adaptive and Maladaptive, *The Psychiatric Journal of University of Ottawa*, No. 3, 1982(03).

14.M. Lipsky & S. R. Smith., Nonprofit Organizations, government and the Welfare State,*Political Science Quarterly*,1990, 104(4).

15.Oberg, K.Culture shock: Adjustment to new cultural environments, *Practical Anthropology*,1960(7).

16.Oi-ling Siu, Cary L. Cooper & Ian Donald. Occupational Stress, Job Satisfaction and Mental Health Among Employees of an Acquired TV Company in Hong Kong. *Stress Medicine*, 1997(13).

17.Pearlin L. I., Schooler C., The Structure of Coping, *Journal of Health and Social Behavior*, 1978(01).

18. REDFIELD R, LINTON R, HERSKOVITS M J. Memorandum for the Study of Acculturation,*American Anthropologist*,1936,38(1).

19. Smart, J. F. & Smart, D. W. Acculturative stress of Hispanics: Loss and Challenge, *Journal of Counseling and Development*, 1995(73).

20. Sue, S. In search of cultural competencies in psychology and counseling. *American Psychologist*, 1998(53).

21. Tavis Apramian, Sayra Cristancho, Chris Watling, et al. (Re)Grounding grounded theory: a close reading of theory in four schools, *Qualitative Research*, 2017, 17(4).

22. Ward Kim, Hoare Karen J, Gott Merryn. Evolving from a positivist to constructionist epistemology while using grounded theory: reflections of a novice researcher. *Journal of Research in Nursing*, 2015, 20(6).

（三）网络资料

1. Department of Health. Valuing People: A New Strategy for Learning Disability for the 21st centur[EB/OL]. (2001-3).https://assets.publishing.service.gov.uk/government/uploads/system/uploads/attachment_data/file/250877/5086.pdf.

2. 이성규, "작년 혼인 건수 1000명당 5건…통계 작성 후 '최저'", 국민일보, http://news.kmib.co.kr/article/view.asp? arcid=0924068423&code=11151100&cp=nv。

（四）学位论文

1. 김정희, 지각된 스트레스, 인지세트 및 대처방식의 우울에 대한 작용[D], 서울대학교 박사학위논문, 1987.

2. 박성학, 기독교인의 스트레스 대처능력 조사연구[D], 학교법인석

사학위논문, 1992.

（五）学术会议

1.Göran Goldkuhl, Stefan Cronholm. Multi-grounded theory – Adding theoretical grounding to grounded theory, the 2nd European Conference on Research Methods in Business and Management(ECRM 2003), Reading, UK, 20–21 March, 2003:1.